浙江省哲学社会科学规划年度常规项目
"'三权分置'视阈下宅基地使用权抵押问题研究"(23NDJC139YB)
浙江省高校重大人文社科攻关计划资助项目
"共同富裕目标下农村宅基地的权利运行机制研究"（2023QN091）
浙江理工大学科研启动经费资助项目
"农村宅基地立法问题研究"（22102132-Y）

从身份到财产
宅基地使用权制度的现代化

胡　建　汪小燕　著

FROM STATUS TO PROPERTY
THE MODERNIZATION OF THE HOMESTEAD USE RIGHTS SYSTEM

法律出版社
LAW PRESS·CHINA
——北京——

图书在版编目（CIP）数据

从身份到财产：宅基地使用权制度的现代化／胡建，汪小燕著. -- 北京：法律出版社，2025. -- ISBN 978-7-5244-0526-9

Ⅰ. F321.1

中国国家版本馆 CIP 数据核字第 2025MV9622 号

从身份到财产：宅基地使用权制度的现代化
CONG SHENFEN DAO CAICHAN: ZHAIJIDI
SHIYONGQUAN ZHIDU DE XIANDAIHUA

胡　建　汪小燕 著

策划编辑　邢艳萍
责任编辑　邢艳萍
装帧设计　鲍龙卉

出版发行　法律出版社　　　　　　　　开本　710 毫米×1000 毫米　1/16
编辑统筹　法律应用出版分社　　　　　印张 18.5　　　字数 290 千
责任校对　王晓萍　　　　　　　　　　版本　2025 年 6 月第 1 版
责任印制　刘晓伟　　　　　　　　　　印次　2025 年 6 月第 1 次印刷
经　　销　新华书店　　　　　　　　　印刷　中煤（北京）印务有限公司

地址：北京市丰台区莲花池西里 7 号（100073）
网址：www.lawpress.com.cn　　　　　　销售电话：010 - 83938349
投稿邮箱：info@lawpress.com.cn　　　 客服电话：010 - 83938350
举报盗版邮箱：jbwq@lawpress.com.cn　　咨询电话：010 - 63939796

版权所有·侵权必究

书号：ISBN 978 - 7 - 5244 - 0526 - 9　　　　　　定价：98.00 元

凡购买本社图书，如有印装错误，我社负责退换。电话：010 - 83938349

目　　录

导　论 / 001

　　一、国内外研究现状 / 002

　　二、研究进路与研究目标 / 010

　　三、研究方法与可能的创新之处 / 013

第一章　宅基地使用权的理论基础 / 017

　第一节　宅基地"三权分置"的有效实现 / 017

　　一、从"两权分离"到"三权分置" / 017

　　二、"三权分置"下宅基地所有权的实现 / 033

　　三、"三权分置"下宅基地资格权的界定 / 042

　　四、"三权分置"下宅基地使用权的放活 / 057

　第二节　宅基地制度的价值维度与功能嬗变 / 061

　　一、宅基地制度的价值维度：共同富裕目标下的自由、效率、平等
　　　　与秩序 / 061

　　二、"两权分离"下的一元目标：居住保障 / 065

　　三、"三权分置"下的二元目标：财产功能导向中维护居住权益 / 068

　第三节　宅基地使用权行使的法理基础 / 073

　　一、权利行使理论 / 073

　　二、人本主义理论 / 081

　　三、倾斜性保护理论 / 085

四、政府适度干预理论 / 088

五、宅基地使用权行使的基本原则 / 093

第二章 宅基地使用权的生成 / 096

第一节 宅基地之上的多层级用益物权 / 096

一、"三权分置"下宅基地使用权的性质争议 / 096

二、以权利行使理论构筑宅基地之上多层级用益物权 / 099

第二节 宅基地使用权的取得与消灭 / 102

一、宅基地使用权的取得 / 102

二、原生性取得 / 103

三、自治性取得 / 107

四、其他依法取得方式 / 109

五、宅基地使用权的消灭 / 110

第三节 宅基地使用权的主体、客体与期限 / 114

一、宅基地使用权的主体 / 114

二、宅基地使用权的客体 / 117

三、宅基地使用权的期限 / 118

第四节 宅基地使用权的有偿使用 / 120

一、宅基地有偿使用试点改革的基本情况 / 120

二、宅基地有偿使用试点改革中存在的问题 / 122

三、构建宅基地有偿使用制度的路径 / 123

第三章 宅基地使用权的运行 / 127

第一节 宅基地使用权的转让、赠与和租赁 / 128

一、有关宅基地使用权转让的学术论争 / 128

二、宅基地使用权转让的地区实践 / 131

三、宅基地使用权转让的司法考察 / 133

四、宅基地使用权跨集体转让的实现路径 / 140

五、宅基地使用权的赠与和租赁 / 146

第二节　宅基地使用权的抵押 / 150

一、宅基地使用权抵押的试点 / 150

二、实践中宅基地使用权抵押的模式 / 155

三、宅基地使用权抵押的制度障碍 / 156

四、宅基地使用权有限抵押的制度构造 / 158

第三节　宅基地使用权的入股与继承 / 161

一、宅基地使用权的入股 / 161

二、宅基地使用权的继承 / 164

第四节　宅基地使用权的退出与收回 / 173

一、宅基地使用权的退出 / 173

二、宅基地退出后的再利用 / 183

三、宅基地使用权的收回 / 197

第四章　宅基地使用权的实现 / 211

第一节　房地关系的处理 / 212

一、"房地异主"下的房地关系冲突 / 213

二、"房地分离"原则适用的证成 / 215

三、"房地分离"原则下法定租赁权的构造 / 217

第二节　科学的价值评估制度 / 219

一、农村土地权利的价值评估体系 / 219

二、宅基地使用权的价值评估 / 221

第三节　宅基地增值收益的分配 / 225

一、宅基地增值收益分配的试点实践 / 226

二、宅基地增值收益的性质与分配主体 / 230

三、宅基地增值收益分配的基本路径 / 234

四、宅基地增值收益分配的利益衡平 / 239

第四节　构建农民多元化住房保障制度 / 245

一、"户有所居"下农村住房制度的改革实践 / 245

二、农民多元化住房保障制度的设计 / 249

第五节 包容性规划与用途管制缓和 / 252

一、包容性规划制度 / 253

二、用途管制的缓和 / 261

三、宅基地与集体建设用地之间的地性转换 / 267

参考文献 / 272

后　记 / 280

附件：《宅基地使用权的权利行使状况调查问卷》 / 283

导　论

"土地是财富之母。"

——[英]威廉·配第

"地者,万物之本源,诸生之根菀也。"

——《管子》

　　中国式现代化是全体人民共同富裕的现代化,共同富裕是中国特色社会主义的本质要求。实现农业农村共同富裕,必须实现土地资源的有效利用。承包地"三权分置"已经建立较为成熟的制度体系,集体经营性建设用地入市也基本成型,但宅基地制度改革成效不足,仍面临主体封闭、低效闲置、权能限制、流转梗阻等问题,打破困境的关键在于如何应对其居住保障功能弱化而财产价值凸显的现实。显化并实现宅基地使用权的财产价值,是实现中国式现代化对宅基地制度改革提出的新要求。

　　促进土地要素自由流通和宅基地资源的有效配置,是推进中国式现代化的必然要求。2024年7月中国共产党第二十届三中全会审议通过《中共中央关于进一步全面深化改革　推进中国式现代化的决定》,指出完善要素市场制度和规则,推动生产要素畅通流动、各类资源高效配置、市场潜力充分释放。国务院印发的《"十四五"推进农业农村现代化规划》也提出建立依法取得、节约利用、权属清晰、权能完整、流转有序、管理规范的农村宅基地制度。但《民法典》涉及宅基地的条文仅为4条,且权利运行规则缺失,亟待立法补足。

　　构建现代化的宅基地使用权法律制度,旨在"三权分置"背景下,以权利行使为主线,探究宅基地使用权运行的各种样态、权利义务关系、法律规则与效力、权利实现路径等问题,设计出还权赋能、流转适度、风险能控和权益可得的法律方案;在保障"户有所居"的前提下,激发宅基地财产功能,彰显其私益财产属性,显化并有效利用其财产价值;在确权与赋权基础上,有序实现活权,让农民更多地享受改革红利。实现宅基地使用权制度的现代化,可激活乡村振兴"一池春水",增加农民财产性收入,促进宅基地的合理利用,壮大农村新型集体经济,为我国农村社会稳定发展和实现城乡共同富裕注入新动力。

一、国内外研究现状

(一)国外研究现状

物权制度具有显著的国别性和民族性,在物权类型上的差别较为明显。德国的人役权、先买权、土地负担、土地债务、定期金债务等在亚洲各国或地区的物权法规或规范性文件中均未规定,但亚洲各国或地区创设了具有自己特色的物权类型,如日本的先取特权和不动产质权,我国的建设用地使用权、土地承包经营权和宅基地使用权。

国外学者对我国宅基地使用权问题鲜有关注,其中对农村土地流转和土地产权制度等方面的研究具有借鉴价值。[1] Ronal Harry Coase(1960)认为农村土地产权的差异会导致资源配置效率的不同。[2] Bourgeon(1993)指出可借助改变交易费用来完成产权的安排,产权清晰可以激励正向交易行为。[3] Deininger(2003)认为土地产权资源使用上的非竞争性,极易引发土地资源闲置,只有借助政府力量才能解决公地悲剧。[4] Field 和 Torero(2003)提出公共池塘资源自主治理理论,其认为社区自主组织与自主治理是解决公地悲剧的

---

[1] See Zhang Q & Donaldson J, *China's agrarian reform and the privatization of land*, Fifth edition, Journal of Contemporary China, 2010, p. 80.

[2] See Ronal Harry Coase, *The Problem of Social Cost*, Berkeley Electronic Press, 1960, p. 48.

[3] See Bourgeon M, *Producer organizations, bargaining and asymmetric information*, Americian Journal of Agricultural Economics, Vol. 3, p. 46(1999).

[4] See Deininger K, *Land Policies for Growth and Poverty Reduction: The Word Bank Research Report*, World Bank and Oxford University Press, 2003, p. 16 – 18.

可行路径。① Bubb(2013)则指出过度私有产权的排他性导致公共利益难以实现,而社区共有是打破该困境的有效方案。②

英国、美国、法国和日本等发达国家的农村土地制度臻于完善,它们对土地权利的研究多以西方经济学为分析工具,视土地权利为内生变量,关注农村土地产权设计对生产效率的影响,其目的在于实现农村土地资源的有效配置和交易收益的合理分配。③ 大部分学者赞同土地权利的市场化运行,认为其乃增加农民财产性收入和实现土地高效利用的重要方式。④ 土地的产权结构并非一成不变,固化的土地产权结构难以适应现实需求,理应不断调适权利内容以建构合适的权利结构。

国外学者大多认为中国等发展中国家农村土地流转存在一定的限制,其障碍不在于缺少土地,而在于未将土地作为有效的财产。⑤ 土地利用的细碎化影响了土地资源配置的效率,农村土地权利的有效流转则可实现土地的规模化效益。⑥ Johnson 和 Elizabeth(2006)等学者认为保障农民的生存利益至关重要,同时应提高集体土地使用中的经济效率。⑦ Koroso(2011)等学者则分析了农村土地集体所有的正向作用,其认为土地使用权归属农民,可避免诸多土地私有化的弊端。⑧

---

① See Field & Torero, *Do Property Titles Increase Credit Access Among the Urban Poor*, Eighth edition, American of Economic Review, 2003, p. 84.

② See Bubb R, *The Evolution of Property Rights*, Eighth edition, Journal of Law and Economics, 2013, p. 56.

③ See Kevin Gray & Susan Francis Gray, *Element of Land Law*, 4nd revised edition, Oxford University, 2011, p. 32.

④ See Fergusson L, *The Political Economy of Rural Property Rights and the Persistence of the Dual Economy*, Journal of Development Economics, Vol. 2, p. 76(2013).

⑤ See Soto H D, *The Mystery of Capital: Why Capital Triumphs in the West and Fails Everywhere Else*, Basic Book Press, 2000, p. 81.

⑥ See Ghatak M & Mookherjee D, *Land Acquisition for Industrialization and Compensation of Displaced Farmers*, Fifth edition, Journal of Development Economics, 2010, p. 38.

⑦ See Johnson & Elizabeth A, *Land law reform: achieving development policy objectives*, Oxford University Press, 2006, p. 35.

⑧ See Koroso N & Molen P, *The Chinese Market for Urban Land Use Rights Meet Good Governance Principles: Land Use Policy*, Oxford University Press, 2011, p. 13.

综上，由于国情和法律文化的差异，域外缺乏直接对应的研究，但却提供了极具参考价值的学术思路，如美国和瑞士等西方国家的家宅制与我国的宅基地制度具有一定的近似性，可为我国宅基地使用权研究提供启示。

西方的家宅制与我国宅基地制度在保障居民住宅权和确保社会稳定等方面存在一定相似之处。家宅制是以一定面积或一定价格之土地及家产牲畜之类，作为一家之财产进行登记，法律对其予以特别保护，置之于债权人诉追之外，使其家产得继续存在的制度。家宅法之目的，在于使农村农民所有地设家产权，借以防止其被分割，使之为农民一家之生活维持，其立法目的在于"保护家庭免于贫困和无家可归"。民国时期已有学者注意到并介绍了美国、德国等的家宅制度（亦称家产法），并认为只有这一制度才能有效保障农民的土地和住房权益。如民国学者孟普庆认为，各国家宅法之基本目的乃"保证耕者有其田，确立自耕农制度"。[①] 著名民法学者史尚宽在我国台湾地区出版的民法教科书里对瑞士家宅法也有介绍，但对是否引进没有明确意见。徐国栋在其《绿色民法典草案》中仿照《瑞士民法典》，主张在我国《民法典》中设立这一制度，其认为家宅作为家庭的基本生活条件，对每个家庭成员意义重大。家宅是共居人共有的利益，不能由所有人不负责地处置。若父母作为所有人对作为家宅的房屋随意进行不当处分，将造成未成年子女无屋可居而成为社会救济对象的境况，势必给国家或社会增添负担。

（二）国内研究现状

从研究脉络看，经济学界研究成果丰硕，然而法学文献相对较少，对于中国式现代化和"三权分置"背景下宅基地使用权行使问题的直接研究更是薄弱。法学界主要关注宅基地"三权分置"的静态权利体系与法律结构，但对于"三权分置"后宅基地使用权如何动态运行、权利如何实现等问题均研究不足。

1. 宅基地"三权分置"及其关系厘定

学术界普遍认为二元权利（所有权、使用权）结构下的"宅基地使用权"兼

[①] 参见张群：《西方家宅法的变迁及其启示》，载赵树枫等编著：《农村宅基地制度与城乡一体化》，中国经济出版社2015年版，第257页。

具身份性和财产性的双重属性,大部分学者主张摒弃其身份属性与福利色彩,以此实现其财产价值。① 三权(所有权、资格权、使用权)的权利配置赋予新的"宅基地使用权"以流转功能,实现其财产属性的纯化。大部分学者认可"资格权"是"使用权"的母权,"使用权"具有可处分性和独立性,不具有身份属性和封闭性。

卢代富(2019)认为所有权的发展过程是所有权的权能束不断分化和碎裂的过程,农民在权能的不断分化过程中实际获取土地的财产权益。② 董祚继认为资格权保障农民基本居住权益,充分体现宅基地使用权的保障功能。③ 孙宪忠(2018)认为资格权主体仅为农民集体成员,不得转让;就使用权可设定抵押等方式进行流转。④ 崔建远(2020)认为将"三权分置"下的使用权定性为用益物权,比定性为债权更有利于保障权利人的权益。⑤ 蔡立东(2020)主张"三权分置"下的使用权乃一项新型财产权,本质上为权利人对宅基地的用益。⑥ 宋志红(2019)等学者认为在用益物权上可再行创设并让渡具有物权属性的次级子权利。⑦ 丁关良(2021)等部分学者却认为,宅基地使用权上单一设立另一用益物权的理论依据不足,提出"三权分置"的二元权利类型,即在原宅基地使用权(特殊用益物权且无期限)上可以设立宅基地次生使用权(普通用益物权且有期限)或宅基地租赁权(债权)两种权利类型。⑧

2. 宅基地使用权可否自由运行问题

学术界主要存在禁止流转说、自由流转说和限制流转说。孟勤国(2009)等

---

① 参见陈小君:《宅基地使用权的制度困局与破解之维》,载《法学研究》2019 年第 3 期。
② 参见卢代富主编:《农村土地"三权分置"法治保障研究》,法律出版社 2018 年版,第 45 页。
③ 参见董祚继:《"三权分置"——农村宅基地制度的重大创新》,载《中国土地》2018 年第 3 期。
④ 参见孙宪忠:《推进我国农村土地权利制度改革若干问题的思考》,载《比较法研究》2018 年第 1 期。
⑤ 参见崔建远:《物权编对四种他物权制度的完善和发展》,载《中国法学》2020 年第 4 期。
⑥ 参见刘国栋、蔡立东:《农村宅基地权利制度的演进逻辑与未来走向》,载《南京农业大学学报(社会科学版)》2020 年第 6 期。
⑦ 参见宋志红:《宅基地"三权分置":从产权配置目标到立法实现》,载《中国土地科学》2019 年第 6 期。
⑧ 参见丁关良:《宅基地之新的权利体系构建研究——以宅基地"三权分置"改革为视野》,载《贵州社会科学》2021 年第 7 期。

少数学者主张禁止流转说,其认为宅基地配给机制表明宅基地使用权的非交易属性,应继续坚持宅基地的社会保障功能。① 刘守英(2014)等学者主张自由流转说,其主张"三权分置"下宅基地使用权具有完整的处分权能,故其可以自由流转。② 耿卓(2019)等部分学者主张限制流转说,即主张有限市场化的宅基地使用权流转,并可考虑结合各地实际分阶段、分区域推进差别化的流转。③ 目前学术界普遍赞同宅基地使用权的有限流转,认为通过禁止流转利用来实现宅基地居住保障功能的路径不合理,但对选择何种改革模式仍存在分歧。

3. 宅基地使用权如何运行问题

学者们所持观点和提出的立法路径均有不同。宋志红(2019)提出转权入市的方案,即在确保农民基本居住权益的前提下,可通过缴纳土地出让金将宅基地使用权转化为建设用地使用权,以实现宅基地的对外转让。④ 李凤章(2020)则认为宅基地使用权对外流转应采用"退出—出让"模式,即将宅基地退回集体后,再由集体将建设用地使用权出让给受让人。⑤ 对于宅基地使用权运行的规则,学者们普遍认为对于转让、租赁、抵押、入股和继承等各种流转形式的权利义务配置缺乏深入研究。高圣平(2019)指出应根据受让对象的不同实行有差别的交易规则;⑥高飞(2020)认为应构建兼顾各方利益主体的土地增值收益分配制度。⑦

---

① 参见孟勤国等撰稿:《中国农村土地流转问题研究》,法律出版社2009年版,第144页。
② 参见刘守英:《中共十八届三中全会后的土地制度改革及其实施》,载《法商研究》2014年第2期。
③ 参见耿卓:《宅基地"三权分置"改革的基本遵循及其贯彻》,载《法学杂志》2019年第4期。
④ 参见宋志红:《乡村振兴背景下的宅基地权利制度重构》,载《法学研究》2019年第3期。
⑤ 参见李凤章:《宅基地使用权流转应采用"退出—出让"模式》,载《政治与法律》2020年第9期。
⑥ 参见高圣平、吴昭军:《宅基地制度改革的试点总结与立法完善——以〈土地管理法〉修订为对象》,载《山东社会科学》2019年第8期。
⑦ 参见高飞:《农村宅基地"三权分置"政策入法的公法基础——以〈土地管理法〉第62条之解读为线索》,载《云南社会科学》2020年第2期。

4. 宅基地使用权运行中的权利梗阻问题

房绍坤(2020)等学者认为转让、租赁、抵押、入股等流转形式的权利义务配置不明,阻滞宅基地使用权的规范有序运行。① 张淞纶(2022)等学者认为"房地关系"的处理是设计流转规则的前置性命题,应实现农房的自由流转和宅基地使用权的农民保有。② 夏沁(2023)等提出开展宅基地有偿选位,且对于超标多占或新增情形,应支付对价。③ 实践中已经出现部分宅基地转用为商店、饭店、民宿或作坊等第二、第三产业用地,此种用途转变是乡村振兴的需要。耿卓(2022)等学者认为应实现集体建设用地与宅基地之间的地性转换,并提出二者之间转用的条件和程序。④ 郭洁(2023)认为闲置宅基地与集体经营性建设用地之间的地性转换是集体建设用地协同改革的关键问题,现行法尚未建立地性转换的规则,一体管制和刚性规划已经成为地性转换的桎梏。⑤

5. 宅基地的财产化利用

向超(2023)等学者认为宅基地的制度目标已由"两权分离"下的居住保障,转变为"三权分置"下的二元目标:居住保障与财产价值。⑥ 曹益凤(2022)等认为当前宅基地改革已落后于实践需求,须不断弱化其居住保障功能,持续性扩大其财产权能。⑦ 宋志红(2019)、干可欣(2021)等提出发挥宅基地的财产价值,主要存在债权化利用(如租赁)和物权化利用(如跨集体转让、

---

① 参见房绍坤:《民法典用益物权规范的修正与创设》,载《法商研究》2020年第4期。
② 参见张淞纶:《房地分离:宅基地流转之钥——以宅基地使用权继承之困局为切入点》,载《浙江大学学报(人文社会科学版)》2022年第1期。
③ 参见夏沁:《论宅基地制度有偿改革的基础权利构造》,载《农业经济问题》2023年第2期。
④ 参见耿卓:《集体建设用地向宅基地的地性转换》,载《法学研究》2022年第1期。
⑤ 参见郭洁:《存量集体建设用地地类转换的法理阐释与规则构建》,载《内蒙古社会科学》2023年第5期。
⑥ 参见向超:《"三权分置"下宅基地制度的目标变迁与规制革新》,载《政法论丛》2023年第5期。
⑦ 参见曹益凤、耿卓:《共同富裕目标下宅基地财产价值显化的制度路径》,载《社会科学动态》2022年第8期。

抵押融资等)两种方式。① 韩松(2022)、孙建伟(2024)等学者指出宅基地财产化是"有保障"的财产化,应确保农民的土地发展权和户有所居。②

6. 宅基地使用权的财产权益实现路径研究

现有文献普遍认同宅基地的财产功能日益显性化,财产功能成为宅基地的重要功能和农民的内在诉求,但对其财产权益实现路径的选择则不尽相同。张保红(2022)、郎秀云(2022)、祝之舟(2022)、韩立达(2021)等主张适度放活宅基地使用权,可通过转让、出租、入股和抵押等权利运行形式多样化、使用权流转范围扩大化、受让主体范围拓展和宅基地用途的放宽等助推农民财产利益的增加,实现"死"资源向"活"资产的转变。③ 对农民集体而言,汪洋(2022)、管洪彦(2022)、吴昭军(2021)、夏柱智(2020)、程雪阳(2020)等指出可赋予其对闲置宅基地进行整治与运营的权利,通过增减挂钩、抵押融资、入股联营等获得财产收益。④ 耿卓(2024)等学者认为可以从宅基地适度流转、宅基地整理和利用、宅基地地性转换等方面探索制度完善路径,以有效实现宅基地的财产价值。⑤

7. 简要评述

综上,现有研究关注其"三权分置"的静态权利结构,但对财产性的"使用权"如何动态运行与实现均研究不足,更鲜有对宅基地使用权制度的现代化改革进行全面、深入和系统的研究。(1)与宅基地使用权制度的重要性不相匹配。如何运用法治实现土地要素的市场化配置,在保障农民的居住权益基础之上,通过宅基地使用权的财产化利用实现农民富足和农村富强,现有研

---

① 参见干可欣:《宅基地财产化的逻辑理路与实现进路》,载《中国不动产法研究》2021年第2期。
② 参见韩松:《论乡村振兴背景下农民户有所居的住房保障》,载《法律科学(西北政法大学学报)》2022年第2期。
③ 参见郎秀云:《"三权分置"制度下农民宅基地财产权益实现的多元路径》,载《学术界》2022年第2期。
④ 参见程雪阳:《重建财产权:我国土地制度改革的基本经验与方向》,载《学术月刊》2020年第4期。
⑤ 参见耿卓等:《面向共同富裕振兴乡村的土地法制改革之路》,法律出版社2023年版,第85页。

究较为匮乏。(2)滞后于改革实践对法律的强烈需求。宅基地使用权运行困难,且财产权益难以变现,尚待从其取得与变动、运行规则、收益分配和实现路径等诸方面予以系统性设计。(3)诸多关键问题尚需学术深耕。运行中权利义务配置、房地关系处理和地性转换等问题,研究深度不够且争议较大,尚不能为其财产化利用提供法治保障。(4)有待吸收新一轮试点地区的改革经验。如强化农民集体对宅基地的利用、推动宅基地的有偿使用等制度经验,均需深入改革实践予以梳理和总结。(5)欠缺宅基地使用权的私权规则研究。[①] 现有文献对宅基地使用权如何进行私法上的专门性立法关注极少,诸多规范性文件均属于对宅基地的管理与规制,对其权利行使问题缺乏私法上的专门研究。

(三)学术价值和应用价值

1.学术价值

共同富裕是中国式现代化的本质要求。宅基地使用权制度的现代化改革,必须在"户有所居"的基础上实现财产效益最大化。依法保障农民的土地财产权益,是农村宅基地制度改革的重要目标。其有以下几方面优势:(1)有助于深化中国特色社会主义物权法理论。对宅基地权利体系的理论解释,实现从"权能分离"到"权利行使"的范式变革。萃取农村土地改革的自主性探索,突破用益物权体系的封闭性,建构中国法学自主知识体系。既有的学术理论以"权能分离"为研究范式,可汲取我国农村土地改革经验,以"权利行使"为逻辑线索,架构用益物权的生成机制,建立多层级的用益物权体系。同时,以"权利行使"为主线贯穿式研究"使用权"的生成、运行与实现,打破权利流转各环节的制度壁垒,实现相关内容之间的有效衔接。(2)有助于深化宅基地"三权分置"理论。为宅基地"三权分置"政策的入法定性提供法律表达

[①] 2022年农业农村部公布的《农村宅基地管理暂行办法(征求意见稿)》虽涉及审批、流转、继承、退出、有偿使用等内容,但以管理性规范为主,公法色彩浓厚,且条文偏少(共40条),立法位阶也不高。我国宅基地使用权制度的现代化需要一个系统性的解决方案,《农村宅基地管理暂行办法(征求意见稿)》并不能系统性解决当前宅基地制度改革所面临的一系列问题,未来有待借助更高位阶的立法予以全面规定。

路径,协调其正确融入我国法律体系,解决好宅基地使用权立法的理论根基问题。(3)有助于构建宅基地财产性利用的本土化理论体系。运用权利行使理论、人本主义理论、倾斜性保护理论和政府干预理论等,深入阐释宅基地使用权运行与实现的法理基础。(4)采用系统论和类型化的研究方法,以动态的学术思维、系统性的学术视角构建现代化的宅基地使用权法律制度。兼顾公正与效率,妥善平衡公私关系,对宅基地资源进行分层次、分时段的有序分割利用,并提供充分的法权支持,实现坚持农村土地集体所有制、维护农民福祉与保障民事主体权利的有效结合。

2. 应用价值

中国式现代化的宅基地使用权制度改革,必须在保障"户有所居"的前提下,以发挥宅基地财产性功能为主,全面推进乡村振兴,促进共同富裕,实现宅基地财产性利用的效益最大化。(1)汲取近年来宅基地试点改革的最新成果。梳理与总结宅基地改革的特色经验与制度创新,为激活宅基地的财产功能提供借鉴。(2)建构宅基地财产化法律机制,为落实"放活宅基地使用权"的国家政策提供详尽的法律方案。分析宅基地财产化利用的可行方案,以体系化思维设计法律机制,并实现相关制度之间的有效衔接。(3)为先行探索的地方性立法和规范性文件拟定提供理论支撑与规则参考。(4)为从国家层面制定宅基地使用权取得、行使、转让和消灭的私法规则提供立法建议。在浓厚公法色彩的农村宅基地管理暂行办法出台后,通过提供宅基地要素资源市场配置的法实现方案,助推宅基地制度改革完成"后半篇文章"。

二、研究进路与研究目标

遵循宅基地使用权之生成、运行与实现的逻辑脉络,由内及外,以权利行使为维度建构其现代化法律制度。从制度构建和规则设计两个层面展开递进研究,按照"法理→实践→制度→规则"的思路逐层推进。以法理阐释为前提,以实证考察为基础,以制度构建为主体,以规则设计为落点。具体研究技术路线见图0-1。

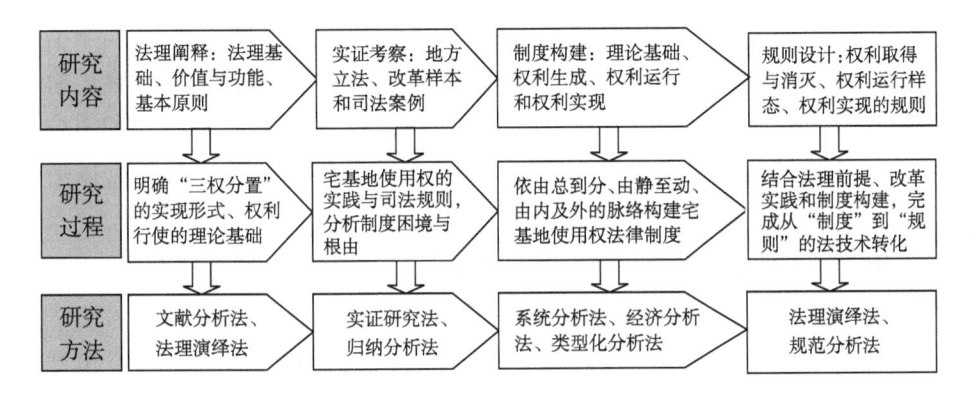

研究内容	法理阐释：法理基础、价值与功能、基本原则	实证考察：地方立法、改革样本和司法案例	制度构建：理论基础、权利生成、权利运行和权利实现	规则设计：权利取得与消灭、权利运行样态、权利实现的规则
研究过程	明确"三权分置"的实现形式、权利行使的理论基础	宅基地使用权的实践与司法规则，分析制度困境与根由	依由总到分、由静至动、由内及外的脉络构建宅基地使用权法律制度	结合法理前提、改革实践和制度构建，完成从"制度"到"规则"的法技术转化
研究方法	文献分析法、法理演绎法	实证研究法、归纳分析法	系统分析法、经济分析法、类型化分析法	法理演绎法、规范分析法

图 0-1 研究技术路线

研究的主要目标在于：其一，厘清"三权分置"下宅基地使用权生成、运行与实现的私权逻辑与法律机理。将"三权分置"的政策言语转换为法律语言，进而在农民个体、农民集体及社会主体之间形成清晰的权利义务配置格局，实现集体所有、交易赋权、多元运行、有偿使用、风险可控和住有所居的制度目标。其二，从功能超载到财产价值显化，构建符合我国国情与农村实际的宅基地财产化法律制度。结合试点地区的改革经验，以地方立法、改革实践和司法案例的实证研究为基础，建立宅基地财产性利用的具体法律机制。其三，宅基地使用权制度应由政策主导向法律主治转变，由规范管理向精细治理转型。主要涉及宅基地使用权行使的主体与客体、多元的运行方式（转让、赠与、租赁、抵押、入股和继承等）、退出与收回、权利流转与收益分配、房地关系与价值评估、规划与用途管制等。农民享有宅基地流转与集体资产分配中的经济利益，其财产化方式包括直接路径与间接路径：前者通过转让、赠与、租赁、入股、抵押等流转形式直接增进农民收益；后者借助农民集体组织，以退出与收回、整理利用和地性转换等间接方式使农民获取财产权益。

基于实现中国式现代化的目标，运用权利行使、人本主义、倾斜性保护和政府干预等理论阐释宅基地使用权的法理基础。用益物权主体同时具有所有权主体成员身份的中国特质，已超出传统权能分离理论的涵摄范围，而权利行使理论是中国式物权制度的自主性探索，可弥合既有理论与中国实践的罅隙，可以其建构多层级用益物权体系。以人为本是私法的元理念，宅基地财产化的关键在于以地为利和还权于民。权利义务倾斜性配置，通过保护弱势的农民以达成实质正义；政府适度干预则以保障性措施、土地规划和用途管制等实现；恪守尊重农民主体地位和保护农民利益的权利本位理念，以平等、自由、公平和效率等价值维度贯穿法律制度的设计。

基于动态性思维和系统性视角，以权利行使为主线重构"三权分置"下的宅基地使用权制度。

首先，以权利行使理论诠释宅基地"使用权"的生成、运行与实现。用益物权生成于所有权人对所有权的行使，而非所有权本体与具体权能的分离。权利行使理论是中国式物权制度的自主性探索，提供了公有制背景下通过市场机制配置土地资源的学理方案。

其次，系统性阐释各类权利运行样态的试点实践和司法案例，进而进行制度设计与规则重构，进一步激发农村宅基地所蕴含的财产价值。宅基地领域的诸多制度缺位，导致实践中财产价值实现不畅，面临主体封闭、权能限制、权利运行梗阻等多方掣肘。对转让、租赁、赠与、入股、抵押和继承等权利运行方式的主客体、权利义务和法律效果等进行立体性规则设计；权利义务配置时，基于倾斜性保护理论对农民有提前和适度的保护性安排。通过分析宅基地使用权运行的各基本样态，厘清其私权逻辑与法律机理，进而设计出具体的权利运行规则。

最后，重点分析宅基地使用权在实现过程中面临的三大障碍：房地关系处理、价值评估和增值收益分配。通过法定租赁权的制度构造缓和房地权利冲突，构建科学的价值评估制度，探索建立兼顾农民集体、农民和第三方等各方利益主体的增值收益分配制度。同时，在宅基地财产化改革背景下，宅基地使用权实现的进程中存在农民"失地"和"失房"的社会风险。根据人本主义理论，为保障农民的居住权与生存权益，应构建农民多元化住房保障制度。此外，根据政府适度干预理论，公权力可适度介入宅基地权利的实现，宅基地使用权的实现应以符合村庄规划、用途管制等公法规制为前置条件。为激发宅基地的财产功能，乡村的刚性规划变更为包容性规划，僵化的用途管制应更迭为缓和性用途管制。现行法尚未建立起不同类型土地之间的相互转换道,政府应该为打开宅基地使用权和集体建设用地使用权之间的转换通道提供规则。

三、研究方法与可能的创新之处

(一)研究方法

1. 规范分析法

运用规范分析的方法,系统梳理当前调整宅基地使用权的各类规范性文本,包括但不限于农业农村部和自然资源部的部门规章、各改革试点地区的地方性立法或政府规章,以及与宅基地相关的各类政策文件等。通过分析宅基地权利相关的法律法规,揭示其在法规范上存在的障碍及相互间的冲突,以找出存在的问题并寻求解决方案。整理与分析国内各试点地区为推进宅基地使用权行使而制定的各类规范性文件,并考察该地方规范性文件的运行实效,意在明确彼此的共识与分歧、吸收其合理的制度经验。通过对相关规范性文本的整理与归纳,分析现行立法的缺陷与不足,汲取各地区试点改革的经验与成果。

2. 价值分析法

运用价值分析法,为宅基地使用权法律制度设计提供适合中国国情与农村实际的价值导向。农村宅基地使用权的制度构建,应在中国式现代化的目标下,坚持自由、效率、平等与秩序的价值维度,并以平等为基础、以自由为追求、以秩序为保障,平衡效率与公平。当前,以居住保障为导向的秩序价值与以财产为导向的效率价值之间产生博弈,立法者需要权衡平等秩序价值和效率自由价值之间的关系,在考量权利义务的安排、制度成本和收益之后,实现价值排序的重建。新时期我国宅基地制度的主要目标,是在财产功能导向中维护居住权益。宅基地使用权的行使,应恪守促进土地利用、坚持"三条底线"和社会本位原则。法律制度设计应坚持公平与效率的辩证统一,在效率与风险之间寻求平衡点,既要激活宅基地的财产价值和发挥其资产功能,又要避免侵害农民的居住保障权益。

3. 社会实证分析

运用实证调研的方法，对国内各试点地区的运行实践予以实证考察，并撷取国内试点地区的典型范例，为建构现代化的宅基地使用权制度提供借鉴。以典型试点地区为样本，通过实地调研问卷解析其权利行使状况，分析其制度举措、实际效果、影响因素与特色经验等，并凝练出具有代表性的操作模式；揭示宅基地使用权制度现代化所面临的法律困境，如低效利用、权能残缺、权利运行梗阻、收益分配不公等，并从制度障碍和规则缺位等方面剖析其根源；探究构建宅基地法律制度所立足的特殊国情、农村实际和社会环境，掌握各试点地区宅基地使用权的运行状况与制度障碍，为其法律构造提供翔实的实践素材。

4. 司法案例分析

理论与实践相契合，以实践反哺理论。系统整合宅基地使用权的取得与消灭，宅基地使用权转让、租赁、赠与、入股、抵押、继承、退出和回收等各权利运行样态，以及宅基地使用权的实现等所涉及的司法案例与裁判规则，并对其进行法理分析与评判。同时，选取宅基地确权、权利流转、收益分配、房地分割、农房违建等纠纷类型，搜集上述相关司法案例并分析其裁判理由。为确保案例的权威性，所选案例均为生效案例，且以中级人民法院以上案例为主。大部分立法规则均来自司法经验的长期积淀，考察宅基地使用权在司法实务中的行使状态，对其现代化改革至关重要。

5. 比较分析法

由于域内外农村土地产权制度不同，其土地权利结构方面亦存在较大差异，域内外在实际进行农村土地制度改革时存在各自独特的方式，所以不能将域外的制度直接照搬适用。但域外相关国家或地区具备比较成熟的农村土地制度，并且颁行了专门的农村土地法律或规范性文件。经过对比分析后，能够为我国内地宅基地使用权制度改革提供启示与参考，如国外家宅制、我国香港地区丁屋制度与内地宅基地制度的比较。再如，城市国有建设用地使用权与农村宅基地使用权、"两权分离"下宅基地使用权与"三权分置"下宅基地使用权、宅基地使用权与农村土地经营权等,通过对比二者的共性与差异性,为我国内地宅基地使用权制度的现代化提供立法参考。

(二)可能的创新之处

1.选题视角上具有新颖性

选题视角上具有特色。选题面向中国式现代化的宅基地使用权制度,有益于中国特色物权制度的完善,有较强的时代性和现实针对性。首先,在宅基地"三权分置"背景下,突破"权能分离"理论的固有研究范式,运用"权利行使"理论学理化阐释"三权分置"语境下宅基地使用权的生成、运行与实现问题。立足于中国法治现代化的实践,建构中国法学自主知识体系,提炼出具有中国背景和能够解决农村宅基地利用问题的标识性概念与理论路径。其次,2022年农业农村部研究起草了《农村宅基地管理暂行办法(征求意见稿)》,现正处于立法活动过程中,本研究可提供立法建议与规则参考。最后,本研究具有前瞻性,宅基地制度公法色彩浓厚而私权属性较为不彰,诸多规范性文件均属于对宅基地的管理与规制,对宅基地使用权制度缺乏私法上的专门研究。随着宅基地管理性法律规范(如农村宅基地管理暂行办法)的即将出台,在诸多具有公法色彩的宅基地管理性规范之外,从私法层面规范财产化利用行为和保障农民财产权益,亟待系统的深入研究。

2.学术思想上具有创新性

突破既往静态的权利本体研究、分散的制度研究之思维藩篱,运用整体主义和系统论的理论工具,以权利行使为主线,遵循权利生成——权利运行——权利实现的逻辑脉络,以动态性思维和系统性视角构筑宅基地使用权制度的法治机制。(1)汲取我国土地改革的实践经验,摒弃传统用益物权体系的封闭性,构建自主性的中国式物权制度;突破"权能分离"的固有研究范式,以"权利行使"为逻辑线索,架构用益物权的生成机制,建立多层级用益物权体系。(2)以"权利行使"为主线,贯穿式研究"使用权"生成、运行与实现的内在法律机理。(3)运用权利行使、人本主义、倾斜性保护和政府干预等理论工具,妥善衡平公法与私法关系,构建宅基地财产化的本土理论体系。

3. 研究内容上具有创新性

对"三权分置"背景下的宅基地权利体系进行重构。"三权分置"重塑宅基地使用权的权利行使制度，其核心要义是促进"使用权"自由流动。"三权分置"的关键是使"宅基地使用权"回归私权属性，在财产功能导向中维护居住权益，构建尊重市场规律和政府适度干预的多元化权利行使制度。基于农村法治现代化的实践，提炼出解决宅基地财产化问题的标识性概念与理论路径；主张建立自主性的多层级用益物权体系，并以"权利行使"为脉络打通各制度环节的壁垒；梳理并吸收近年来宅基地试点改革的成果，设计出宅基地使用权制度现代化的法律实现方案。内容上应包括宅基地使用权的得丧变更、有偿使用、权利运行与收益分配、退出与收回、整理利用与地性转换、风险防控等。特别对于宅基地使用权的各权利运行样态（转让、赠与、租赁、抵押、入股、退出与回收等），既往的研究内容较为零散，且未结合司法案例进行剖析，理论与实践相脱离，更未以权利义务的视角系统性地进行法学分析与梳理。本书通过逐一分析各权利运行样态的试点实践和司法案例，厘清其私权逻辑与法律机理，进而设计具体法律规则。

4. 研究方法上具有新颖性

综合运用法学、社会学和经济学等多学科交叉研究，注重理论研究与实践相结合、整体与个案分析相结合、归纳与演绎相结合，进而实现跨学科研究的创新。运用定量分析对立法文本和司法案例进行实证研究，理论与实践相结合，融合既有的司法案例规则，并汲取国内各试点地区的改革经验与制度成果。运用"解剖麻雀法"剖析法律实现机制代表性的个案样本，运用系统论方法、类型化方法，以及人本主义理论、倾斜性保护理论和政府干预理论工具构建法律实现机制，彰显理论创新的适应性和制度设计的现实回应性。

第一章　宅基地使用权的理论基础

第一节　宅基地"三权分置"的有效实现

一、从"两权分离"到"三权分置"

（一）土地与土地利用

1. 法律上的土地

土地乃人类文明的物质基础，是社会财富的重要来源。分析宅基地使用权的现代化问题，首先需明确权利载体"土地"的法律内涵与外延。在《牛津法律大辞典》中，土地被认为是地表及其地上附着物，包括但不限于农作物、建筑物等。[①] 但也有学者认为，土地不仅包括地表、建筑物、地下矿藏等有形的财产，还包括来自土地或土地之上的无形利益，如地役权、地租、特别权益，以及其他无形的可继承财产。[②] 可见，在法律上，土地一直被视为经济生产的重要因素，是一种作为财富源泉的经济资产。

从外延上观之，对土地的界定基本涵括了空间、地理和权益等关键因素，将空间结构引入土地的范畴之中，是当代土地法的一个显著特点。在人们的认识观念中，对土地的理解多是平面的物理形态。但是，在人地矛盾的现实条件下，为充分利用土地，法律上对土地的界定必须延伸到地上与地下，乃至

[①] 参见［英］沃克编辑：《牛津法律大辞典》，北京社会与科技发展研究所译，光明日报出版社1988年版，第512页。

[②] See Kevin Gray & Susan Francis Gray, *Elements of Land Law*, Oxford University Press, 2005, p.5.

延伸到空间。从世界范围内各个国家或地区的规定观之,将矿藏等天然资源和文物从土地中移除是惯例。故而,从法理上分析,除法律另有规定外(如排除矿藏等天然资源和文物),依附在土地上的各种物质都应属于土地。

在法律形态上,土地应是多种权利的组合。人类对土地的利用不仅从平面走向了立体,而且土地利用的方式也呈现多样化。为促进土地的合理利用推动了法律的变革,地权的设置实现从所有权为中心转向利用权为中心。同一宗地的空间也会呈现不同的地权状态,如所有权、地上权、地役权、租赁权和抵押权等。随着以利用权为中心的权利配置制度的形成与发展,诸多土地权利的附着与聚合就形成了"权利束"。在同一宗地上,在所有权的基础上,不仅形成了地上权、地役权、抵押权等传统物权的组合,并且形成了物权的组合,比如采光权、观光权、放牧权、狩猎权、垂钓权等依存在土地上的权利形态。鉴于此,法律意义上的土地,乃地球表面陆地部分上下一定的空间以及空间内附着于土地上的一切物质和权益组成的综合体。

2. 土地利用的双重属性:自利性与公共性

在工业文明时期,人类对土地的需求呈现多样化,土地不再仅仅作为居住和农业生产的生产资料。土地作为生产要素,不仅具有生存保障功能,也具有金融融资功能及休闲旅游的文化功能等。土地功能的多样化,就要求土地权利制度呈现出多元化的权利结构,单一的所有权保护制度显然不能适应这种土地功能多样化的要求。与之相适应,现代的土地法从土地所有关系为核心转向土地利用关系为核心,即因利用而归属,失去利用的终极目的,归属亦无任何意义。从法学角度分析,土地利用乃权利主体按照自己的意志对土地进行干预,以期获得预期收益的行为,其对象和客体是土地。一方面,以促进土地利用为导向,在土地所有权之上,设立了用益物权和多种类多功能的"权利束"。法律更为重视对土地使用权之保护,促进土地有效利用,强化土地利用权,以求得地尽其力。另一方面,在个人利益与社会利益的优先问题上,现代土地观念从个人本位优先逐步转向社会本位优先。在此价值目标下,建立了用途管制与规划制度、土地征收制度、体现地权平等与地利共享的土地收益分配制度等。

土地利用行为双重性表现为自利性和公共性。土地利用的内在性特征就是土地利用人的自利性,加之土地是"准公共品",土地利用行为的性质具有公共性。前者集中体现为土地利用人的自利性,即以最小的投入获取最大的收益,并且趋利避害,不断地在目的与手段之间进行理性的选择,努力增加土地收益。后者是由土地的"准公共品"和行为性质的公共性决定的。土地是人类社会安身立命之基础,承载整个人类共同的生活与生产,但土地资源具有稀缺性且数量有限,故土地被视为"准公共品"。土地权利具有平等性,土地是人类共同的财富,在土地上生活的每个人都有平等地利用土地的权利。然而,土地市场具有局限性。基于土地的自然垄断属性,土地市场不是一个完全竞争的自由市场,市场的局限性为公共性介入提供了合法性和合理性基础。

在土地利用过程中自利性和公共性的冲突是利益的冲突,平衡此种冲突的价值尺度应当以社会利益为归依,即以社会利益为本位或以社会利益为评价裁判的标准。它要求土地的所有权人或土地使用权人在行使土地所有权或者使用权时,应当服从社会利益的要求。如在用途管制的土地制度背景下,土地的所有者或者使用者,对于自己的土地并非任意行使权利。现代土地法乃建立在社会利益基础之上,以永续利用为目标,调整人们在土地利用过程中的自利性和公共性之间的关系,它是私法与公法的有机结合,并将土地权利与政府管制措施有机地结合起来。[①] 从法律性质上分析,土地利用关系本身就具有私法和公法的双重性质。在传统法治国家,私法领域以意思自治为最高原则和精髓,不主张国家公权力的介入。随着城市化工业化进程的加快,社会关系复杂程度提高,相互之间的影响也更为深远,某些私人的自由意志妨害了公共利益,为了寻求个人利益和社会利益之间的平衡点,国家公权力开始介入私法领域。

3. 土地利用的三重关系

土地利用关系在内容上包含三重关系,即人与土地的自然关系、民事关

[①] 参见甘藏春:《土地正义——从传统土地法到现代土地法》,商务印书馆2021年版,第46~55页。

系、行政关系。

首先是人与土地的自然关系。此种关系具有特殊性,其通过转化为民事关系和行政关系来实现。按照传统法理学观念,土地只是法调整的对象,若将其归入法调整的对象,则土地将成为法律关系的主体,而土地是无生命无意识的,故既往法律制度并未考量人与自然之间的生态文明关系。随着人类进入生态文明时期,人地关系发生变化,基于对人类土地利用过度造成危害的反思,生态文明关系不再以人为中心,它要求人类、土地和地球上的其他物种、气候、环境等放在共同的关系中去看待,人与土地之间构成互相依存、互相制约的生态文明关系,此种关系的法律保护通过转化为民事关系和行政关系实现。

其次是平等的民事关系。土地利用主体在利用土地的过程中,首先需要解决的是土地的权利归属问题,这集中体现为土地所有权关系和土地他物权(用益物权和担保物权)关系。而后,人类欲开发利用土地,但土地又不是其自己拥有的,只能通过债权法律关系的方式来实现。此外,该种投资能否获取预期利益,还需要法治提供稳定的预期保障。该民事法律关系,应在土地权利主体意思自治的范畴内尊重土地权利人追逐经济利益的本性,通过合理的产权制度安排,形成对权利主体的经济激励,建立完善的土地市场机制,为市场交易主体提供明确的预期,降低市场主体获取信息的成本与谈判成本,降低土地利用活动的经济成本和交易费用,提高土地利用的效率。

最后是土地利用中的行政关系。人类利用土地都是追求效益的最大化,但是,在现代社会,仅仅拥有土地权利是不够的,它只是解决了资格或者可能性的问题。由于土地利用行为具有公共性,利用土地须受到诸多外部条件的约束。土地是"准公共品",具有非排他、非竞争的可共享性,土地是人类共同的财富,每位民事主体皆享有平等地利用土地的权利,但是土地市场调节又具有明显的缺陷性,土地具有较强的自然垄断属性,并非一个完全竞争的自由市场,土地交易容易导致土地兼并问题,加剧贫富差距,增加社会矛盾。将上述外部性约束条件(如土地用途管制、土地规划等)转化为法律管制,土地利用关系又具备了行政关系的性质,如土地规划与用途管制、土地征收与土地税收等。

现代土地法的核心是土地利用关系,农村宅基地制度也应以促进土地利用为导向。任何宅基地使用权法律制度的设计理应考量到土地利用,同时兼具私法和公法的性质,将土地利用关系定位在同时兼具私法和公法的性质上,它们之间并非"油与水"的关系,而是一种水乳交融的关系,其贯穿到土地法律制度的每一个具体环节,如土地权利制度、土地用途管制和土地规划制度等。[1]

(二)宅基地及其"两权分离"

1. 宅基地与宅基地使用权

(1)宅基地的界定

自从人类告别群居的原始生活,致力于构建自己生活的乐园,自定居生活就有了居住用地。从庄园到城池,世世代代地繁衍生息,直至今日环境优美的现代化农村。我国农村宅基地制度的历史并不久远,虽然我国古代就有发达的土地制度,但主要聚焦于生产用途的耕地上,对于农民的居住用地管理较为松散,亦未发展出独立于其他用途土地类型的系统性制度。宅基地概念在学界一直未有定论,主要存在三种观点。其一,宅基地等同于屋基地。[2] 该观点揭示了宅基地的住宅用地性质,但其与国外的住宅用地相似,无法反映出我国宅基地制度的特质。其二,从农民生活的角度进行界定,宅基地是农民集体为保障本集体成员的居住需要,分配给农民建房的土地。[3] "宅"在中国传统的语境下,不但包括房屋,还包括一定范围以内与房子相关的土地,如房屋主体之外的偏房、围墙和院落等。[4] 该观点反映出宅基地的主要功能是居住,同时具备其他辅助性功能。其三,从民法的角度物权化理解宅基地,

---

[1] 参见甘藏春:《土地正义——从传统土地法到现代土地法》,商务印书馆2021年版,第52页。
[2] 参见刘锐:《土地、财产与治理:农村宅基地制度变迁研究》,华中科技大学出版社2017年版,第77页。
[3] 参见马克伟主编:《土地大辞典》,长春出版社1991年版,第112页。
[4] 日本也存在类似概念,如宅地、宅基见地等,但与我国宅基地内涵不尽相同。宅地是日本土地登记中地类的一种,是指供建筑物及其附属物或其他工作物占用的土地及与此连为一体被使用的土地,按用途分为住宅地、商业地、工业地等类别;宅基见地是指期望作为宅地的土地或宅地的后备地。

其乃农村居民用于建造住宅及附属设施的集体建设用地。① 但时至今日，这一传统概念也面临实践的挑战。在法律上，国家基于耕地保护的考虑，将土地用途分为农用地、建设用地和未利用地三类，②宅基地因农民建房要占地而被归属于建设用地范畴。然而，改革实践中，基于宅基地复合利用的需求，其用途已经不再局限于居住，而扩展至经营性用途等范围；另外，有的农村地区宅基地更接近于耕地而非建设用地，或者宅基地可以随时复垦为耕地。就前者而言，居住的房屋所占宅基地面积较小，剩余大部分用于农业生产；就后者而言，有的地区宅基地及房屋荒废后倒塌，农民会自发复垦宅基地为耕地。

综上，宅基地制度必须结合农民、集体和国家三者的关系予以界定。宅基地应当主要包括住宅用地和生活附属用地，以及一定合理范围以内超出居住需求的经营用地或生产用地。从宅基地的根本属性分析，其不包含地上建筑物或构筑物。土地与房屋分属不同性质的不动产，土地无须依附房屋而存在，房屋的价值亦不当然地包括土地的价值。

(2)"两权分离"下的宅基地使用权

宅基地制度在中华人民共和国成立后经历了复杂的立法演变：在农业合作社时期实行宅基地私有，农民可抵押、租赁和买卖宅基地及地上房屋；人民公社化时期实行所有权与使用权分离，宅基地集体所有但归农民使用，并限制宅基地的流转；③改革开放后实行"一户一宅"，并具有主体的身份性、取得的无偿性和权利的限制性等法律特征。④

通过梳理宅基地制度变迁的法理逻辑可知，宅基地的权利结构不断更迭，农民在权利的分化与演进中获取土地财产权益。中华人民共和国成立初期属于宅基地权利初始分配期，这一时期国家的主要任务是巩固新生政权，在长期的革命斗争中，主要依靠土地革命取得广大农民群众的拥护与支持，

---

① 参见王利明：《我国民法典物权编的修改与完善》，载《清华法学》2018年第2期。
② 参见张国华：《论宅基地使用权的可流转性及其实现》，法律出版社2013年版，第12页。
③ 参见胡建：《农村宅基地有限抵押制度的证成与支撑》，载《中国软科学》2015年第7期。
④ 权利的权能主要包括占有、使用、收益和处分。《民法典》并未明示宅基地使用权应否享有收益和处分权能，从其他法律的规定中也未能寻找到相关规定，而实践中宅基地使用权的收益与处分权能有限，市场化意义上的收益与处分并未实质性实现。

将宅基地和耕地无偿分配给农民,既有利于确保政权的稳定性,也为战后秩序重建和恢复农业发展提供了物质基础。故而赋予农民完整的宅基地私有产权,农民与国家在生存保障、经济恢复等问题上利益高度一致,从而顺利完成了宅基地私有、无偿、平均的初始分配工作。其后,随着农业集体化发展,土地公有制的范围已经从生产资料拓展到了宅基地。农民集体必须拥有统筹耕地与宅基地的能力,如果宅基地完全私有就可能会导致村集体无法满足农业生产人口的居住需求,进而引发农村生活秩序混乱。在这一时期,农民仍然有一定的房地交易需求。为此国家在制度上采取了"地随房走"的模式,允许农民通过出租和买卖房产的方式流转宅基地。改革开放之后,为激发农民的积极性,国家将土地权利和发展自主权交给农民,农村开始了"大包干",后来发展为家庭联产承包责任制。随着农村生产力的解放,农村土地使用乱象也日益突出,尤其是随着乡镇经济发展和20世纪六七十年代生育潮高峰出生的人口开始成年分户,农村宅基地用地出现紧张局面。为此,国家加强了宅基地的法律规制与行政管理,各地结合实际情况划定了农村建房的面积和房屋标准。在法律上,农村宅基地属于农民集体所有,但是农民享有宅基地的使用权,宅基地制度从"一元集体所有"过渡到"集体所有权与宅基地使用权"并存的"两权分离"时代。

宅基地使用权与国有建设用地使用权等一般意义上的用益物权相比,具有明显的特殊性:首先,权利主体的身份性和封闭性。权利的主体原则上应为集体经济组织成员,受让主体也仅局限于集体经济组织内部。该权利从设立之初即带有鲜明的社会福利性质,其首要功能定位为"居者有其所"。此外,权利主体具有高度的封闭性,无论是初始取得,还是继受取得,具备本集体成员身份是其权利合法性的基础。[1] 其次,初始取得的无偿性或福利性。福利性体现为集体成员因分配而无偿获取宅基地,但这里无偿使用主要是对政府收费而言。尽管实践中对于超标准占用宅基地、非本集体成员占有和使用宅基地(除继承房屋以外)的,有的地区实行有偿使用,但此类有偿

---

[1] 参见宋志红:《乡村振兴背景下的宅基地权利制度重构》,载《法学研究》2019年第3期。

使用是对特定情况的处置，并非否定正常使用宅基地的无偿制度。再次，宅基地数量和面积的限定性。基于土地资源的稀缺性和福利保障属性，一户一宅且面积不得超过省级政府规定的标准。如福建省规定每户面积限额为80平方米至120平方米；而浙江省杭州市临安区规定占用耕地，人口3人以下的不超过110平方米，人口4人及以上的不超过125平方米。[①] 最后，无期限性和用途的限定性。宅基地使用权属于无期限限制的权利；宅基地只能用于"建造住宅及其附属设施"，除了满足居住，其不得用于其他活动。作为一种无期限且无偿的用益物权，宅基地使用权一定程度上弱化了农民集体的土地所有权。

2. 宅基地财产权益

(1) 宅基地财产权益的界定

从词源上分析，"权益"由"权"和"益"组合而成，前者强调民主权利，后者强调经济利益，后者乃前者之基础，前者乃后者之保障。宅基地财产权益是农民围绕宅基地所产生的并且应享有的一系列物质利益的总称。农民的土地财产权益层次分明且结构有序，主要包括集体土地所有权、土地承包经营权、宅基地使用权。[②] 上述三者构成一体两翼的关系，其中集体土地所有权是基础，土地承包经营权确保耕者有其田，宅基地使用权则保障居者有其屋。

(2) 现代以集体土地所有权为基石的三层级结构

现代农村土地制度的总体目标是在兼顾公平与效率的前提下提高土地资源配置效率，而农村土地权利是其基础。农村土地权利的体系化，乃分梳与厘定各种土地上权利的层级结构，以确定彼此的权利内容和相应的法律地位。按照现行法律，所有权、担保物权和用益物权三大制度共同构筑我国农村土地物权制度。在农村土地权利体系中，静态归属上应明确农民集体的私人主体地位，动态利用上应强化用益物权的担保权能，以保障对农村土地的

---

① 参见《福建省农村村民住宅建设用地管理办法》和《杭州市临安区宅基地及住房建设监督管理实施细则》。

② 参见史卫民：《农村发展与农民土地权益法律保障研究》，中国社会科学出版社2015年版，第3页。

利用效益在法律上得以实现。① 若对农村土地权利体系按照其优先序位逐级分层,则可具体区分为如下三层:集体土地所有权是构建农村土地权利体系的基石,属于第一层次的权利,它是农民集体财产权益的主要来源,乃发展农村集体经济的物质基础,并在农村土地权利体系中处于核心地位。第二层次的权利,包括土地承包经营权、宅基地使用权、集体建设用地使用权、自留地(山)使用权和债权性农地使用权,它们由集体土地所有权所派生,并构成农村土地权利体系的基础。② 此外,由土地所有权衍生出的农民社会保障权和成员权、征收征用补偿权、土地发展权等构成第三层次的权利,它们是各种农村土地权利实现的保障,构成农村土地权利体系的外围支柱。③

3. 宅基地使用权立法之嬗变

1982年《宪法》和1998年《土地管理法》皆规定宅基地属于集体所有,实行农民"一户一宅"。宅基地法律制度具有以下特征:第一,农民集体拥有宅基地所有权,宅基地使用权的获取须经过农民集体,农民集体可以收回宅基地,并对宅基地拥有支配与控制的权力。第二,宅基地的无偿性与身份性,集体成员基于其身份可无偿获取,非集体成员则无法通过交易获得宅基地。第三,赋予宅基地使用权用益物权属性,但其"收益"与"处分"权能受限,处分权具体包括转让、出租、抵押、继承和赠与等权利;④简言之,宅基地使用权不能转让或抵押,它的性质被限定为一种不可转让的用益物权。

宅基地使用权之前在《物权法》(已废止,下同)的"用益物权"编中专章予以规定。然而,其在《物权法》中仅有4条,并不能对利益纠葛复杂的宅基地制度予以有效规范。在上述4个法律条文中,未明确规定宅基地使用权人的"收益"与"处分"权能,对其转让、租赁、抵押和入股等利用方式更是寻找不

---

① 参见陈小君、高飞、耿卓、伦海波:《后农业税时代农地权利体系与运行机理研究论纲——以对我国十省农地问题立法调查为基础》,载《法律科学(西北政法大学学报)》2010年第1期。

② 参见陈小君:《我国农村土地法律制度变革的思路与框架——十八届三中全会〈决定〉相关内容解读》,载《法学研究》2014年第4期。

③ 参见陈小君、高飞、耿卓:《我国农村集体经济有效实现法律制度的实证考察——来自12个省的调研报告》,载《法商研究》2012年第6期。

④ 参见胡建:《农村宅基地有限抵押制度的证成与支撑》,载《中国软科学》2015年第7期。

到任何法律依据。

《民法典》关于"宅基地使用权"的规定亦仅4个条文,主要沿袭《物权法》的规定,并通过转介条款将其"取得、行使和转让"委之于"土地管理的法律和国家有关规定",而2019年修正后的《土地管理法》缺少相关规范;现行立法未肯定其财产属性以及宅基地使用权的收益与处分权能,在确保其市场化运行的制度层面仍未取得实质性进展。

2022年农业农村部研究起草了《农村宅基地管理暂行办法(征求意见稿)》,但是条文数目偏少,仅有40条,立法位阶偏低,并且内容上基本为公法规范,私法规范较少,并未实质性解决宅基地使用权行使的权利义务问题。

综上,宅基地使用权的取得、行使到消灭,目前形成一套明显带有"身份性"色彩的法律制度。当前的宅基地使用权立法,无论是从条文的数量,还是从实质内容来看,都存在严重供给不足的局面,这与宅基地使用权作为6亿人民所享有的重要土地权利极为不匹配。《民法典》作为基础性法律对宅基地使用权仅做原则性规定,1260个条文中涉及宅基地规定的只有4个,是除"附则"外条文最短少的一章;《土地管理法》也只有一个条文直接规定了宅基地问题。简言之,宅基地现行的全国性的立法处于体系性缺失的状态,只能依靠地方性的规定,甚至是大量的政策性规定来弥补上位法的缺失。这一状况的形成主要是基于历史路径依赖、立法审慎性考量等种种原因,这使得宅基地立法供给与权利重要性严重失衡。同时,上述规范性法律文件,若从实质内容分析,亦大多秉持管理本位理念,重公轻私,宅基地使用权运行的基本规则严重缺失。一个完善的权利运行规则,应该厘清哪些主体能够取得权利、基于什么条件能取得这个权利、取得这个权利之后如何运行、权利如何变动等一系列问题,这些问题皆应有明确的规则。基于此,可从私法视角对行使宅基地使用权进行全面而有效的规范。

党的二十大报告明确指出深化农村土地制度改革,赋予农民更加充分的财产权益。但目前改革成效不足,仍面临主体封闭、低效闲置、权能限制、流转梗阻等问题,关键在于如何因应其保障功能弱化而经济价值凸显的现实。理应以经济利用为指向重构宅基地使用权制度,在保障"户有所居"的前提下,激发宅基地财产功能,彰显其私益财产属性,显化并有效利用其财产价值;建构宅基地财产化的法律机制,设计出还权赋能、运行顺畅、风险能控和权益可得的法律方案。就立法技术而言,对宅基地使用权的取得与消灭、行使与运行、实现与配套的基本规则皆应作出明确而具体的一般规定。宅基地法律制度的完善需要一个系统性的解决方案,小修小补,实难胜任,而上述改革无疑为宅基地从"身份"走向"财产"提供了转换契机。在确权与赋权基础上,有序实现活权,让农民更多地享受改革红利,这既是共同富裕的新要求,也事关中国式农业农村现代化的实现。

(三)宅基地"三权分置"

既往的宅基地权利体系以"宅基地所有权——宅基地使用权"为基本形态,权利主体的身份性和封闭性、用途的限定性等不利于激发宅基地的财产功能,实践中由于宅基地继承、跨村配置、市场化利用、经营性使用等情形已经构成事实上的占有与使用,故对该宅基地权利体系形成了冲击与挑战。

实践中农民对宅基地使用权的权能完整性存在诉求,然其权能残缺不全(占有和使用权能被法律所明示,但缺少收益和处分权能)。以收益权为例,现行法律并未认可收益权能;实质上,收益权能不局限于居住需求的满足,其更体现为利用宅基地及地上房屋获取经济利益。如位于城市郊区的农村地区,农民存在较强的意愿希望获得宅基地收益权能,因其宅基地极可能被征收而获得经济利益,同时也可以出租给城市外来务工人员而获得收益。与城市相较,农村经济发展水平较低是一个不争的事实,发展农村经济和提高农民收入水平,与保障农民基本生存条件同样重要,从本质上讲二者并不矛盾。宅基地在满足农民基本居住之余,作为市场要素参与到市场经济之中,不仅有利于提高农民收入,对于集约和合理利用土地也具有积极意义。在满足基本居住需求前提下,在不违背"一户一宅"以及国家保护耕地的政策条件下,将宅基地使用权的收益权能和一定的处分权能赋予农民又何尝不可?

1. 以增加权利束方式实行农村土地"三权分置"

权利束乃权利主体自身可以产生或派生的不同利益的权利集合。[①] 霍菲尔德的权利分析理论是权利束理论的逻辑起点,其核心理论包括权利和无权利、特权和义务、权力和无权力、豁免和责任在内的四对相互对立而又相互关联的概念,而后有学者将霍菲尔德的理论概述为产权所有者是享有权利、特权、权力和豁免等综合性权益的集合。[②] 土地产权是由终极所有权及其衍生出来的占有、使用、抵押、出租、转让等权能组成的权利束。[③] 既往我国的农村土地权利体系立法概念较为欠缺,不同权利类型之间缺乏层次性和逻辑性、具体的权利内容和效力亦较为薄弱,随着社会生活的变迁,权利类型、内容和效力理应不断丰富与完善。

现代财产权理论由重视静态的财产归属转向强调动态的财产利用。农村土地权利随着社会实践之发展而逐步分离和细化。此种权能的分离并非任意或无规则,分离后的土地产权须在经济绩效上获得提升,同时须使土地产权的分离形成新的经济关系和法律关系。根据科斯理论,在财产权明晰的条件下,如果交易成本很小甚至为零,则不管财产赋予何种主体,市场均衡的结果都是实现资源配置的"帕累托最优"。

由于我国农民对土地实际获取的权利是某种"物权效力"的财产权,一方面,基于农地所有权归集体而农民不具备对土地直接交易的特性且土地使用权的可转让性也或多或少地受到一定意义上集体决策的影响,而土地物权有着残缺而不完整的物权效力;另一方面,避开制度争论,在农地"权利束"理论和市场价格机制的作用下,土地使用权这一特殊财产权的细分使其跳脱出基于土地所有权这一物权基础后唯有土地使用权这一用益物权的限制,基于土地使用权财产权属性、各个财产权主体的独立性和基于土地使用权归属与转

---

① 参见李胜兰、于凤瑞:《农民财产权收入的土地财产权结构新探——权利束的法经济学观点》,载《广东商学院学报》2011 年第 4 期。
② 参见洪名勇:《论马克思的土地产权理论》,载《经济学家》1998 年第 1 期。
③ 参见洪名勇等:《农地"三权分置"及实现路径研究》,中国财政经济出版社 2020 年版,第 54～55 页。

化功能实现物权化的债权关系,使土地使用权享有占有、使用、收益和处分等财产权能。改革开放以来,虽然"两权分离"释放出巨大的制度绩效,但是,农村土地改革发展到当前的历史阶段,"两权分离"的农村土地产权结构设计存在的问题日益凸显。一方面,宅基地产权具有不可分割性。"两权分离"下土地承载的社会保障功能日益减弱,但因宅基地使用权不可分割,只能将其流转限制在本农民集体内部,无法实现更大范围内的流转,进而不能彰显宅基地的财产价值。另一方面,农民集体在私法上的主体地位难以彰显,集体土地所有权对宅基地的作用难以显现。从本质上讲,农地集体所有权属于民事财产权利。[1] 宅基地"三权分置"之目的,乃解除宅基地身份限制与宅基地利用的捆绑关系。

2. 宅基地"三权分置"改革的现实可行性

(1)"三权分置"具有深厚的历史基础

纵观中国封建社会时期,一直居于农村经济主导地位的是地主经济,土地归属于地主所有,地主享有田底权,佃农享有田面权,永佃土地上"田骨"(土地所有权)与"田皮"(土地使用权)相分离的佃农经营方式,即"两权分离"是土地经营最基本的特征。经过千年的变化发展,到了近代,土地租佃关系已经高度发达,从正式制度到非正式制度,从成文法到习惯法都对土地租佃各方的权利义务有着明确界定。至今,农村承包地的"三权分置"(所有权、承包权、经营权)已经在立法上被《民法典》所吸收,对于推动和深化宅基地制度改革,有效保障农民的土地财产权益具有积极的借鉴意义。

(2)宅基地"三权分置"具有实践经验

在2015年国家宅基地制度改革试点中,如何充分释放宅基地的财产属性,增加农民财产权益成为改革的重点。宅基地的生存保障功能随着经济结构的变化和城镇化水平的提升,不再是宅基地制度的唯一价值目标。浙江省义乌市首创宅基地"三权分置"的试点改革,为全国层面拓展和深化宅基地制

---

[1] 参见袁云:《中国特色农地制度"三权分置"改革及实现路径研究》,人民出版社2021年版,第79页。

度改革贡献了义乌经验。在确保"户有所居"的前提下,允许农民有条件地转让使用权,以公开拍卖的方式进行资格权的村内部有偿调剂,公开竞拍方式进行宅基地使用权有偿选位等。实行跨区域的资格权放活,宅基地资格权权益由村民自愿退出,村里统一回购,再经街道委托农村土地整备公司,通过公开竞拍等市场配置方式,调剂给县域内符合条件的农民,使他们直接获得宅基地建房、转让、抵押、继承等各项权能。以抵押为例,义乌市共有农村宅基地近 21 万宗,按每宗宅基地抵押贷款金额 73 万元估算,可以撬动农村经济杠杆达 1500 多亿元,极大地增强农村发展动能。

(3)宅基地"三权分置"符合法律逻辑和国家政策趋向

"三权分置"是符合现代财产权权能细化和拓展的必然要求。伴随着市场经济的发展,财产权表现出排他性、可转让性、权能的可分割性,他物权具有了独立地位,呈现出财产权股份化、资本化等特点。这种权利设置方式在国际上是有先例可循的,如德国民法明确规定,作为用益物权的地上权之上,可以设置另一种用益物权,即"次地上权"。地上权的期限一般较长,完全可以保证和容纳次地上权。德国的地上权同样具有"长久不变"的期限,因此,在其上再设置一个用益物权也是可行的。由此可见,"三权分置"具有法理上的可行性。

宅基地是农村"三块地"改革中的关键与难点。中央一号文件一直将宅基地改革作为解决"三农"问题的突破口。从历年来的提法来看,国家一直注重宅基地改革与规范管理、确权登记及盘活闲置等问题,并把宅基地的抵押担保、"三权分置"作为改革试点的重点和未来方向。近年来,国家政策更是强调推进土地要素市场化配置,为乡村振兴和城乡融合发展提供土地要素保障;[1]提出探索宅基地使用权流转的制度安排和具体路径。[2] 从某种意义上,已经传达出宅基地有限市场化改革的思想。

我国在宅基地制度方面已经具备较为成熟的制度体系,建立了较为完善

---

[1] 2020 年《中共中央、国务院关于构建更加完善的要素市场化配置体制机制的意见》。
[2] 2020 年《农业农村部办公厅农村宅基地制度改革试点工作指引》。

的宅基地公法规范,各地也配套出台了地方性规范和文件,细化了各地宅基地审批流程。然而,建立于城乡二元格局基础上的宅基地制度已逐渐无法适应新时代下农村土地资源的发展变化,出现宅基地闲置、一户多宅等突出问题,宅基地"三权分置"政策的提出尚未改变宅基地是农民住房用地的性质;目前的改革实践仍成效不足,财产价值实现不畅,面临主体封闭、权能限制、权利运行梗阻、用途管制僵化等多方掣肘;"三权分置"的权利结构研究范式,仍局限于所有权本体与具体权能的分离,尚未实现静态"权能分离"向动态"权利行使"转变;转让、租赁、赠与、入股、抵押和继承等流转方式的法律机理与收益分配,在司法实践中也未妥当解决,立法上更未就宅基地的整理利用、地性转换、退出与收回等作出周全的制度安排。

3. 共同富裕目标下宅基地"三权分置"的理论重释

(1)宅基地的所有权、资格权和使用权"三权分置"

在宅基地"三权分置"的政策话语提出之前,宅基地权利的争论就已令人眼花缭乱。法律规定的粗疏与简略,一方面给宅基地权利的自我生发提供了土壤,另一方面也影响了人们对宅基地权利的清晰认识。宅基地"三权分置"改革政策提出后,更加剧了宅基地权利概念的模糊与复杂。不仅需要继续在法律规范意义上厘清权利的确切含义,还需要构建一套新的权利体系并赋予其中各项权利以明确内涵。

农民集体将使用权能从"所有权"中分离,形成法定的用益物权——宅基地使用权,而今又将"资格权"从宅基地使用权中分离,最终形成"所有权"、"资格权"和"使用权"三权分置的格局。"三权分置"分立所有权、资格权和使用权,不仅明晰了宅基地的产权归属,丰富了宅基地的收益和处分权能,也保留了宅基地特有的福利性和身份性。

宅基地流转的客体为"三权分置"中的使用权。"三权分置"将资格权从使用权中分离,资格权具有身份属性,且不可流转,而使用权具有可流转性。对于"三权"的关系厘定,目前学术界尚存在争议。普遍认为二元权利结构下的"宅基地使用权"兼具身份性和财产性,主张通过"三权"(所有权、资格权、使用权)的权利配置弱化其身份属性与福利色彩,以此实现财产属性的纯化。[1] "资格权"是"使用权"的母权,"使用权"具有独立性和可处分性。[2] 但对于"使用权"的法律性质却存有争议,有学者指出不能违反用益物之上不得再为用益的原则,故再行设立另一用益物权的理论依据不足。[3] 有学者认为用益物权上可再行创设并让渡具有物权属性的次级子权利。[4] 也有学者提出二元权利模式,即原宅基地使用权上可以设立次生使用权(用益物权)或租赁权(债权)。[5]

(2)"三权分置"下的"宅基地使用权"

"三权分置"是宅基地使用权的一个全新流转模式,其赋予"宅基地使用权"崭新的理论内涵,并需重塑宅基地使用权运行制度。宅基地"三权分置"制度改革的核心内涵是促进宅基地的使用权自由流转,揭示使用权运行的约束条件与影响因素,为宅基地使用权的现代化改革扫除障碍。根据权利束及其产权细分理论,产权是一束权利,该权利束并非僵化不变,而是随着社会需求不断分化演变。集体土地所有权的权利束不断分化,农民在土地权能的不断分化中实际获取土地上的财产权益,该理论可揭示土地所有权与土地使用权的分离,但如何合理解释在用益物权上再行创设并让渡具有物权属性的次级子权利,并使之形成用益物权体系上的理论自洽是须重点解决的问题。

坚持所有权与使用权相分离原则。宅基地所有权由农民集体享有,这一制度现实将会在我国继续长期存在。宅基地使用权在现阶段试点改革背景下被寄予了制度化改造的厚望。宅基地所有权因其集体所有的权利属性决定其是不可能上市流转的,若要实现宅基地内含的财产价值,就需要在此基

---

[1] 参见程雪阳:《重建财产权:我国土地制度改革的基本经验与方向》,载《学术月刊》2020年第4期。
[2] 参见房绍坤:《民法典用益物权规范的修正与创设》,载《法商研究》2020年第4期。
[3] 参见申建平:《宅基地"使用权"实践探索的法理检视与实现路径》,载《法学论坛》2023年第6期。
[4] 参见蔡立东:《中国式物权制度的文明刻度》,载《中国社会科学》2022年第12期。
[5] 参见丁关良:《宅基地之新的权利体系构建研究——以宅基地"三权分置"改革为视野》,载《贵州社会科学》2021年第7期。

础前提满足的情况下确认和完善其他可流转的权利内容。法律应明确宅基地使用权的完整权能内容,真正体现出所有权和使用权相分离的立法原则。这种分离原则不仅体现在所有者和使用者分别由不同主体来承担,更重要的是,在权利实现和运行制度层面,二者有着截然不同的法治逻辑。在传统物权体系和权能实现要求之下,所有权居于中心地位,包括使用权在内的用益物权、担保物权等其他权利都是围绕着所有权这个基础性权利来展开。值得注意的是,我国法律关系中的物权内容,目前正在逐步由过去重视归属关系向如今更加重视利用关系转变,这种转变在当前共享经济发展模式下有了更多的现实例证。使用权只有从所有权之中分离出来,并通过立法赋予其完整的流转权能和内容,才能使其摆脱传统所有权的四项权能约束,真正成为一项动态发展的权利。从试点改革经验来看,一些地方从社会经济发展和农民权益实现需求的变化出发,事实上赋予了宅基地流转的权能内容,充分表达了这种所有权和使用权分离的基本立场。事实上,也只有宅基地使用权成为一种动态发展的权利,其内涵不断变化和丰富起来,才能更加匹配现代物权效率和城乡同权发展理念。

我国理论上应肯定宅基地"使用权"的可处分性与收益性质,使宅基地使用权回归私权属性,以"权利行使"为主线构建符合市场法则的法律运行机制。在保障宅基地归农民集体所有的基础上,"资格权"体现土地的居住功能,"使用权"体现土地的财产功能。"三权分置"激活宅基地的财产功能,赋予农民通过转让、赠与、出租、抵押、入股等方式流转"使用权"的权利,使其按市场法则多样态地有序运行,最终农民实际获取宅基地收益。"三权分置"分立所有权、资格权和使用权,不仅明晰了宅基地的产权归属,丰富了宅基地的收益和处分权能,也保留了宅基地特有的福利性和身份性。清晰界定宅基地产权主体关系,将宅基地权利运行制度运行的外部效应内部化,提升制度效率。

二、"三权分置"下宅基地所有权的实现

"三权分置"政策背景下,宅基地集体所有权是其他两权的权利来源。落

实宅基地集体所有权是实现宅基地财产价值的必然要求,落实集体所有权也是维护农民利益不受损的必经之路。集体土地所有权是农民集体实现"地利共享"的产权基础,地权的公平分配对于坚持我国的社会主义性质具有实质性意义。在我国农村土地权利问题上,一旦套用西方的个体主义式主观权利观念,就会觉察到我国农村土地权利体系完全不符合那一套观念,无论是集体所有,还是无偿分配、用途限制,都难以嵌套进个体式的权利观念中;如果忽略权利观念的发生基础和物质条件,就很容易得出我国农村土地权利制度不符合现代法权体系的结论。然而,我国的农村土地权利体系并不建立在个体式的主观权利理念之上,其不需要也不应当符合西方的个体式主观权利观念和价值理念,因为二者所属的权利领域以及物质基础均是不同的。不仅不同领域和类型的权利的价值基础不同,即便是同一领域的权利问题也往往不具有一致的价值基础,即便具有相同或相近的价值基础,但在具体的客观权利形态上也往往存在不同程度的差异性。从各国的所有权制度来看,其权利的边界总是随着经济社会发展的需要不断调整,呈现出复杂的权利形态,因此,任何试图将主观权利观念抽象化和将客观权利形态单一化的论断不仅犯了价值论上的错误,也违背了客观实际的规律。

(一)"三权分置"下的农民集体与农村集体经济组织

农村土地属于农民集体所有,这是农村最大的制度。农村集体土地所有制和国有土地一样都是公有制,但是这两种公有制有着明显且重要的区别。国有土地是全民所有的土地,由国务院代表行使所有权;农村集体土地所有制是一种"内公外私"的土地所有制。每一个集体组织内部的土地是公有的,但是公有只在集体组织内部公有;对外时,所有权人之间的利益关系是清晰的。

1. 农民集体的性质与组织形式

就农民集体的属性而言,其是以土地"共同占有"为基础的"经济联合体"。我国集体所有制实现形式依次经历了高级合作社、人民公社、家庭联产承包责任制、"统分结合"双层经营体制等阶段,我国将土地这一重要生产资料的"共同占有"作为集体所有制的基础。然而,随着社会的进步与发展,"统分结合"经营体制中"分"的成分日益增大,在逐步强化农民土地权利的同时,农民之间生产资本、人力资本、社会资本等资源禀赋差距逐渐扩大。在新时代,农民之间以土地为基础进行"联合"的目的在于消除小农户在市场竞争中的弱势地位和不理性行为,以"联合体"的组织形式参与市场竞争,最大限度地实现农村集体土地(包括集体所有集体占有和集体所有农户占有的土地)的财产价值。农民之间以土地"共同占有"为基础形成的"联合体"应是农户为更大程度地实现自身占有土地的财产价值而自愿以某种市场化方式如入股形成的具有市场独立法人地位的组织形式。

就农民集体的组织形式而言,其应属于依法成立、具有独立法人地位的集体经济组织。"三级所有,队为基础"的集体土地所有权主体结构逐渐演变为乡镇集体经济组织(乡镇政府)、村集体经济组织(村委会)和村民小组独立并存的集体土地所有权主体结构,且在现实中以村民小组集体所有为主。在实践中,集体所有权主体的名称可谓"五花八门":一是部分地区将集体所有权主体表述为"农村集体经济组织",如广东省将农村土地集体所有权主体界定为具有所有权的经济合作社、经济联合社、股份合作经济联合社等;二是部分地区将集体所有权主体表述为"农民集体"[包括乡(镇)、村、村民小组],如浙江省宁波市、江西省乐安县、黑龙江省哈尔滨市等;三是部分地区在确权颁证时将"农村集体经济组织"和"农民集体"混用。各地区农村土地集体所有权主体的不一致性既为明晰农村集体经济组织的法人性质带来了困难,又不利于农村集体经济组织参与市场交易活动。因此,我们应将集体所有权主体在法律和实践层面统一表述为"农村集体经济组织"。具体来说,就是要从体制机制层面确立依法成立、具有独立法人地位的集体经济组织,使其作为集体土地所有权的行使主体。如近年来,以清产核资、资产量化等为主要内容的农村集体产权制度改革的目标就是通过股份制改革实现"政经分离",建立起能够高效发挥经济功能的农村集体经济组织作为"农民集体"的组织形式。

强化农村集体经济组织保障作用以降低交易成本要求落实集体所有权。个人实现功能性活动的程度不仅取决于个人资源禀赋,还取决于社会为其提供的可供选择之商品组合,即资源禀赋的交换权利。现行农村土地制度下,农村土地的利用方式和产权交易受到严格限制,农村土地使用权的交换权利亦无法充分实现。而农村土地"三权分置"改革的重要内容之一就是通过放活"宅基地使用权",让农民实际获得更多财产权益。农村土地之使用权的产权功能主要在于通过剥离农村土地的身份属性以及强化其用益物权属性,而更好地保障与实现农民土地财产权。

农民集体对内实行成员权利平等制度。在农民集体内部,土地权益不按市场机制,而是按成员权利平等的机制进行分配,在社会发生变革与转型的进程中,能保障农村家家有地种和户户有房住,以达到维护农村和社会稳定之目的。2008年全球爆发金融危机,2000万农民工返乡。当社会环境发生变化时,为什么我国还能保持稳定?其中一个重要原因就在于农民在老家有块地和有座房,农民返乡后有地种、有房住和有饭吃。总之,农民现在还是一个相对弱势的群体,特别是在城乡二元结构还没被消除的情形下,如果对农民的土地权利处理不好,将会引发非常严重的社会问题。

2. 农民集体对外作为私主体的民法化改造

实践中"农民集体"尚不具备私法上实质化的主体地位。对于"农民集体"应怎样从法学角度予以定义?学术界存在众多不同的认识,从最初的"共有"变换到农村集体经济组织的"单独所有",再到"总有",最后转变成"合有"。如同全民所有一般,农民集体是一个整体性概念,只能以统一的形式行使权利,而不能将其权益划分到某个具体的个体之上。[①]《民法典》第96条已经赋予农民集体的特别法人地位。作为农村土地所有权归属的主体——"农民集体",长期以来存在法律地位虚化、财产权益弱化和保障手段软化等显著特点,法律上应当赋予"农民集体"私法领域的法人地位,明晰其所享有的财产权益范围,实质化"农民集体"的土地所有者身份。

在国家、集体和农民三者的关系框架内,农村土地权利结构的革新意味着至少要面对三个部分的限制:国家利益的维护、集体组织的利益、集体内部

[①] 参见程雪阳:《中国的土地产权制度:基于宪法第10条的分析》,载《法律和社会科学》2010年第2期。

土地权利和义务的公平划分。① 法律本身是各个利益主体博弈最终达到的一种权利义务的平衡状态，②我国在《民法典》中将集体经济组织界定为特别法人，并于2024年通过了《农村集体经济组织法》。在此基础之上，应在法律中明确"农民集体"与"农村集体经济组织"的关系，并将"农村集体经济组织"明确界定为私法人。

合有、集合共有和总有乃学术界对农民集体进行非法人改造的三种路径。合有是集体的权利义务皆由本集体全体成员共同承担，农民以群体形式拥有集体土地所有权。③ 但是，在集合共有模式下，农民集体是自然人以群体集合形成的共同体。这与我国国家性质和基本经济制度相背离，囿于政治的刚性约束，该种形式显然是不可行的。多数人的相互结合构成总有，但其是以一个团体的形式存在。④ 总有权与现行土地所有权具有一定的相似性，但是从历史发展脉络考察，土地总有团体由非法人发展到法人形态，其并未一直保持非法人团体的性质。故而，亦应抛弃把农民集体界定为财产是"总有"形态的其他组织的观点。⑤

从我国法律所确认的民事主体形式观之，唯有对集体土地所有权主体进行法人化改造。当前具有代表性的法人改造方案有四种模式，即农村社区法人制模式⑥、自治法人制模式⑦、农业合作社法人制模式⑧和股份合作社法人

---

① 参见刘守英：《土地制度与农民权利》，载《中国土地科学》2000年第3期。
② 参见高飞：《论集体土地所有权主体之民法构造》，载《法商研究》2009年第4期。
③ 参见王铁雄：《集体土地所有权制度之完善——民法典制定中不容忽视的问题》，载《法学》2003年第2期。
④ 参见韩松：《集体所有制、集体所有权及其实现的企业形式》，法律出版社2009年版，第136页。
⑤ 参见韩松：《论集体土地所有权的性质》，载《河北法学》2001年第1期。
⑥ 参见张广荣：《我国农村集体土地民事立法研究论纲：从保护农民个体土地权利的视角》，中国法制出版社2007年版，第131页。
⑦ 参见黄辉：《农村土地所有权制度探讨》，载《现代法学》2001年第4期。
⑧ 参见胡君、莫守忠：《集体土地所有权主体的反思与重构》，载《行政与法（吉林省行政学院学报）》2005年第12期。

制模式①。集体土地所有权欲成为一项真正的权利，改造的重点在于农民集体"实体化"，旨在解决现行集体土地所有权的主体"虚置"和"缺位"问题，从而祛除现行集体土地制度之病根。所谓"农民集体"本身就是一种社区集体组织，而在实践中可以将集体成员组织起来的途径是客观存在的。在江浙一带的农村，作为集体组织代表的各种经济组织在地方立法的授权和约束下行使着管理经济的职能。在实行土地股份合作制的地区，农民已经通过各种股权的设置明晰了其对集体资产的收益比例。上述地区实践不但说明集体资产的管理和使用呈现出越来越清晰和有序的态势，亦体现出农民有进一步组织起来行使和维护自己权利的意愿和渠道。随着上述实践的拓展与推广，农民集体就可以进化为"农民集体经济组织"。通过对"农民集体"的再组织化，做实集体土地所有权的行使主体，并将"农民集体经济组织"界定为独立法人。

各地可根据经济发展和社会环境的需要，选择在当前村民自治模式的基础上将其改造为自治法人形式，亦可选择以合作社、股份合作社、公司制等法人形式。但无论采取何种法人形式改造农民集体，均应将其定位为私法人，并去除一直承担的行政职能。保护农民的权利自由，进而实现农民的生存和发展，是民法化改造进程中应遵循的普遍价值准则。② 明确"农民集体所有"的性质和主体地位，从立法技术上分析，全国人大常委会可针对《民法典》中的集体所有权进行详细的解释。农民集体组织的建立需要一定的农业人口和土地，仅依赖权利自决难以实现，其需要国家政策支持，并不是完整意义上的意思自治。在设立农民集体组织时，需要采用特许的方式，即需要经过法律和国家的许可。具言之，农民集体组织的设立应采取特许主义设立方式，必须经过专门的法律或国家的特别许可，从成立之日起即具有法人资格，不要求办理法人登记。

---

① 参见綦好东：《我国现行农地产权结构的缺陷及重构的实证分析》，载《农业经济问题》1998年第1期。

② 参见高飞：《论集体土地所有权主体立法的价值目标与功能定位》，载《中外法学》2009年第6期。

目前,农村社会仍然存在村农民集体、村民小组农民集体和乡镇农民集体三种形式,而且此种情形在今后相当一段时间内不会改变。① 因此,立法上确认三种农民集体并存的社会现实,切合农村土地权利担保运行的现实需求,并有利于降低当下制度改革的成本,但长远来看,待立法条件成熟时理应将三级农民集体改造为村农民集体为宜,即确立"村级农民集体"作为单一主体。②

农民与集体之间权利义务关系的不明确,是集体及其成员无法建立起真正民事法律关系的关键所在。二者的关系长期停留在传统集体所有制框架之上,其最大特点就是只有理论上的集体关系,而无实际上的可操作性。任何一个集体成员都不享有对集体任何部分财产的直接支配权,实际上是一种只具象征意义的所有制,而不能直接落实到民法的权利义务上。因此,有必要重新建立起集体与其成员之间的民事权利义务关系。

(1) 农民集体民法化改造的直接方式

农民集体改造为民法上的法人,具有独立的法人人格,集体与成员之间的关系股份化,可以设立村民(股东)大会、集体委员会(董事会)和村民监事会等机构,分别承担起权力机构、决策执行机构和监事机构的职责。农民集体作为法人对其集体范围内资产享有所有权,农民成为股东,对集体享有股权,以行使表决权的方式形成集体意思,同时通过从集体中分红(股息)的方式获得其对农村土地的收益权。

(2) 农民集体民法化改造的间接方式

所谓农民集体民法化改造的间接方式,乃赋予产生于所有权的用益物权与所有权相同级别的地位与保护。集体成员作为集体法人股东和作为集体

---

① 国家立法上及地方立法上亦出现很多称谓,如农民集体、农村集体组织、农村集体经济组织、乡镇集体经济组织、村民委员会、村民小组、村集体成员集体等,这不仅一定程度上造成混乱,还极易产生农村集体土地所有权行使上的冲突。加之实践中,往往由村民委员会代位"集体经济组织"行使集体土地所有权。作为村民自治组织的村民委员会具有公私双重角色。

② 乡镇规模的扩大造就全乡(镇)农民直接参与的非现实性,组织全体成员参加决策势必面临高昂的组织成本;而村民小组组织形式不健全、功能逐渐退化,其制约了集体土地的优化配置与规模经营;农村基层民主自治建设为塑造村级集体土地所有权提供了良好的民主土壤和丰富的自治经验。

土地的用益物权人并不必然发生冲突。淡化农民集体所有权,而使其衍生出的用益物权具备"类所有权"属性,发挥农村土地流转中权利起点的作用。大陆法系国家如德国的地上权具有"类所有权"性质。这种"类所有权"的属性不仅与大陆法系的物权法传统有关,而且于我国传统社会中的土地权利也是有据可寻,如我国古代一直都存在所谓"田骨"(土地所有权)与"田皮"(土地使用权)相分离的产权经营模式。集体所有权的存在使农民在法律上失去了对土地进行直接支配的理由,而集体自身的缺陷又使其无法真正承担起组织农民对土地进行支配与收益的职责,故直接越过集体所有权而给予集体土地上的用益物权以充分的法律保护,这意味着在不改变所有制基础的情况下,实现了"地权归农"的改革理想。给予农村土地使用权与所有权一样的保护,还需要法律的修改完善,以及对权利存续时间、权利流转的限制、权利内容的限定等问题予以细化。

(二)对宅基地行使农民集体所有权

宅基地集体所有权的行使,应实现从"强管制,弱产权"到"有限管制,有效产权"的理念转变。通过激发宅基地的财产价值,推动实现"落实集体所有权"的改革目标。

1. 农村集体行使宅基地所有权的形式

宅基地使用权不同于以土地私有制为基础而创设的用益物权。宅基地集体所有权何以落实?

其一,土地收益权。在对于支付对价型宅基地使用权的创设中,获取相应对价。如宅基地使用权转换为集体经营性建设用地后入市,可以获取土地出让金;宅基地使用权用于一定范围内的经营性活动,亦可收取一定比例的土地增值收益;自治性宅基地使用权,可以收取有偿使用费等。

其二,行使优先购买权。宅基地使用权对农民集体外主体发生流转,以及转权入市等情形下,为享有所有权的农民集体设定同等条件下的优先购买权,以发挥其在宅基地统筹利用上的优势。

其三,权利恢复的主体。在宅基地使用权收回、有偿退出、宅基地转权入市后期间届满、宅基地使用权主体绝户且无人继承等情形下,原宅基地使用权消灭,宅基地所有权恢复至圆满状态。

其四,享有宅基地空间经营权。宅基地空间经营权的权源基础在于宅基地集体所有权。宅基地使用权人享有地表空间的使用权,然而地表空间范围之外的地上地下可区分空间仍归属于宅基地所有权主体。

其五,履行宅基地分配与监管职责。农民集体是宅基地监管的第一责任主体,从审核使用权申请资格、确定宅基地范围和面积、发现和处置违法占地行为、收回闲置宅基地等,农民集体都具有管理上的优势与便利。但是,农民集体拥有的宅基地所有权是一项私法权利,其对于宅基地的分配与管理并非严格意义上的公法权力,这也使得其缺乏必要的强制性手段对宅基地进行管理。如在申请宅基地时,农民集体可作初始的实质性审查,但批准与发证机关并非农民集体,其不拥有最终的决断权。农民集体在既缺乏监管收益,又缺乏负面约束的情况下,更倾向于通过农民的申请以维系熟人社会的关系。再如在确定宅基地位置、范围与面积时,不同地理位置存在交通便利、地势地利、面积大小等价值差异,现实中如何实现分配上的公平公正亦是难题。而对于宅基地相关违法行为,农民集体既无行政处罚权,也无行政强制权,只能向有关行政部门报告处理。实践中往往是当行政机关知晓违法行为时,违法建房已经完成,再进行强制拆除会面临极大的社会风险,加之各地都存在大量的历史遗留违法行为未予化解,对于新增违法行为的处理会面临更大的社会稳定性风险。

2.宅基地使用权分配的审批制改为行政备案制

现行立法上规定,宅基地使用权分配实行经乡(镇)人民政府审批的制度。换言之,宅基地的分配由行政权力控制。[①] 现行的行政审批制度在一定程度上存在对农民集体私权的干涉之嫌,作为集体土地所有权主体的农民集体有权处置宅基地,而国家对耕地保护、防止乱占和私建等公共利益维护之需求,可以通过规划、用途管制等方式予以实现,而没有必要非得通过行政审批予以控

---

① 参见管洪彦、张蓓:《宅基地分配中"落实集体所有权"的法理证成与制度实现》,载《安徽师范大学学报(社会科学版)》2024年第3期。

制。宅基地使用权的获取须经本集体成员的多数人民主决策同意,报政府相关部门备案。

三、"三权分置"下宅基地资格权的界定

宅基地资格权的概念在 2018 年中央一号文件《中共中央国务院关于实施乡村振兴战略的意见》中首次出现,作为一个政策用语,其并非法律上的专业术语,尚存在法律性质不明、范围界定模糊、核心要素和运行机理欠缺等罅漏。宅基地制度改革从"两权"到"三权",资格权是宅基地"三权"中新创设的独立权利类型,是联系宅基地所有权与使用权的纽带。如何科学地定位宅基地资格权,目前在学术界尚存有争议。

（一）宅基地资格权的法律性质

1.成员权说

成员权说认为资格权是集体成员权在宅基地分配制度中的具体体现。陈小君认为,"宅基地资格权"是一种纯粹的农民集体成员权;无论是从农地制度改革的协同性,还是从农地权利体系的协调性考虑,都宜将土地承包权和"宅基地资格权"界定为农民集体成员权。[1] 董祚继认为,资格权是基于农户在农村集体经济组织的成员资格设定的,需要保持稳定并长期不变。[2] 程秀建认为,资格权应属成员权的实体内容,是集体成员实现在集体所有土地上享有的居住权益的方式。宅基地资格权不宜塑造为用益物权,其属性应为集体成员权。[3] 林依标认为,宅基地资格权被看作集体成员权的衍生权利,它具有制度福利和身份福利的性质,本质上属于一种预期利益。[4] 严金明等认为,宅基地资格权是集体经济组织成员的一项专属权利,也是保障农民基本

---

[1] 参见陈小君:《宅基地使用权的制度困局与破解之维》,载《法学研究》2019 年第 3 期。
[2] 参见董祚继:《三权分置——农村宅基地制度的重大创新》,载《中国土地》2018 年第 3 期。
[3] 参见程秀建:《宅基地资格权的权属定位与法律制度供给》,载《政治与法律》2018 年第 8 期。
[4] 参见林依标:《农村宅基地"三权分置"的权能界定与实现路径》,载《中国土地》2018 年第 9 期。

福利的特殊权利。① 李凤章等认为,宅基地使用权被绑定了集体成员的身份,导致其无法流转,故资格权从宅基地使用权中派生出来。②

2. 成员权组成部分说

成员权组成部分说认为资格权不是宅基地使用权的组成部分,其乃集体土地所有权的行使方式。宋志红认为,资格权只是农户取得宅基地使用权的前提条件,是一种分配资格,并非宅基地使用权的组成部分,资格权糅合了"宅基地分配资格"和"宅基地使用权"两部分内容。③ 席志国认为,资格权是指现行法律上的"宅基地使用权",在"三权分置"之后其本身并不需要也不应该发生本质上的改变,将来应仍然维持原来的"宅基地使用权"。④ 姜楠认为"三权分置"政策中的所有权,既涵盖物权法上的集体所有权,亦包含集体成员权;宅基地资格权是农民享有的取得宅基地使用权的权利,权利属性应当为集体成员权,故资格权属于集体土地所有权的范畴。⑤

3. 用益物权说

从权利类型上分析,用益物权说区分为"宅基地使用权说"和"剩余权说",但本质上皆属于对资格权进行用益物权塑造。就"宅基地使用权说",刘国栋认为宅基地资格权并非一项成员权,它被视为现行法律上的宅基地使用权,只不过它所表征的是设立次级使用权后的宅基地使用权。⑥ 此种次级使用权借助市场化的自由流转实现宅基地的财产性。而农民依然保有宅基地使用权,待次级使用权期限届满后,宅基地使用权将自动恢复到农民手中。

---

① 参见严金明、迪力沙提、夏方舟:《乡村振兴战略实施与宅基地"三权分置"改革的深化》,载《改革》2019 年第 1 期。

② 参见李凤章、李卓丽:《宅基地使用权身份化困境之破解——以物权与成员权的分离为视角》,载《法学杂志》2018 年第 3 期。

③ 参见宋志红:《宅基地"三权分置"的法律内涵和制度设计》,载《法学评论》2018 年第 4 期。

④ 参见席志国:《民法典编纂视域中宅基地"三权分置"探究》,载《行政管理改革》2018 年第 4 期。

⑤ 参见姜楠:《宅基地"三权"分置的法构造及其实现路径》,载《南京农业大学学报(社会科学版)》2019 年第 3 期。

⑥ 参见刘国栋:《论宅基地三权分置政策中农户资格权的法律表达》,载《法律科学(西北政法大学学报)》2019 年第 1 期。

"剩余权说"则认为资格权是农民在转让一定期限的宅基地使用权后保留的剩余权,此种剩余权可以看作一种恢复权能,即当转让的期限届满或达到约定的终止条件时,农户可以依据这个剩余权请求恢复完整的宅基地使用权。总之,用益物权说强调宅基地资格权的保障性和身份性,并将其归类为用益物权的范畴。但是,将宅基地资格权转化为用益物权会带来制度不适和理论障碍,并且不符合实现"三权分置"改革目标的要求。

4. 双重性质说

双重性质说将资格权置于农村集体特殊总有的关系中进行阐释。如孙建伟认为,资格权主要源于集体共同体与集体成员的总有关系,并在财产权方体现为集体所有与集体成员根据其成员资格,进行分配土地或使用土地的权利。资格权具备身份性权利和财产性权利双重性质。[①]

5. 新型权利说

在新型权利说中,有学者提出了关于宅基地资格权的全新观点。根据这一观点,宅基地资格权被认为是一种独立于现行法律中的集体成员权或用益物权的全新权利类型。集体所有权被界定为一种管理权,而资格权被塑造为一种"类所有权"。[②] 根据"新型权利说",具备"类所有权"性质的宅基地资格权可以派生出宅基地的使用权,并且这种使用权可以在一定条件下对外流转。这一观点为解决宅基地使用权流转的问题提供了一种新的视角和解释。通过将宅基地资格权视为一种独立的权利类型,可以为宅基地所有权与使用权的划分提供更为清晰的依据,有助于推动农村土地制度的改革和发展。

对于资格权的性质判定,实乃立法价值选择问题,而非事实判断问题。[③] "成员权说"通过剥离宅基地使用权的身份属性,彰显了使用权的财产属性,该学说更有利于宅基地使用权的市场化流转。"用益物权说"提出通过设立

---

① 参见孙建伟:《宅基地"三权分置"中资格权、使用权定性辨析——兼与席志国副教授商榷》,载《政治与法律》2019 年第 1 期。

② 参见贾翱:《宅基地资格权的"类所有权"属性及其制度构造》,载《行政与法》2018 年第 12 期。

③ 参见王轶:《当前民法典编纂争议问题的讨论方法》,载《北京航空航天大学学报(社会科学版)》2018 年第 1 期。

次级用益物权或宅基地租赁权的方式以实现宅基地的集约利用,存在与现行法律制度不契合的问题,同时也可能导致宅基地权利体系过于复杂。在宅基地的"三权分置"权利体系中,已经存在用益物权性质的"使用权"的情况下,资格权并不适宜再被塑造为用益物权。而"新型权利说"的局限性在于,"资格权"主要从农民集体成员权中找到对应的联系,其认为资格权高于成员权的观点尚缺乏相应的理论依据和制度支持。

综上,宅基地资格权可以被看作集体成员权在宅基地领域的特殊化和具体化,成员权是集体所有权在成员个体上的具体表现。通过设立宅基地资格权,可以具体化集体成员权在宅基地领域的应用,并由其统筹宅基地的身份性和福利性。在对权利的表述中,"资格"代表了获取特定权利所必需的先决条件,它同时标志着对特定身份的确认。宅基地使用权的初始分配需要具备集体成员的身份,其核心目标在于解决农民的基本生存问题。然而,此种身份性限制并不能自动适用于宅基地使用权的流转阶段,否则那些已经转入城市并失去集体成员身份的农民将无法合法继承和保留宅基地使用权。因此,宅基地资格权通过将宅基地使用权的获取与身份的法定化结合起来,实现了身份属性的去除。此举不仅可以解决农村土地主体虚置问题,还有助于实现农民财产权利的自我保护。同时,通过赋予农民在宅基地领域的权能,还可以保障农民的财产权利。

在国内的试点实践中,已经存在将资格权作为集体成员权的例证。例如,2016年《义乌市农村宅基地使用权转让细则(试行)》规定,在不改变集体土地所有权和成员资格的前提下,使用权受让人依法享有宅基地使用权及其上建筑物的占有、使用、收益和处分权利;安徽省旌德县于2018年率先发放宅基地"三权分置"的产权证,将宅基地所有权、资格权和使用权分别交由村民委员会、农户和实际使用人持有。

(二)宅基地资格权与宅基地使用权的区别

宅基地资格权与农村集体成员资格是联系在一起的,除特殊情况外,农村村民只有具有农村集体经济组织成员资格,方可申请和取得宅基地使用权,因此,宅基地资格权是申请和取得宅基地使用权的前置条件。但宅基资格权与宅基地使用权在性质上迥异，宅基地资格权属于非财产性的身份权，而宅基地使用权属于财产型的用益物权。

宅基地资格权非财产性的身份权主要表现为，宅基地资格权不直接具有财产内容，也不能以金钱来衡量价值，且不可转让。譬如，本人在本村具有集体经济组织成员资格，本可申请宅基地，因在城市有房居住，不需要再在村里建房，便将宅基地资格权出卖给他人，由他人使用本人的宅基地份额申请宅基地，这是转让宅基地资格权的行为。将非财产性的身份权进行有偿出让的行为无效。宅基地使用权作为用益物权是具有财产内容和交换价值的，如将宅基地连同房屋一并转让给本集体其他成员换取对价。

总之，农民集体成员享有资格权，并不意味着其已经实际获得宅基地使用权；享有资格权的农民集体成员，亦不会因其未实施申请行为而丧失资格权。农民若想建房而实际取得宅基地使用权，需要提出使用宅基地的申请，但若未提出申请，农民集体及政府有关部门不可能主动赋予其宅基地使用权。

(三)宅基地资格权的认定

1.典型试点地区对宅基地资格权的认定

土地是农民的生存之本。宅基地"三权分置"改革之后，资格权统筹身份性与福利性权能，以此保障农民的基本居住权益与生存利益。当前各试点地区对于宅基地资格权的认定标准较为混乱(见表1-1)，且多数试点地区将宅基地资格权界定为农民集体成员向集体申请一定面积宅基地的权利，即获取宅基地的一种资格。然而，此种定义缩小了宅基地资格权的含义与功能，使其难以真正实现其制度性功能，即保障农民的基本居住需求。资格权不仅是集体成员权的关键体现，也是宅基地居住保障功能的主要承载者。如陈某等与河南省信阳市高新区管委会征收补偿纠纷案，宅基地使用权人获得补偿安置不受在该宅基地上是否有合法房屋的影响。宅基地使用权是农村集体成员的一项基本权利，应当保障农村村民实现"户有所居"。本案中，陈某作为河南省信阳市平桥区刘洼村陈庙组村民，户籍一直未变动，应当依法享有该村集体经济组织成员的各项权利，包括宅基地使用权。陈某结婚后，其随迁入户的丈夫和所生子女亦均依法享有该村集体经济组织成员的各项权利。

虽然其家庭长期在外居住生活,但并不因此丧失该村集体经济组织成员资格和宅基地使用权。尽管陈某等四人在未经批准的情况下建设房屋,所建房屋被认定为违法建筑并已被强制拆除,但仍享有宅基地使用权利,信阳高新区管委会应当基于陈某等四人合法享有的宅基地使用权对陈某等四人予以补偿安置。至于陈某等四人在该宅基地上是否有合法房屋,则是补偿安置过程中确定补偿标准的考量因素之一,信阳高新区管委会仅以陈某等四人所建房屋属于违法建筑、原住房已坍塌为由,拒绝给予陈某等四人补偿安置的主张不能成立。因此,二审法院确认信阳高新区管委会对陈某等四人不予补偿的行为违法,认定陈某等四人具有获得征收补偿的权利。[1]

湖南凤凰模式对于宅基地资格权的权利内容设定得过于狭窄。资格权的权利内容主要包括以下两个方面:一是资格权人有向本集体经济组织申请法定面积宅基地的权利;二是资格权人在法定面积内有免费占有、使用宅基地的权利。资格权不仅应当包括申请法定面积宅基地并免费占有、使用的权利,还应当包括宅基地管理参与权、宅基地收益分配请求权等权利。

河北平泉模式的内容涉及宅基地使用权流转、宅基地资格权认定、宅基地有偿使用与退出、宅基地收益等制度,其在宅基地制度的构建上具有整体性、系统性和协调性。但尚未就宅基地所有权的权利主体、行使主体、具体权能、行使方式等内容作出回应,理应进一步明确所有权的内容和行使规则。该模式对使用权的流转限制过于严苛,使用权的流转仅限于本集体经济组织范围内,且转让方应符合在流转宅基地后仍有合法住所的条件(见表1-1)。

表1-1 典型试点地区对宅基地资格权的认定

试点地区	宅基地资格权的认定	资格权的具体内容
浙江义乌	首次提出所有权(集体)、资格权(农户)、使用权(第三方)的关系	将资格权界定为成员权,确保农户使用权权益,并以行政审批规避农户失地的风险

---

[1] 参见最高人民法院行政裁定书,(2020)最高法行申13515号。

续表

试点地区	宅基地资格权的认定	资格权的具体内容
湖南凤凰	经集体成员大会审核通过后，报乡镇人民政府批准	有权向本农民集体申请宅基地，应按照"一户一宅、面积法定"原则予以分配
河北平泉	以户籍为基础，且属于本集体生产生活成员为认定原则；经本集体成员大会表决同意，并报乡镇人民政府和农业农村局备案	从认定原则、认定程序、认定条件、备案登记四个方面构建宅基地资格权制度
重庆永川	以户为单位由集体经济组织或村民委员会认定	以申请分配宅基地或购置农民公寓等方式实现，可以固化、保留、新增和终止
广西贵港	以户籍为核心认定标准，结合婚姻、生活等事实因素认定，由乡镇人民政府审核同意并颁发资格权证	资格权的权利内容局限于申请宅基地，并不包括收益分配等实体性权利
云南大理	资格权转化为用益物权	资格权被界定为用益物权，并从中衍生出经营权或租赁权，形成集体所有权、农户使用权、第三方经营权或租赁权的结构

重庆永川模式系统规定了资格权的认定、实现和行使程序等内容，具备一定的借鉴价值。但该模式对于宅基地资格权内涵的理解过于狭窄，其将资格权理解为向集体申请宅基地的资格。"三权分置"下资格权承担着为农民提供保障的制度功能，不应当仅局限于申请宅基地的资格，还应当包括其他实体权利的内容。

广西贵港模式未能充分全面地理解宅基地资格权的内涵，资格权作为宅基地"三权分置"体系中发挥保障功能的权利，其内容不仅仅包括申请宅基地的资格，还应当包括收益分配等实体性权利。

可见，宅基地资格权的性质在实践中亦存在争议，主要存在两类认识：一类将宅基地资格权视为成员权，即与农户的身份和成员关系相关联；另一类将宅基地资格权认定为用益物权，即作为农户对土地使用和收益的权利，此两类观点在实践中皆存在应用案例。关于宅基地资格权的界定并未达到预期的清晰度,为更有效地实现资格权的制度功能,应重新界定宅基地资格权,将其视为集体成员的权利,从而赋予其更为丰富的权利内涵。

2. 农民集体成员资格的认定

取得集体成员资格的主体享有成员权,获取该资格后可对农民集体享有权利和承担义务。农民获取土地财产权的逻辑前提是首先须成为"农民集体"中的一员,假设其不具备该成员资格,自然无法享有农民集体所有的土地上所附着的所有财产权益。在学理上,德国法学家卡尔·拉伦茨认为,成员权的权利内容区分为两类:其一是机关形成权,即可以作为成员对集体事务的表决权,管理集体事务的被选举权,以及参加集体各类会议或决策的权利。其二为收益权,成员可以从集体本身获得相应的利益或权益。机关形成权是收益权的基础与逻辑前提,收益权是机关形成权的目标与归属。①

2024年6月28日审议通过(2025年5月1日起施行)的《农村集体经济组织法》明确规定了集体成员资格的认定标准。在认定方式上采取了"法定+自治"的路径,集体成员资格认定的实体标准需结合户籍、对土地的依赖程度、生产生活需要、基本生存保障等多方面因素综合考量。此外,集体成员资格还可以通过集体成员大会予以确认。这既确保了实现成员身份认定标准及权益保留的公平正义,又尊重了农村基层组织及成员的意愿。

《农村集体经济组织法》的出台,已经改变集体成员权的相关规定散见于《民法典》《土地管理法》《农村土地承包法》及地方性法规规章的现状,起到统领指导作用。然而,在司法实践中具体的个案判断必须结合事实与证据综合研判,拟订科学化和系统化的成员身份认定规则。

其一,户口迁入不等于取得本集体经济组织成员资格。在傅某某与姚某某农村房屋买卖合同纠纷案中,案涉农村房屋所在地由原傅家埠村改为傅家埠社区,村改居后案涉宅基地性质依旧为集体土地。姚某某出生时并未落户在城阳区傅家埠村,其家庭户内人口均非傅家埠村村民。虽然姚某某购房后

---

① 参见[德]卡尔·拉伦茨:《德国民法通论》,王晓晔等译,法律出版社2003年版,第222页。

一直居住至该房屋被拆除,姚某某在2003年5月10日也将户口迁至案涉房屋上,但不能据此认定姚某某已经取得该集体经济组织成员身份。姚某某未提交证据证明其在傅家埠社区集体经济组织拥有相关生产资料,亦未举证证明其已取得诉争宅基地的使用权,经法院向傅家埠社区居委会调查,傅家埠社区居委会明确姚某某不享受该集体经济组织成员过年过节发米面粮福利等村民待遇。① 人民法院综合上述证据与事实后认定,户口迁入不等于取得本集体经济组织成员身份。

其二,以是否形成固定生产生活关系、是否依赖于集体土地作为生活保障为基准,认定是否具有集体经济组织成员资格。如徐某某与承德市承德县下板城镇大杖子村第八村民小组承包地征收补偿费用分配纠纷案,原告徐某某原籍系河北省承德市承德县满杖子乡松树沟村。2018年4月20日,原告徐某某与承德县下板城镇大杖子村第八村民小组村民王某1登记结婚。2018年4月26日,原告徐某某与时任大杖子村八组小组长王某远,时任小组代表赵某某、王某、靳某某、李某、王某2签订结婚入户协议书一份。因在签订结婚入户协议时原告徐某某本人承诺入户后不参与大杖子村八组的经济分配,所以大杖子村八组当时未召开小组大会进行集体讨论徐某某的入户问题,只是由时任该组的小组长和小组代表在结婚入户协议上签字确认。2018年5月8日,原告徐某某将其户口从原籍迁至大杖子村八组户主为王某1的常住人口登记卡中。原告徐某某户口迁入被告村民小组后,大杖子村八组村民制定了大杖子村八组土地及山场补偿款分配方案,并报承德县下板城镇人民政府备案。② 人民法院最终认定,原告徐某某不具有被告农村集体经济组织成员资格,对于原告请求分配土地补偿款的请求不予支持。

再如,吴某、马某等承包地征收补偿费用分配纠纷案,吴某的户口于1998年随母亲黄某从理化村一组迁至理化村五组朴某某户内,因户籍登记错误,

---

① 参见山东省青岛市中级人民法院民事判决书,(2021)鲁02民终13611号;山东省青岛市城阳区人民法院民事判决书,(2021)鲁0214民初4046号。

② 参见河北省承德市中级人民法院民事判决书,(2020)冀08民终2216号;河北省承德县人民法院民事判决书,(2020)冀0821民初1325号。

错将朴某某户口迁至黄某户内,即吴某的户口应一直在理化村五组,理化村五组对该事实亦予以认可。结合朴某某在理化村五组有承包地及宅基地,吴某与朴某某、黄某长期共同生活等事实可以确认,吴某与理化村五组形成紧密的生产生活关系,具有该集体经济组织成员资格。吴某虽曾在延吉市某民营企业就职,但未被纳入国家公务员序列或者城镇企业职工社会保障体系,并未丧失理化村五组集体经济组织成员资格。马某作为吴某的未成年子女,出生后即将户口登记在理化村五组,同样具有该集体经济组织成员资格。[1]

此外,婚后户籍未迁出、原承包的土地未被扣减的,仍具有集体成员资格。如韦某等承包地征收补偿费用分配纠纷案,原告韦某结婚后,其户籍仍然落在武宣镇对河村没有迁出,原承包的土地没有扣减出来,2015 年其回到该村建房居住与生活,因此,韦某没有丧失对河村集体经济组织成员资格,其仍然依法享有分配该村民小组撒网岭零星土地的土地征收补偿费用的权利,其有权请求支付相应的份额。[2] 可见,农村集体经济组织成员资格的认定,应当以是否形成较为固定的生产、生活关系,是否依赖于农村集体土地作为生活保障为基本准则。

其三,综合户籍、对土地的依赖程度、生产生活需要等多方面考量集体经济组织成员资格。如龙某某与湖南省长沙县黄花镇黄花村杉山组侵害集体经济组织成员权益纠纷案,原告龙某某已于 1997 年因工作需要将户口迁至长沙市岳麓区人才交流中心,户口性质已转为非农业集体户口,且其已经纳入城镇社保体系,自认在某公司工作,从其提交的证据及现实情况来看,并不依赖原集体经济组织土地生产、生活,其不应享受双重保障,获得双重利益,故龙某某请求分配黄花村杉山组 2018 年应分集体收益并按该组其他集体经济组织成员同等标准分配 S207 线项目 2021 年应分集体收益,缺乏事实和法律

---

[1] 参见吉林省延边朝鲜族自治州中级人民法院民事判决书,(2021)吉 24 民终 2539 号;延吉市人民法院民事判决书,(2021)吉 2401 民初 9186 号。

[2] 参见广西壮族自治区来宾市中级人民法院民事判决书,(2021)桂 13 民终 1289 号;广西壮族自治区武宣县人民法院民事判决书,(2021)桂 1323 民初 1267 号。

依据,人民法院不予支持。① 再如刘某某与湖南省湘潭县易俗公司镇京竹村尖岗村民小组侵害集体经济组织成员权益纠纷案,刘某某于1989年9月27日出生,取得京竹村尖岗组户口。2006年刘某某与罗某某结婚,后虽然离婚但又复婚,婚后在外务工。刘某某未提交证据证明其主要以京竹村尖岗组土地为基本生活来源,并履行了该集体经济组织成员的基本义务,故其与京竹村尖岗组已经不具备较为固定的生产和生活关系。人民法院依法认定,刘某某提出其具有京竹村尖岗组集体经济组织成员资格,应当分配土地征收补偿款的诉请不能成立。②

其四,农村外嫁女集体成员资格的认定。一般认为外嫁其他农村集体经济组织的妇女,不管户口是否迁出,适宜认定为具有嫁入地集体成员资格,同时丧失其原集体成员资格。农村外嫁女离婚后集体成员资格的认定区分以下情形。一是离婚后仍在嫁入地生活的。妇女离婚后,可以在嫁入地继续生活,如果分得有承包地,发包方不得收回。在此情形下,离婚妇女与嫁入地存在较为稳固的生产和生活关系,仍具有嫁入地集体成员资格。二是离婚后又再婚的。这种情形和外嫁其他农村集体经济组织的情形类似,自嫁入再婚地生活之日起,应当认定其具有再婚地集体成员资格,同时丧失其他集体成员资格。三是离婚后既没有在嫁入地生活,又没有再婚的。在这种情形下,离婚妇女一般不再具有嫁入地集体成员资格,也因没有再婚不能取得新的集体成员资格。从农村习俗看,此时离婚妇女在没有再婚前,其父母所在地是其归宿地,通常应认定其在再婚前具有父母所在地集体成员资格。

值得注意的是,除了上述实体性认定标准,尚需关注其认定程序。农村集体成员资格纠纷不属于人民法院受诉范围,应先由村民通过民主程序进行认定。如王某某、胡某某与某村第八村民小组侵害集体成员权益纠纷案,王某某、胡某某是外地迁入本村的村民,虽然户籍已经迁入第八村民小组,第八

---

① 参见湖南省长沙市中级人民法院民事判决书,(2021)湘01民终13651号;湖南省长沙县人民法院民事判决书,(2021)湘0121民初6573号。
② 参见湖南省湘潭市中级人民法院民事判决书,(2021)湘03民终2158号;湖南省湘潭县人民法院民事判决书,(2021)湘0321民初2383号。

村民小组也为其分配了责任田和宅基地,但第八村民小组在召开村民会议及村民代表会议表决通过的征地补偿款分配方案时排除了王某某、胡某某,这也就否定了王某某、胡某某的集体成员资格,于是双方产生纠纷。因农村集体成员资格判定不属于人民法院受理诉讼范围,而应由有关行政部门协调解决,故法院裁定驳回原告王某某、胡某某的起诉。[①] 当事人的诉请不属于法院受案范围,并不直接否定原告在第八村民小组的农村集体成员资格,原告王某某、胡某某认为其符合集体成员资格的,可请求上级政府或者有关行政部门协调解决。如果负有相应职责的主体不作为,当然可就其不作为提起诉讼。村委会应在职权范围内对宅基地确权申请进行处理。如杨某某等诉江苏省淮安御西村村民委员会履行法定职责案,杨某某等的农房虽已建成,但因年代久远一直未办理宅基地确权登记,现杨某某等向村民委员会提出宅基地确权登记申请。按照规定,房屋已经建成,但缺少权属来源证明材料的,其宅基地和房屋面积、房屋建设年代以及分户等情况,经村民小组、村(居)委会、乡镇人民政府(街道办事处)逐级确认,依法申请登记。然而村民委员会回复不属于村委会职责范围,及没有收到有关部门要求办理不动产登记相关文件和要求。人民法院认定村委会负有对村民的申请进行处理的职责。[②]

总之,宅基地资格权因集体成员资格的丧失而丧失。如侯某诉滕州市人民政府行政不作为纠纷案,侯某的母亲贺某已经去世,故贺某不再享有取得宅基地使用权的主体资格。因侯某不具有南侯庄集体经济组织成员资格,滕州市人民政府以其与本案争议土地不具有直接利害关系为由作出不予受理决定。即便侯某具有南侯庄集体经济组织成员资格,其提起本案诉讼的请求亦难以被支持,因其母亲贺某不再享有取得宅基地使用权的主体资格。[③] 此外,根据国家相关政策,回乡落户或定居的离退休人员、复退军人、华侨和港

[①] 参见陕西省南郑区人民法院民事裁定书,(2016)陕 0721 民初 494 号;陕西省高级人民法院民事裁定书,(2017)陕民申 1989 号。

[②] 参见江苏省淮安市中级人民法院行政判决书,(2020)苏 08 行终 205 号;江苏省淮安市清江浦区人民法院行政判决书,(2019)苏 0812 行初 312 号。

[③] 参见最高人民法院行政裁定书,(2017)最高法行申 6780 号。

澳台同胞,若回乡建房,可以申请宅基地。但是人民法院对回乡人员取得宅基地合法性审查具有五项标准:户籍、农转用审批、村民会议、乡镇政府审批,以及符合"一户一宅"。①

3. 宅基地资格权的消灭

关于农村宅基地资格权的消灭,可从原因角度将其分为以下两类情形。

其一,因农民集体成员资格丧失而消灭。原为农民集体成员,后失去集体成员资格,自然随之丧失宅基地资格权,具体包括但不限于以下情形:(1)常住户口迁出本集体,该成员丧失该集体的宅基地资格权。(2)农村集体成员自然死亡或被宣告死亡,由此丧失民事权利,成员资格自然丧失,宅基地资格权也随之消灭,但被宣告死亡后重新出现,则当恢复其宅基地资格权。(3)集体成员以书面形式自愿放弃成员资格,本村集体依规定和程序取消资格。如农村的老年人自愿以退出资格权为手段来换取养老服务。(4)农村集体成员中的现役义务兵和士官服役期间提升为军官、服役期间留在部队当士官10年以上,其户口已经迁出本村。(5)农村集体成员中的大中专院校学生毕业后落户外地,其户口已经从本村迁出。(6)集体成员被国家机关和企事业单位正式招录聘用,其户口已经从本集体迁出。(7)因其他原因而丧失集体成员资格。

其二,因出卖、赠与住宅而消灭。《土地管理法》第62条第5款规定:"农村村民出卖、出租、赠与住宅后,再申请宅基地的,不予批准。"据此规定,农村集体经济组织成员已经取得宅基地并建设住宅,后将住宅出卖、赠与给他人,根据"地随房走"原则,若房屋权属发生变更,宅基地随之转移为买受人或者受赠人使用;根据"一户一宅"的规定,出卖人或赠与人虽然作为农民集体成员的资格仍然存在,但其已经丧失了相应的宅基地使用权,且不再享有申请宅基地的资格权。此外,与出卖、赠与不同,出租住宅并不能导致资格权的消灭。出租只是造成住宅的占有权与使用权临时改变,不改变宅基地使用权人及其住宅的所有权人,但因出租住宅说明其有足够的居住条件,故不批准其再申请宅基地。

---

① 参见最高人民法院行政裁定书,(2019)最高法行申4716号。

(四)宅基地资格权的权利内容

宅基地资格权可划分为实体性权利和程序性权利,前者包括宅基地分配请求权与收益分配请求权,其确保农民获得基本的住房保障,并可从中获取经济收益。实体性权利使得宅基地制度能够保障农民的基本居住权与生存权,确保农村的稳定与发展;程序性权利包括宅基地管理参与权和宅基地分配监督权,其保证农民能够监督宅基地的分配,并参与宅基地的日常管理,确保宅基地制度的公正性和透明度,进而保障农民集体成员的利益,并使农民集体所有权得以实现。

1. 宅基地分配请求权

分配请求权属于资格权的核心权利内容,其体现为有权请求农民集体无偿分配宅基地,而未能分配到宅基地实物的主体,则可以请求住房保障或住房补贴等替代性措施,旨在解决农民的基本居住保障问题。通过设立分配请求权,农民能够向集体组织申请宅基地,并无偿占有、使用、收益和一定处分宅基地的权利。该请求权要求满足"一户一宅"的条件,并且具体面积由各省、自治区和直辖市根据实际情况各自规定。现行法律规定,农民一般以书面形式申请,并应主动承担证明符合申请条件的义务,集体公示后,经乡(镇)人民政府审批。正如前文所述,宅基地分配请求权的行使,建议采取资格权人申请、集体表决和公示、行政机关备案的方式。集体经济组织或村民委员会负有宅基地分配义务,若其不作为,宅基地资格权人可以提起司法诉讼,以保障其宅基地分配请求权,维护农民基本的居住权益。

2. 宅基地集体收益的分配请求权

因利用宅基地进行经营活动或因宅基地而产生的经济利益,资格权人均有权请求分配所得收益,以此实现其对宅基地使用权所享有的经济利益,例如,部分宅基地被集体经济组织或村民委员会收回管理而获利,抑或宅基地用途被拓展而实行经营活动获利等,这对增强农民福祉和促进集体经济发展均具有积极意义。宅基地集体收益并不包括宅基地使用权人因使用宅基地或处分权利而获得的收益,集体经济组织或村民委员会自身将宅基地用于经营所获得的收益,资格权人均有权请求分配。资格权人在以下两种情况下可以行使分配请求权:其一,农民集体没有将已经取得的收益予以分配,可以请求集体经济组织或村民委员会召开成员大会,并表决通过收益分配方案。其二,农民集体已经对宅基地所获得收益予以分配,但个别资格权人未获得应享有的收益,该资格权人有权向农民集体提出分配请求。资格权人均有权分享宅基地集体经营的收益,赋予其宅基地集体收益的分配请求权,既保障了集体宅基地收益分配的公正性和合法性,也增强了集体成员的参与感和归属感,同时促进了宅基地资源的有效管理和利用。

3. 宅基地管理参与权

宅基地资格权人行使管理参与权,并非参与宅基地的行政管理,而是特指宅基地实施规划或利用行为(如用于经营)时,有权参与集体经济组织或村民委员会的决策过程。具体而言:其一,资格权人在规划和利用宅基地的事项上可以参与决策会议,并充分表达自己的意见。资格权人对宅基地规划或利用行为有权提出自己的合理建议。一方面,实现农民土地财产权的自我保护,保障农民的基本居住权益。另一方面,可以制衡集体,遏制其滥用权力,确保宅基地管理过程的公正性和透明度,提高集体经济组织或村民委员会决策的民主性和科学性。其二,资格权人对规划或利用行为存在不同意见时,享有提出异议的权利,并可要求集体经济组织或村民委员会给予必要的解释和说明。其三,资格权人参与决策会议享有表决的权利。为促进宅基地的可持续发展,资格权人通过行使表决权使相关决策可以综合各方意见,避免一方独断专行,实现集体组织与农民之间的有效沟通与互动,最终使农民集体利益和资格权人个人利益相统一。

4. 宅基地分配监督权

为确保宅基地分配的公正与透明,集体经济组织或村民委员会分配宅基地时,资格权人应被赋予知情权和监督权。在实际操作层面,首先,面向集体成员公开宅基地的分配情况,资格权人有权对分配情况予以监督,集体经济组织或村民委员会应当定期在村级公告栏、官方网站或村务微信群发布宅基地的分配情况。其次,任何资格权人均有权提起异议。集体经济组织或村民委员会应设置异议申请程序,对于异议须及时回应,必要时可组织公开听证。

最后,资格权人有权查阅申请人资料,其可以验证申请人是否符合申请条件,包括申请人的身份信息、申请理由和分配标准等,从而确保宅基地初始分配的合法性与公平性。宅基地资格权人行使分配监督权,为农民提供公平的宅基地分配机会,避免或减少权力寻租现象,提高宅基地分配的透明度和参与度,保障宅基地资源分配的公正性。

综上所述,宅基地资格权通过实体性与程序性的权利构架而得以实现。实体性权利通过宅基地分配与收益分配,为集体成员提供基本的居住保障和经济利益,集体成员从中获得安全与稳定。程序性权利通过分配监督权和管理参与权,确保宅基地管理的公开和透明,也使集体成员能够参与管理决策并监督工作的实施,集体成员从中获得公正与尊重。宅基地资格权制度为落实集体所有权和运行宅基地使用权提供了重要支持。

四、"三权分置"下宅基地使用权的放活

适度放活使用权是宅基地"三权分置"改革的重要目标,其实质是实现宅基地使用权的有序流转。这对于宅基地利用效率的提升和农民财产性收入的增加都具有重要意义。"使用"既可以是一种权能,也可以是一种权利。[①]破除宅基地使用权仅能在本集体内部封闭性流转,适度放活使用权符合宅基地权利去身份化,逐步完善用益物权权能的改革方向。同时,使用既可以作为权益在其他权利中实现,也可以作为单独权利转让。

农村土地产权体系正从身份制向财产制转变,从封闭式向开放式演变。鉴于对宅基地"三权分置"的权利结构及使用权的性质存在不同认识,对于放活宅基地使用权的路径,主要存在物权型利用和债权型利用两种方式。其一,物权型利用通过彻底剥离宅基地使用权的身份属性,扩大其收益权能,赋予其物权性质,从而实现使用权的可转让性,最终形成"宅基地所有权+资格权+使用权"的"三权"架构。其二,债权型利用主张对"使用权"的流转,采取契约化方式将一定期限内的"使用权"予以让渡,契约期限届满后又恢复至原

[①] 参见宋志红:《宅基地使用权流转的困境与出路》,载《中国土地科学》2016年第5期。

有的权利状态。以上两种方式都可以激发宅基地的财产价值,由权利主体以确定合适的方式来实现宅基地的经济活化和价值提升。

现行宅基地权利制度无法面对和适应宅基地财产价值显化的现状,基于身份属性确立的权利分配和使用制度,与宅基地要素市场化配置需求之间存在严重冲突。一方面,增人不增地,土地资源日益紧张,且在严格的耕地管控和用途管制下,宅基地无偿分配制度难以为继。随着土地价值上升,在征收拆迁、增减挂钩等制度因素作用下,经申请无偿获取的宅基地资源成为"围猎"目标,甚至诱发多占、乱占土地建房的行为。若宅基地的经济价值不通过支付相应成本的方式呈现,则宅基地退出等问题更无从解决。另一方面,宅基地隐性流转亟待规范。宅基地无偿分配制度,并不能化解因人口变化、家庭变化、经济变化等产生的二次分配问题。有的农民家庭已经定居城市,其宅基地长期闲置,而有的农民家庭人口增加却无法获得新的宅基地。虽然现行法律制度对宅基地流转给予严格限制,但是实践中租赁、抵押、转让等宅基地隐性流转长期存在,农村"小产权房"现象的存在亦是明证。放活宅基地使用权,既要避免因身份限制而阻碍宅基地使用权的权利运行,也要考量保障农民的居住权益和生存权利,实现"户有所居"。

其一,宅基地权利主体收益权和处分权的回归。收益和处分是用益物权的核心权能,然而《民法典》对宅基地使用权的表述缺失收益和处分权能。立法上宅基地使用权权能的缺失与实践中权能的扩张存在明显矛盾,无法律规则的隐性流转市场存在、买卖房屋、以租代售、小产权房等。现实中的宅基地使用权与法律上的宅基地使用权产生区别,具有相对完整的占、使用、收益和处分权能。处分权属于一个多维度的概念,包含对宅基地使用权进行转让、赠与、租赁、入股、抵押、置换、继承甚至退出等权利。简言之,应赋予权利主体一定的处置宅基地使用权的权利,使之在权利运行的过程中激发宅基地的财产功能,实现宅基地使用权的经济价值。

其二,肯定宅基地使用权的可流转性,构建跨越农民集体的权利运行制度。通过调整法律和政策的方式,赋予农民对宅基地的部分收益权和处分权,适度放开宅基地流转的对象限制,并采取"有条件、分阶段、分区域"的原则来逐步推动宅基地使用权的运行。因为基于农民权益实现最大化的目标考量,这种方式虽然超出了本集体经济组织的成员范围,也会影响本集体内部宅基地的存量,但是对于农村整体性资源配置和产业发展大局而言仍然是利大于弊,唯有真正流转起来的宅基地才能真正实现其内蕴的市场价值。若将宅基地流转对象局限在同一集体经济组织成员内部,在内部流转需求低迷的情况下,通过市场实现资源有效配置的制度预设就会形同虚设。而农民的宅基地和房屋也会继续处在闲置和僵化利用的状态之中,成为割舍不掉又不忍抛弃的"鸡肋",这样的"财产"不仅不会为农民增加财产收入,反而会成为农民的经济和心理负担。当然,对于跨集体流转的制度落地和实施不能太过操切,应在试点改革基础上进行效果评估,展开科学的论证和决策分析。要因地制宜、有条件、分阶段、区分不同地域的现实需求,在确保农民利益不受损的情况下,逐步扩大试点成果范围并适时促成立法转化。

其三,宅基地使用权权利运行方式的多样化。适度放开地域和身份限制,实现身份性成员权与流转性物权的分离。确立多样化宅基地使用权流转的基本模式,厘清其私权逻辑与法律机理。对转让、租赁、赠与、入股、抵押、继承、退出和收回等各流转形式的主体、客体、权利义务和法律效果等予以系统性设计。建构宅基地与集体建设用地之间的双向转换机制,明确转换的实质条件与正当程序,并保障农民的知情权、监督权和分享增值收益的权利。此外,明确宅基地有偿退出的适用情形、拓展补偿方式、畅通退出通道,以及退出后科学再利用等;明确宅基地收回的主体、条件、程序和补偿机制等,以纾解农房与宅基地难以处置的症结。

其四,拓展宅基地及房屋的经营性功能。宅基地使用权的法权结构体现着土地用途管制的基本思想,仅能用于住宅建设。宅基地有限市场化所带来的用途改变,偏离了宅基地使用权的设立目的,试点中系借由宅基地的有偿利用制度加以解决。[①] 目前的法律规定不得随意改变宅基地的居住用途,然

[①] 参见高圣平:《宅基地制度改革的实施效果与顶层设计——基于新一轮宅基地制度改革试点的观察与思考》,载《北京大学学报(哲学社会科学版)》2024年第1期。

而,实践中大量的闲置宅基地已被运用于商业经营,特别是在城市建成区和郊区。不管是农民在自己的宅基地上进行经营活动,抑或通过放活宅基地使用权流转后由其他社会主体进行经营活动,皆需要拓展宅基地的用途。当然,此种经营性功能的拓展,也受到必要的合理限制,如不得违反规划,不得对周边农民的正常生活造成影响,亦不得违反从事经营活动的消防、卫生和防疫等方面的法律法规要求。

其五,宅基地使用权退出、收回等情形下农民享有公平补偿的权利。一方面,自愿有偿退出宅基地使用权,应对地上房屋及附属设施、宅基地的使用价值进行合理补偿。因无偿分配的宅基地,按照逻辑理应无偿收回;假设无偿收回,自然无人同意退出,宁可占用也不会退回,既造成土地资源浪费,也会影响社会稳定。基于此,为激励自愿退出行为,可对退出的宅基地使用价值给予合理补偿。另一方面,农民集体依据法定事由收回宅基地,权利主体有权获得合理补偿。补偿机制是通过财产的方式对农民的居住权益进行救济。宅基地收回的补偿具有民事性,理应遵循"谁获益,谁补偿"原则。可采用货币补偿或者实物安置来保障被收回主体的合法权益,甚至可以将收回后的补偿与养老相结合。

其六,构建农民多元化住房保障机制。激发宅基地的财产功能和发挥宅基地的经济价值,必须以保障农民的居住权和生存利益为前提。现代土地法不仅要关注土地利用的经济效率,也关注社会公平。一方面是私权限制。必须对土地私有与兼并进行某种程度的限制,避免激化社会矛盾。另一方面是平均地权。国家有义务保证每个农民能够拥有安身立命的基本生存与生活空间,"一户一宅"顺应社会发展和农民多元化住房需求,逐渐由"供地"向"供居"转变,因地制宜地推出多样化的农民住房保障措施,以确保农民住房需求的精准满足。农民多元化住宅制度离不开宅基地的利用,应通过多种形式激活宅基地效能,如通过连片改造、异地搬迁、分类安置和闲置激活等方式解决农民住房问题。

第二节　宅基地制度的价值维度与功能嬗变

土地的内在属性包括自然属性、经济属性和社会属性，自然资源体现其自然属性，土地的财产价值体现其经济属性，社会属性是以土地为基础来确保主体的生存需求。相比其他事物，土地所具有的社会属性不仅体现出国家政策的公共性，同时还体现出土地对于人类生存的重要作用。土地的经济属性体现着效率的价值追求，公益性和私益性在土地上得以完美展现。[①] 反向观之，土地经济功能的充分激发乃弱化土地社会保障属性的重要途径，若土地效用得以高效利用和土地财产价值得以充分彰显，则主体对土地的依赖将逐步弱化。[②] 土地的社会属性与经济属性既相互对立，也相互统一。

以往，土地在农村是农民赖以生存的依靠，大多数农民世代依赖土地生存，其经济收入主要源于土地。农民的土地权益在法律上由一系列的权利束组成，其本质上体现了农民的生存权与发展权。[③] 以土地生存权为例，农民的温饱问题和生活质量与土地承包经营所获得的权益息息相关，宅基地则保障了农民的基本居住需求。简言之，农民生存权受到土地经营承包权和宅基地使用权的基本保护。目前，在我国业已解决农民温饱问题，且农民的收入来源不再单一依靠土地的现实条件下，农村的土地权利所承载的社会保障功能早已不能满足农村的发展需求，亟待转向如何有效地提高土地利用效率和产生土地财产收益，以凸显出农村土地的经济功能。

一、宅基地制度的价值维度：共同富裕目标下的自由、效率、平等与秩序

宅基地法律制度在构建过程中，应当接受一定的价值指引，并将该价值

[①] 参见郭洁：《土地资源保护与民事立法研究》，法律出版社2002年版，第1页。
[②] 参见孟勤国等撰稿：《中国农村土地流转问题研究》，法律出版社2009年版，第4页。
[③] 参见宋才发：《民族地区城市化过程中农民土地权益保障问题再探讨》，载《西南民族大学学报（人文社科版）》2009年第1期。

尽可能客观地植入具体的制度之中。理应在尊重宅基地权利配置的历史和现实基础之上,以科学合理的价值论指导宅基地使用权制度的构建,以充分激活宅基地使用权的财产功能。

(一)价值目标:城乡共富

法律的价值目标乃广泛认同的预见和期望的法律价值关系运动的方向,其在法律实践中具有重要的指引和导向作用。[①] 改革开放以来,农村所提供的土地、劳动、资本等生产要素对城市经济的发展起到不可估量的作用,当前我国社会已经进入实施乡村振兴战略,实行城乡一体化发展的新阶段,审慎稳妥地推进市场化和财产化改革是农村土地制度改革的基本方向。农村土地法律制度应当以促进农村经济可持续发展、增加农民财产性收入和解决农村贫困的法秩序为最终价值目标。换言之,实现城乡共同富裕是宅基地立法的最高价值目标。

正确理解城乡共富的价值目标,有利于清晰界分宅基地的财产功能与社会保障功能。

既往的立法政策充分考量了宅基地对农民的居住保障功能,为避免包括宅基地在内的农村土地市场化流转可能带来的农民流离失所的风险,宅基地流转在法律上限制较多。而今,农村土地制度呈现出所有权淡化和农村土地用益物权强化的趋势,农村土地的社会保障功能也在弱化。若过分强调保障功能,就会限制土地的财产功能。为充分挖掘宅基地使用权的潜在经济价值,应以财产功能导向中维护居住权益为制度目标,打破传统的宅基地利用模式,激发乡村经济发展的活力与潜能。面向共同富裕的宅基地制度改革,必须在"户有所居"基础上实现财产效益最大化。宅基地法律制度的构建应当以平等为基础、以自由为追求、以秩序为保障,效率优先并兼顾公平。

(二)自由

宅基地法律制度应以维护农民的权利与自由为终极价值,强调保护农民

---

① 参见谢鹏程:《基本法律价值》,山东人民出版社2000年版,第18页。

的土地财产权益。既往的宅基地权利体系具有封闭性和内生性,宅基地更多地被当作农民的生存手段,非商品更非资本,农民无法从土地上获取更多的财产权益。随着乡村振兴战略的实施和城乡一体化的发展,农民对土地的生存依赖渐趋弱化,如何激发宅基地使用权的财产功能,让农民从宅基地上获得更多财产权益和自由,切实享受农村土地改革的红利,已然成为亟待解决的重大问题。允许宅基地使用权适度流转仅是为农民充分利用宅基地及地上房屋等财产的价值提供了一种法律上的可能性,最终是否选择流转,由农民或其他权利主体根据自身需求予以决定。私法领域的自由原则推定每位权利主体乃自身利益的最佳判断者,即理性经济人,其是否从事某一法律行为交由理性经济人自由选择、自由决定权利内容、自负义务、自担责任,充分彰显法的自由价值。由于人类是群体性地进行社会生活,所以在法律的范畴内不存在绝对的自由。每一位法律主体行使自己的权利与自由时,不得妨碍其他主体的权利和自由。所有法律主体享有的自由,都应是在法定范围内意思自治和自由行权,即宅基地使用权的运行不能突破耕地保护制度、土地规划和用途管制。我国的现实国情决定了必须继续坚持最严格的耕地保护制度、缓和性用途管制和包容性的规划制度。

(三)效率

宅基地改革的历史脉络彰显了效率与公平的互动变迁历程,当下宅基地权利结构的配置反映出从初始的公平逻辑向效率逻辑转变。宅基地归属农民集体所有,保障现在和将来生活在集体土地上的成员皆可获得公平的初始土地资源分配。[①] 按照"人皆有地、均衡配给"的原则分配土地,体现了法律的公平价值;宅基地的所有权、资格权和使用权"三权分置",从本质上而言,是对宅基地权利束的细化和分割。借助宅基地"三权分置"的制度式设计,"使用权"可以发生转让、租赁、抵押、入股等多种途径的效率性流动,增强了宅基地的收益权能与处分权能,提高了宅基地的财产效益。综上,宅基地法律制度的设计,在兼顾公平的同时,应注重效率的提升。在宏观设计上应坚持共

[①] 参见刘恒科:《"三权分置"下农地经营收益分配的法治保障》,载《农业经济》2017年第8期。

富价值目标下公平与效率的辩证统一,在考量农民的基本生存和农村社会稳定并兼顾各方利益维护的基础之上,突出宅基地使用权运行的效率价值。在微观制度设计上,在运行规则的设计、制度配套和风险防控等诸多方面更应突出效率价值,确保宅基地法律制度的顺畅运行。

(四)平等

平等是法律的核心价值,现代的财产权理论要求对各类财产权予以平等保护。在宅基地法律制度的设计中,平等价值的要求集中体现为两个维度:其一,农民集体实行内部成员权利平等制度。在农民集体内部,宅基地使用权的分配不按市场机制,而是按成员权利平等进行初始分配。以外嫁女为例,宅基地权利不应因性别而予以差别待遇。若宅基地分配时仍在原集体经济组织,并在原集体经济组织实际生产和生活,且以原集体经济组织的土地为基本生活保障,则该外嫁女仍享有原农民集体土地的宅基地资格权。简言之,基于平等法律价值的要求,外嫁女的原农民集体宅基地资格权并不因户口转移或婚姻关系向外缔结而丧失,关键看是否具备以原集体土地为基本生活保障的实质要件,而非户籍等形式外观。[1] 再以进城落户的农民集体成员为例,其宅基地使用权不能因其变更为城市户口而强制收回,[2]对于进城落户居民在其作为农民集体成员时所享有的宅基地使用权等财产权益应予以平等保护。其二,城乡土地权利应予以平等性保护。城市的国有建设用地使用权与农村的宅基地使用权本应在法律意义上受到平等对待,但是城乡二元结构导致宅基地承担一定的社会保障功能,具有社会福利性质,最终造成其与国家建设用地使用权隔离运行。[3] 从社会发展的历史进程观之,随着我国城乡一体化进程的推进,城乡土地市场必将从"二元制"向"一体化"转型。若只

---

[1] 参见戴某诉湘潭市雨湖区响水乡冯家村高墙组侵害集体经济组织成员权益纠纷案,湖南省高级人民法院(2019)湘民再286号民事判决书。

[2] 参见崔某兵诉高某华宅基地使用权纠纷案,山东省滨州市中级人民法院(2021)鲁16民终333号民事判决书。

[3] 参见孟俊红:《集体建设用地使用权物权法建构研究——以"同地同权"为基础》,郑州大学出版社2016年版,第2页。

允许国有土地使用权进行流转,却严格限制宅基地使用的流转,此种差别化待遇和法律限制所体现的身份立法理念,与法律所追求的公平正义相悖。从法的平等价值观之,应在立法上改变此种城乡迥异的差别待遇。①

(五)秩序

现代民主法治的社会,必须建构良好的社会秩序。秩序是法律所追求的基本目标之一,法律是实现秩序的手段与工具。法律杜绝无政府主义和失序的社会状态,其将规则引入各主体的行为交往,为各主体如何实施法律行为提供统一的标准与尺度。2020年国家启动新的宅基地制度改革试点,在全国104个县和3个地级市全面铺开。上述国内各试点地区的改革实践,呈现出改革试验先行、理论分析和法律制度规范滞后的特点,且各地区的规则、程序、风险防控与保障措施等并不一致。法秩序的矛盾与冲突,势必造成实际适用的不统一与不协调。从法律的秩序价值出发,应整合国内各试点地区的不同规则,从制度价值、指导原则、运行机制、风险治理与制度配套等层面予以一体规范,最终实现法秩序的统一。

宅基地资源的市场配置离不开法律对土地权利的规范。现行立法未充分肯定宅基地使用权的财产属性与收益权能,也未就其取得、转让、租赁、抵押、入股、退出、收回等权利运行的内在法律机理,以及外在的风险规避和制度配套等作出系统性的制度安排。随着宅基地财产功能的显化,如何适度放活"宅基地使用权",实现该权利之纯财产性质和拓展该权利之权能;如何让宅基地权利按市场法则有序运行,实现其多样态的市场化流动;在立法技术上如何将宅基地"三权分置"政策言语转换为法律语言,进而在农民集体、农民个体及社会主体之间形成清晰的权利义务配置等问题,这既是农村土地制度改革迫切需要补足的立法问题,也是《民法典》实施中的重大疑难问题。

二、"两权分离"下的一元目标:居住保障

宅基地长期被视为一种具有福利性和保障性的住房用地,作为新中国在

---

① 参见史卫民:《农民住房抵押权实现问题研究》,经济管理出版社2021年版,第29页。

长期历史发展过程中形成的中国特色社会主义土地制度的重要组成部分,其集中体现了我国在保障农民居住权方面的制度成就。① 宅基地制度的设计初衷,乃保障农民的基本生存权,保障其实现"居者有其屋",它与土地承包经营权保障农民"耕者有其田",共同奠定我国农村土地制度的基石。

以法律价值的位阶理论分析,制度形成之初的价值排序大致为平等—秩序—效率—自由。实现平等是社会主义革命的根本任务,也是中华人民共和国成立伊始全面恢复生活生产秩序的重要基础,1954年《宪法》就在多处规定了平等原则和平等权。因将平等价值置于首位,初期的宅基地制度是建立在平均主义上的平等,按照人口和家庭平均分配,以此解决农村土地占有严重失衡的问题,这符合正义分配原则,也得到广大人民群众的支持。初期的宅基地制度也符合稳定农村生产生活秩序的需求,其确保城乡劳动力合理配置,避免城市因大量农村劳动力聚集而出现混乱。中华人民共和国成立初期城市工商业基础薄弱,无法承载过多的劳动力,城市住房也无法满足进城的农民居住,通过无偿分配的方式稳定农村劳动力是当时较为可行的方式。中华人民共和国成立以后宅基地制度历经短暂的"两权合一",并最终走向稳定的"两权分离"(宅基地所有权+宅基地使用权)权利结构。

首先,"两权分离"时代的宅基地政策的底线逻辑为坚守集体土地所有制和以居住保障为目标。② 集体土地所有权的设计和宅基地使用权的赋予,乃国家对农村集体的封闭式土地配给,上述权利均是对生存权的保障,对宅基地使用权人本身并不具有经济意义和财产属性。遵照劳动价值理论,宅基地因由农民集体无偿分配,故而在分配之时尚未凝结农民的任何抽象劳动。鉴于此,宅基地本身并不具有商品价值,其乃为保障农民的居住需求而由集体分配。农民的利益是宅基地对住房的承载利益,即宅基地使用价值的体现,而土地价值的财产利益并不分配于农民。宅基地之土地本属保障农民居住

---

① 参见胡建:《农村宅基地使用权有限抵押法律制度的构建与配套》,载《农业经济问题》2015年第4期。

② 参见周小平、高远嘱:《改革开放40年中国农村宅基地管理政策演进与前瞻——基于宅基地相关政策的文本分析》,载《河海大学学报(哲学社会科学版)》2018年第5期。

的住房用地,若无住房保障需求,宅基地使用权随之失去预设的前提,其可转变性质为具有开发价值的经营性建设用地,后者因土地用途改变而实现价值增值属于土地发展权,最终亦归属于集体土地所有权。

其次,"两权分离"下的宅基地制度,衍生出身份限定、"一户一宅"、面积法定、限制流转等一系列强制性要求。基于宅基地使用权的保障性和福利性,相关法律规范必须体现平等的价值理念,故而在实践中具化为分配资格身份限定、"一户一宅"、面积法定和用途限制等;同时,基于宅基地使用权的有序利用,相关法律规范必须体现秩序的价值理念,因此在土地规划、用途管制和耕地保护等方面存在强制性规范要求。[①] "两权分离"下的宅基地制度一直秉持居住保障目标的向前发展,随着农村土地制度改革的深入,宅基地潜在的经济价值日益凸显,农民对激发宅基地使用权的财产功能存在强烈需求。国家政策主张复合利用闲置宅基地,宅基地制度的价值取向日趋多元。

最后,"两权分离"下宅基地使用权的财产功能发挥受到身份制约。其一,在此前的司法实务中,部分地区的人民法院认为宅基地使用权不是财产权,其理由在于宅基地以户为单位申请,实行"一户一宅",宅基地使用权仅能以户为单位享有而否定其个人财产的属性。宅基地使用权不得作为个人财产的结论难以经受逻辑检验。如集体土地拆迁安置赔偿中,每一位户内的集体成员均可依据其宅基地使用权而享有安置补偿费,且每位成员的补偿费用是可以具体而明确的。其二,即使承认宅基地使用权具有一定的财产性,但因其认为宅基地的社会保障性具有更为重要的价值与作用,财产功能的发挥仍受到严格的身份制约。如宅基地使用权对外流转,一般仅局限于本农民集体成员,不具备本农民集体成员身份的受让人,其继受宅基地使用权的行为效力会被法律作否定性评价;再如城镇子女基于继承农村房屋而获得对宅基地的占用与使用,但其不得新建或翻修房屋,若房屋倒塌或灭失,该子女则丧失对宅基地的合法权利,上述规则的缘由在于该城镇子女不具有本农民集体

[①] 参见姜红利、宋宗宇:《集体土地所有权归属主体的实践样态与规范解释》,载《中国农村观察》2017年第6期。

成员身份，自然对宅基地不享有权利。

三、"三权分置"下的二元目标：财产功能导向中维护居住权益

"三权分置"下宅基地的二元目标呈现为承载农民居住保障的公法目标和实现宅基地财产价值的私法目标。近年来宅基地改革试点的出发点，均在维系宅基地使用权身份属性的基础上，在制度安排上赋予农民更加充分的宅基地权能，使宅基地具有更高的使用价值和交换价值，力求在宅基地的财产属性和居住属性之间实现平衡。

宅基地问题与耕地问题具有极强的同质性，宅基地权利的边界始终摇摆于社会性与个体性之间。居住保障体现出宅基地的平等价值和公法性目标，保障农民的生存利益和居住权是宅基地制度存在的基础和前提，当下其无法被财产价值目标完全替代。而财产价值是土地作为要素的本质属性，宅基地制度承载规范宅基地使用权运行，释放土地要素价值的私法目标。"三权分置"下宅基地制度的理想方案是一体化实现激发财产价值和维系居住保障的公私法目标。

在新时代应重新定位宅基地的制度功能，以有效因应其社会保障功能弱化，而经济价值凸显这一当前最大实际。在当前多元化的宅基地制度功能中，应主要体现为二元目标，即在财产功能导向中维护居住权益。换言之，在财产功能与社会保障功能之间，应以宅基地财产化为导向，以居住保障为底线，以此打破当前宅基地制度改革的僵局。宅基地财产化旨在保障农民"户有所居"的前提下，激发宅基地的财产功能，通过制度设计彰显其私益财产属性，确保财产价值得以优化利用。这是共同富裕的新要求，亦耦合全面乡村振兴的制度需求。

（一）宅基地制度功能的多元化

宅基地的制度功能，乃其对于所有者和使用者所能发挥的有利作用。在制度设计之初，宅基地被限定了用途，故其功能仅为保障农民的居住需求。但随着社会发展，宅基地在现实中从来也不仅仅发挥着居住功能。除了从居

住保障向财产增益的变化趋势外,宅基地的制度功能呈现出以下方面的多元化和复合性。

1. 居住功能

生活居住是每一个人与生俱来的生存需求,宅基地就因居住而存在。宅基地制度设计之初衷,乃保障农民的建房居住需求。居住功能是宅基地制度的首要功能和基础功能。

2. 辅助性农业生产活动

宅基地承载着农民的农业辅助性活动需求,虽然农用地是进行农业生产的主要场所,但是比如种子培育、农作物晾晒、农业生产器具堆放维护等生产活动大多需要在居住场所完成。大多数农业家庭都会利用宅基地进行一定的农业辅助性生产活动。

3. 家庭副业活动

农村的生产活动从来也不只是农林渔牧,手工业、农副产品加工业、饲养业、运输业、服务业等是许多农村家庭都会从事的副业,而宅基地成为从事家庭副业的主要场所,在住宅内或住宅旁建造作坊、鸡圈、窝棚等,并设置相应的设施设备完成副业劳动。宅基地上同时实现居住与副业的建筑方式是农村家庭住宅的常见形态。

4. 经营性活动

随着城乡经济的发展,许多农村家庭开设商店、民宿旅馆、餐饮服务等进行专门的经营性活动获取收益,此类经营性活动通常利用自家的宅基地。随着乡村生态游、乡村露营的兴起,农户的经营性活动日益增多,甚至部分农村的宅基地主要功能以经营为主,而居住功能退居其次。

5. 人情交往

附着于宅基地之上的村庄以地缘和血缘作为关系基础,身处熟人社会的社会结构中,人情往来和情感交流是农村日常的生活需求。交往既发生在农村的公共场域,如活动室、祠堂等,也发生在家庭住宅之中,尤其是家族内部的交往,如家庭聚会、家庭事务决议等通常在住宅内进行,这是维系乡村人际关系和伦理秩序的重要内容。

6. 文化传承

乡村居住布局、住宅形态与建筑风貌是乡土文化的重要承载体,宅基地的分布以及宅基地上的建筑布局亦是此种文化的重要体现,反映着中国传统文化"天人合一"理念,同时寄托着对于祖先的崇敬追思之情,宅基地上形成的聚落景观和建筑景观已经成为我国传统文化的重要组成部分。

7. 资产增值

随着宅基地"三权分置"改革的推进,农民集体和集体成员可以通过宅基地置换建设用地指标、以土地入股等方式获得土地资产增值收益,集体成员也可以通过资格权入股以及使用权出租、转让、抵押等方式参与土地增值收益的过程。

可见,宅基地的功能呈现不断扩展的趋势,尤其是经营性功能与资产增值功能。伴随宅基地功能的扩展,必须通过改革宅基地制度向权利主体进行放权和赋权,由权利主体根据经济社会发展的实际需要决定宅基地的利用方式。

(二)新时期宅基地制度的主要目标:财产功能导向中维护居住权益

以宅基地"三权分置"为界分,宅基地制度目标从"居住保障",转向"居住保障"与"财产价值"的复合性功能。① 宅基地的制度功能趋向复合性与多元化,居住保障功能渐趋弱化,倘若固守旧的制度价值体系,势必有悖效率与自由的价值。法律在一定的时间结构当中生成并演化,多元化社会中不同的价值判断重塑着法律的内部构造。宅基地的生存保障属性关涉的是国家的作为义务,对于生存性保障资源的制度设计一般以平等和秩序为主;而宅基地的财产属性关涉的是国家的不作为义务,对于财产性权利的制度设计一般以自由和效率为主。在物质匮乏的计划经济时代,抑制宅基地的财产价值,仅保障农民的居住需求,此种制度设计适应当时的社会经济状况,因而是正义且有效率的。然而,在市场经济的成熟时期,居住保障为导向的秩序价值与

---

① 参见向超:《"三权分置"下宅基地制度的目标变迁与规制革新》,载《政法论丛》2023 年第 5 期。

财产为导向的效率价值之间产生博弈,立法者需要权衡平等秩序价值和效率自由价值之间的关系,在考量权利义务的安排、制度成本和收益之后,实现价值排序的重建。

最优的理想状态是兼顾各类价值,抑或至少不能为实现某一价值而牺牲其他价值。但现实的实际情况在于,当前过度强调秩序价值而压制了效率价值,现行的价值排序不能适应权利主体的实际需求。其一,当前宅基地的法价值已难以通过制度运行予以彰显。宅基地的居住保障功能体现出秩序价值的追求,有学者认为农民的居住保障理应由国家建立健全社会保障体系并依赖国家财政开支完成,而将居住保障功能完全附加于宅基地制度上,成为其难以承受之重,且国家不能通过一次性的土地资源投入而免除持续性的生存保障义务。[①] 该观点可能失之偏颇,但存在一定的合理性,目前宅基地制度的居住保障功能不仅弱化而且部分失灵,所体现的秩序价值亦难以维系,实践中宅基地隐形流转市场的存在即为明证。当宅基地的生存保障功能弱化时,可以考虑调整秩序的价值位阶而提升其他法价值的位阶。其二,宅基地效率与自由的价值被长期忽视与压制,理应提升其价值位阶,否则难以激发宅基地的财产价值。宅基地"三权分置"改革之目的,正是在确保秩序价值和平等价值的基础上,充分发挥宅基地制度的效率价值和自由价值,进而实现宅基地及增值收益的分配正义。有许多学者认为宅基地制度摇摆于社会保障与财产权益之间,主要成因是宅基地制度运行的问题。实则不然,这是对宅基地制度的价值目标进行判断与选择的问题,其价值目标理应重新排序与塑造,即以秩序和平等价值为基础,实现自由与效率的价值导向。

宅基地的财产功能导向要求以促进宅基地经济效益为出发点,实现土地资源要素的财产价值。如何回归宅基地的财产底色,运用法治实现土地要素的市场化配置,通过财产化利用实现农民富足和农村富强。农业农村部抽样

[①] 参见张睿、马慧娟、申宇:《乡村振兴战略下宅基地"三权分置"的权利体系转型研究》,法律出版社 2023 年版,第 64 页。

调查数据显示,2019年全国宅基地闲置率为18.1%;另据自然资源部的不完全统计,全国至少有7000万套农房和3000万亩宅基地闲置。① 数千万亩宅基地处于闲置或低效利用状态,农民无法从中获得财产性收入。以非合法交易为特征的隐性流转模式制约了宅基地经济价值的实现,流转限制过多、退出机制不畅阻隔了农民的致富道路,使农民的财产性收益难以实现。目前,我国绝大多数农村家庭不再被束缚在土地上,农业收入也已不是农民家庭收入的主要来源。随着城镇化进程加快,从农民中产生的"新市民"有意将其宅基地使用权进行流转,此类需求越来越多,且拟流转规模也越来越大。此外,尽管政策与法律禁止城镇居民到农村购买住宅,但实际上屡禁不止,由此引发的法律纠纷也不胜枚举。

若农村大量的宅基地和自建房可以自由转让,土地和房产得到有效利用,进城农民获得初始安家的资产,可复垦的农地会增加,这也有利于粮食安全。通过改革盘活农村闲置土地,一方面,可为城市居民下乡养老、休闲旅游、发展乡村经济提供政策保障,为农业产业化龙头企业做大做强发展现代化大农业等提供政策便利;另一方面,进城农民通过闲置宅基地及农宅等获得资产性收益,并可以为城镇房地产市场注入新动力,助力房地产市场平稳健康发展。就社会层面而言,开放宅基地流转在一定程度上可助力解决农村留守儿童问题。据统计,2022年我国农村有902万名留守儿童。② 放开宅基地流转,推动农村人口落户城镇,让更多留守儿童随父母一起迁入城镇,享受与城镇儿童同等的义务教育、基本医疗等公共服务。

当前,宅基地的财产功能也不能完全替代居住保障功能,这主要基于农民失去宅基地而丧失生存保障的担忧,同时亦会影响到基层治理与社会稳定。③ 我国针对农民群体的社会保障虽然已经取得显著成绩,但是农民的保

---

① 参见牛坤在、许恒周、鲁艺:《宅基地制度改革助推共同富裕的机理与实现路径》,载《农业经济问题》2024年第1期。

② 参见钱文荣、赵宗胤:《城乡平衡发展理念下的农村宅基地制度改革研究》,载《农业经济问题》2023年第9期。

③ 参见高圣平:《土地承包经营权制度与民法典物权编编纂——评〈民法典物权编(草案二次审议稿)〉》,载《法商研究》2019年第6期。

障仍以土地保障为主。农民的保障体系由生活保障、劳动机会保障和其他保障构成,改革开放以来,我国已经形成以宅基地为中心的生活保障、以承包地为主的劳动机会保障和以农民集体为依托的其他保障体系。[1] 假设农村土地完全市场化,则可能出现农民失去持续性保障的情形。虽然完全市场化可以带来巨大的经济利益,但是宅基地所带来的持续性社会保障将彻底消失。[2] 因此,宅基地的居住保障目标仍属于其制度功能之一,且作为基础性要求,任何宅基地制度改革均须以实现农民"户有所居"为前提。

第三节　宅基地使用权行使的法理基础

一、权利行使理论

土地法律制度具有明显的民族性和区域性,受本国的历史、文化、习俗、政治结构等因素的影响较大。在法律的跨国界移植中,各国均应从本国国情出发进行取舍。现行的宅基地制度强调房屋及地下宅基地使用权的静态保有,严格限制流转,而忽视了宅基地及地上房屋应有的财产属性。资本领域有一句名言:若无流动性,就无价值;反之,流动性越好,就将越有价值。具有可转让性是产权的一种本质属性,反之有悖于资源最优配置的原则。[3] 土地的动态利用过程,体现出土地产权的可转让性。宅基地使用权进行权利的运行与流转,反映出土地要素的动态利用状态。

在现代化及共同富裕的进程中,农村土地问题是关系国计民生的根本性问题。彰显宅基地的私益财产属性,适度放活宅基地使用权并使其按照市场法则多元化规范运行,是乡村振兴战略和农村改革中关键的一环。必须探究

---

[1] 参见于霄:《宅基地使用权"福利性"法律解析》,载高鸿钧主编:《清华法治论衡:全球化时代的中国与WTO(上)》第20辑,清华大学出版社2014年版,第324页。

[2] 参见于霄:《农村土地流转:政策性概念到规范性概念》,载《法制与社会发展》2023年第5期。

[3] 参见[德]柯武刚、史漫飞:《制度经济学:社会秩序与公共政策》,韩朝华译,商务印书馆2000年版,第230页。

宅基地财产化及宅基地使用权的法理基础,从用益物权的产生方式上阐明法律权利存在的合法性及正当性,为宅基地财产合法利用寻求法律制度及原理支撑。

权能分离理论从所有权权能分离角度阐述用益物权的生成,固化用益物权的产生范式,无法合理解释多层级用益物权的生成;权利行使理论基于权利行使需求出发,阐明用益物权生成的正当性,有助于构建多层级用益物权制度以有效避免资源的闲置与浪费。从"权能分离"到"权利行使"的转变,将会弥合既有理论与中国实践的罅隙,促进用益物权体系的成长扩容,拓宽多种用益物权的共存空间。

权能分离理论与权利行使理论是用于解释用益物权生成范式的基础理论,对宅基地"三权分置"中的宅基地使用权与资格权的产生方式的理解具有指导意义,有助于厘清宅基地农民集体所有权与宅基地使用权、资格权的关系。为避免宅基地的闲置与浪费,必须达成从"所有"向"利用"的转变,以"权利行使"的思维逻辑来考察用益物权及宅基地使用权的生成与内容,构建多层级的用益物权制度,实现宅基地的财产化利用。

(一)权能分离理论

传统大陆法系学者将用益物权视为所有权权能分离的产物。所有权权能分离理论是传统物权理论大厦的核心支柱。[1] 受自然法思想影响的近代物权法律学者认为:首先,物权法法律体系以绝对所有权为基点建造,以所有权的存在状态和行使过程为规范核心,其所保护的重点是财产的静态归属;[2]其次,所有权与其权能可以分离,由此产生定限物权,以最大限度地发挥财产的经济效益和社会效益。由于财产归属关系实质上就是财产所有权关系,导致整个传统物权理论基本上等于所有权理论,由此形成的"不重利用而重归属"

---

[1] 参见孟勤国:《物权二元结构论——中国物权制度的理论重构》,人民法院出版社2004年,第4页。

[2] 参见李国强:《"权能分离论"的解构与他物权体系的再构成——一种解释论的视角》,载《法商研究》2010年第1期。

的财产观念贯穿着整部物权法律演变史。① 所有权权能分离理论满足20世纪以前自由资本主义市场交易的时代需要,对当时自由资本主义市场的发展以及物的充分利用起到非常重要的推动作用。

权能分离理论将所有权看作用益物权产生的基础,用益物权被解释为所有权部分权能与本体分离而形成。② 遵循所有权权能分离说,所有权具有占有、使用、收益和处分权能,其乃最完整的物权,而用益物权因分离所有权的部分权能而设立。③ 具体包括以下方面的内涵:其一,所有权的权能最为完整,各权能和谐统一构成一个整体;其二,用益物权和担保物权都是部分权能与所有权分离的结果;其三,所有权具有弹力性,部分权能回归本体后,可恢复至所有权的圆满状态。值得注意的是,所有权权能分离产生用益物权,此处的"权能分离"只是对所有权量的分割,而并非属于质上的破坏,所有权并未丧失完整性。④

权能分离理论亦可解释我国农村土地立法中的宅基地财产化利用的法律问题。宅基地的资格权和使用权,是宅基地所有权部分权能分离的结果。权能分离是实现农村土地有效利用和宅基地财产化的最优方式,现有的农村宅基地权利结构就是在不断"权能分离"的基础上,以农民集体所有为根基、多类型的农村土地使用权为支柱的静态权利体系。⑤

农村土地为不动产,其所有权仅可归属于农民集体或国家,农村土地在我国属于禁止流通物,除了发生国家征收之外,农村土地本身不具有可让与性,故而农村土地实物不能设定抵押,仅可就农村土地和农村土地所有权之外的土地使用权设定抵押。换言之,囿于我国农村土地权利体系的特殊结

---

① 参见邵辉:《权能分离抑或权利分离:农村土地权利结构变迁的两种解读》,载《乡村振兴法治研究》2023年第9期。
② 参见蔡立东:《从"权能分离"到"权利行使"》,载《中国社会科学》2021年第4期。
③ 参见朱继胜:《用益物权生成理论的再认识——〈农村土地承包法〉第9条为中心》,载《河北法学》2022年第9期。
④ 参见王利明:《物权法研究》,中国人民大学出版社2013年,第765页。
⑤ 参见温世扬、梅维佳:《宅基地"三权分置"的法律意蕴与制度实现》,载《法学》2018年第9期。

构,集体土地所有权人并不能将农村的土地所有权进行交易。在此种情形下,土地所有权与土地使用权相分离,用益物权特别是土地使用权在民法中的地位凸显出来,用益物权作为土地权利制度的重心已经成为现实。世界范围内典型国家或地区皆强化土地使用人的地位并扩张其所享权能,所有权权能(占有权、使用权、收益权和处分权)与所有权相分离是土地所有权制度发展的趋势与要求,域外相关国家或地区就二者的分离程度较为成熟,诸多土地权能已经发展为一项独立的权利而可进入土地市场流转,如土地抵押权、土地租赁权。我国农村土地所有权权能与所有权的分离并不充分,且已经成为制约农村土地流转的重要因素。[1]"三权分置"的所有权权能分离,正是在此背景下农村土地权利制度改革的重要创举。

土地所有权权能分离程度——不仅要求所有权与使用权分离,且应允许土地使用权予以流转,其与所有权相分离是土地所有权制度发展的必然要求。城市国有土地使用权可以设定抵押或有偿转让,已经获得显著的土地收益,与之相较,进一步强化农村土地用益物权的收益权能是我国农村土地立法的必然选择。如前所述,域外的国家或地区可以用来抵押或转让的土地权利类型很多,如所有权、地上权、用益权和永佃权等。而在我国,农村土地权利流转的客体是农村土地经营权、宅基地使用权和集体建设用地使用权等农村土地使用权。农村土地权利流转之标的是农村土地使用权,相应的土地只是这一权利指向的对象或标的物。

(二)权利行使理论

权利行使理论遵从物尽其用原则,认为静态财产归属问题应当让位于动态财产利用问题。在现代社会中,对他人之物进行合理使用已然成为权利实现的普遍形式,这构成权利行使理论阐释用益物权产生的实践基础。[2] 依照权利行使理论,用益物权之产生并非因所有权的权能分离,而是所有权人行

---

[1] 参见杨柳春风、胡建:《农村土地抵押的历史源流与现代继受》,载《中国石油大学学报(社会科学版)》2016年第3期。

[2] 参见蔡立东:《中国式物权制度的文明刻度》,载《中国社会科学》2022年第12期。

使所有权的方式之一。① 权利行使理论具体包括以下内涵：其一，所有权本身是一个不能分割的整体，其在内容或时间上不能分割；②其二，所有权派生用益物权，是在所有权行使过程中，基于所有权行使的需要，将所有权的部分内容具体化之后，新设独立的权利；其三，产生用益物权等他物权之后，所有权本身并不丧失完整性，只是所有权人权利的行使在他物权范围内受到限制。③依此理解，在所有权行使的过程中，所有权人依照意思自治原则行使所有权处分权，为自己的所有权上设定用益物权负担，虽然所有权仍具有完整性且处于完全权能状态，但在设定的用益物权的范围内所有权人行使权利将受到相应的限制。所有权人亦可行使处分权而终止用益物权，至此所有权的限制解除并恢复圆满状态，彰显所有权的弹力性。权利行使理论与权能分离理论最大的不同点，在于权利行使理论可以保全权利本体即所有权的完整性。即使所有权的部分权能因为设定用益物权的合法限制而无法行使，也不应否定权利享有者仍然具备此项权能。

在宅基地权利"三权分置"的架构中，按照权利行使理论，宅基地所有权人基于行使所有权的便利为宅基地使用权人设置使用权，该使用权并非产生于宅基地农民集体所有权的权能分离。宅基地使用权的设立目的是彰显宅基地的财产属性，使宅基地使用权可以在不同的权利主体之间流转，以便充分行使所有权中的使用权能，对宅基地财产化具有极其重大的意义。同理，宅基地所有权人基于所有权行使的需要为宅基地设置资格权，使宅基地在使用流转过程中仍保留农户的资格权，昭示农村土地的身份属性与社会保障性。④

(三) 从"权能分离"到"权利行使"

农村宅基地的法律制度设计，在平等分配之基础上更应注重自由与效率

---

① 参见蔡立东：《从"权能分离"到"权利行使"》，载《中国社会科学》2021年第4期。
② 参见王泽鉴：《民法物权》（第1册），中国政法大学出版社2001年，第150页。
③ 参见高圣平：《承包地三权分置的法律表达》，载《中国法学》2018年第4期。
④ 参见胡建：《共同富裕视域下宅基地使用权的运行：从"权能分离"到"权利行使"》，载《农村经济》2023年第10期。

的提升。在宏观设计上,在考量农民的基本生存和农村社会稳定基础之上,突出农村宅基地使用权的自由与效率价值。在微观制度设计上,在宅基地使用权的设定、运行和实现等诸多方面更应突出自由与效率价值,确保其权利行使顺畅。波斯纳认为,法律对权利的分配与界定必须遵循效率原则,以实现资源的有效配置和高效利用,进而达到社会财富最大化之目的。[1] 作为法的基本价值的效率,并非简单地指向经济效益最大化,还包括社会效益最大化,如公正感、幸福感和民主程度等。"卡尔多－希克斯"效率(Kaldor-Hicks Principle)是衡量法律效率的重要标准,其核心要义在于:若某项制度会使一些主体受损而另一些主体受益,假设长期呈现益大于损,则社会效益增加,所有人皆能因此而自然获得补偿。[2] 运用上述效率价值标准检视现行宅基地制度,可以发现:其一,无偿分配的方式导致土地资源支出的社会成本极其高昂,但所保障的居住权益已经弱化且可以通过更低成本的方式替代,无偿分配还刺激土地占有行为,降低自然资源的利用效率。其二,限制宅基地的流转(交易条件限制、抵押禁止等)和抑制宅基地的财产属性,在损害使用权主体的基础上,并未增加社会收益,反而提高了宅基地的管理成本。用"卡尔多－希克斯"效率衡量宅基地"三权分置"改革,从短期分析,未分配到宅基地或占有宅基地面积较少的农民权益可能受到损害,合法拥有宅基地数量多的农民将获得更大的收益;从长期分析,宅基地资源的财产效益增加,农民集体的收益亦会增加,可经二次分配的方式弥补权益受损的农民,若通过"三权分置"改革推进乡村经济发展,所有农民皆可获得因经济发展带来的新增收益。基于此,宅基地"三权分置"改革的社会效益大于制度成本。

传统物权理论特别重视物的所有。所有权在诸种财产权中具有至高无上的地位,他物权以所有权为基础和归属。[3] 故而,财产静态归属关系的权能分离理论应运而生。在现代社会,他物权在市场交易中的重要性日益显现,

---

[1] 参见[美]波斯纳:《法律的经济分析》,蒋兆康译,法律出版社2012年版,第293页。
[2] 参见周林彬等:《法律经济学:中国的理论与实践》,北京大学出版社2008年版,第85页。
[3] 参见林刚:《物权理论:从所有向利用的转变》,载《现代法学》1994年第1期。

更为注重资源的优化配置与合理利用。① 现代物权理论由以归属为中心向以利用为中心转变,与上述价值目标的转型相适应,他物权产生的理论也应从权能分离理论向权利行使理论转变。

随着大量农村人口向城镇转移,农村宅基地的闲置问题日益凸显。为避免资源的闲置与浪费,农村宅基地权利的财产化利用,亦需要实现由权能分离到权利行使的理念转变。② 在共同富裕的价值引领下,农民应当真正享有宅基地的财产权益,不仅局限于居住等自己使用,更应扩展于流转等他人使用,发挥宅基地的最大利用价值,让权利主体完全享有权利所承载之利益。

权能分离理论因其适用条件及固有缺陷无法阐明宅基地使用权存在的法理原因,不能完成宅基地财产化利用的既定目标。权利行使理论作为新型理论,更加贴合我国国情,满足我国宅基地使用权制度设计的需要。对比观之,必须实现从"权能分离"到"权利行使"的转变。较之权能分离理论,权利行使理论的优势体现在以下三个层面。

第一,权利行使理论有益于弥合既有理论与中国实践的罅隙。我国的所有权制度来自国家依法授予,目的在于维护社会主义公有制。③ 所有权制度设计以国家、集体与个人的利益相统一为前提,既无讨论所有权绝对与否的意义,亦无权能分离理论适用的制度环境。以"权利行使"为逻辑线索架构用益物权的生成机制,有益于弥合既有理论与中国实践的罅隙,使我国用益物权的生成原因更具有说服力;同时,有益于突破权能分离理论的固有思维方式,提炼出解决宅基地利用问题的标识性概念与理论路径。④

第二,权利行使理论有益于化解权利冲突,拓宽权利共存的制度空间。在现代社会环境下,人们的法律意识越来越强,权利问题越来越复杂,权利类型越来越多。通过权利行使理论,可以明确区分权利享有与权利行使是截然

---

① 参见秦伟、杨占勇:《论所有权及其权能分离的双向性》,载《东岳论坛》2001年第4期。
② 参见胡建:《共同富裕视域下宅基地使用权的运行:从"权能分离"到"权利行使"》,载《农村经济》2023年第10期。
③ 参见朱庆育:《物权法定的立法表达》,载《华东政法大学学报》2019年第5期。
④ 参见胡建:《共同富裕视域下宅基地使用权的运行:从"权能分离"到"权利行使"》,载《农村经济》2023年第10期。

不同的两种情况。正是基于权利行使的需要，才衍生出各式各样的权利类型。每种权利存在单独的行使空间，即具有存在的正当性，与其他权利具有相容性而非排斥性。宅基地使用权的出现，有益于宅基地的财产化利用，避免宅基地资源的闲置与浪费。宅基地农民集体所有权与宅基地使用权之间是共存关系，它们在权利行使内容等方面不同，宅基地农民集体所有权存在独特的行使必要性。正是基于"权利行使"的逻辑，权利与权利间的冲突得以调和，各种权利得以在法律制度体系中共存。

第三，权利行使理论有益于用益物权制度的成长扩容，建立多层级用益物权体系。物尽其用，实现对物的多元利用是物权法的永恒主题。[1] 权利行使的需求催生新的权利类型，权利主体可以根据自己的意志为他人设定权利。换言之，在权利行使理论下，所有权人可以为用益物权人设定用益物权，进而用益物权人可再次为次级用益物权人设定次级用益物权，以此创建多层级的用益物权体系。[2] 而依据权能分离说，用益物权产生于所有权的权能分离，固化用益物权的产生方式，导致用益物权不可再次催生出次级用益物权。必须打破权能分离理论的窠臼，拓宽用益物权的生成渠道，实现有限资源的最大化利用。

建立多层级的用益物权体系，对我国土地法律制度改革具有极其重大的意义。我国是社会主义国家，土地作为重要的生产资料，其所有权只能归属国家或农民集体，其他主体对土地的利用唯有以用益物权的路径实现。基于此，用益物权承载着实现土地资源的利用和促进土地要素流动的双重功能。用益物权的新设应当遵从权利行使的需要，不断丰富权利行使的内容，以期实现土地的完全利用。"三权分置"下宅基地使用权的设置，就是我国政府依据权利行使的需求，在物尽其用原则的指导下，实现宅基地财产化利用的重大决策和科学方案。

---

[1] 参见王利明、杨立新、王轶、程啸：《民法学》，法律出版社2020年版，第336页。
[2] 参见蔡立东：《从"权能分离"到"权利行使"》，载《中国社会科学》2021年第4期。

二、人本主义理论

宅基地作为农村土地的重要组成部分,其制度改革不仅关乎农民的居住权益,也涉及农民财产性收入的增加,是实现农民共同富裕的重要途径。[1] 在宅基地财产化的背景下,人本主义理论提供了一种以农民为中心的改革视角和制度路径,其强调在改革过程中保障农民的主体地位、维护农民的基本居住权益和激发农民潜力,提升其土地财产收益和制度改革的话语权。人本主义理论强调以维护农民利益为出发点和落脚点,尊重农民个体利益的实现,为宅基地财产化改革提供了法理上的支持和价值上的指引。

(一)人本主义理论的内涵与基本原则

人本主义理论是 20 世纪中叶兴起的哲学思想,强调人的主观体验、个体自由和潜能的实现,为现代社会提供了深刻的人文关怀和价值导向。[2] 人本主义理论思想起源于古希腊的理性主义思想,在文艺复兴和启蒙运动时期得以发展。[3] 人本主义理论弘扬人类的自主性、尊严和价值,认为人类具有自我实现的能力;人本主义把人看作社会生活的主动建构者,坚信通过人的实践活动能达成积极的社会目标。

人本主义理论重视人的主体价值、尊重人性,强调具有理性思维的主体能够根据自我需要来实现自我价值。[4] 具体而言,人本主义理论需遵循以下原则:其一,重视人的尊严和权利。人的尊严和权利是一种基本人权和价值观念。每个人都应当受到尊重和平等对待,其有权利获得公正的待遇和保护。其二,尊重人的主观经验。主观经验是人类以自己的方式感知和解释所

---

[1] 参见曹益凤、耿卓:《共同富裕目标下宅基地财产价值显化的制度路径》,载《社会科学动态》2022 年第 8 期。
[2] 参见郭丽双、刘洋:《人本主义马克思主义的社会主义观——凯文·B.安德森社会主义观述评》,载《河南社会科学》2022 年第 12 期。
[3] 参见王南湜:《"双重逻辑"说所开启的当代中国马克思主义哲学探索之路》,载《学术界》2023 年第 2 期。
[4] 参见孙晶:《从工具主义到人本主义:国家治理理念的现代化重塑》,载《理论导刊》2022 年第 1 期。

面临问题的感受与认识,是人类认识自身并感受世界的基础。重视人的主观经验,助益于解决冲突和问题并建立良好的人际关系。其三,强调人的自我实现。每个人都具有自我实现的能力,且应被允许追求自己的目标和价值观。[1] 其四,注重人的社会性。每个人都是社会的一部分,人类不能脱离社会而存在。

(二)人本主义理论在宅基地制度改革中的运用

宅基地制度改革是一个复杂的社会经济过程,人本主义理论的应用为其改革进程提供指导原则。宅基地改革相关政策与法律的制定及实施,应更多地考量人本主义的诉求,以建构一个更加合理、具有人性化和可持续发展的宅基地使用权制度。

1. 尊重农民的自主权和自我实现权

在人本主义理论的指引下,实现农民的自主权与自我实现权是一个全面而深入的过程。立法者必须尊重农民的个体性,促进其内在潜能的发挥,并赋予农民更多的选择权与决定权。既往的"家长式立法"模式,在特定历史时期对保障农民居住权益和维护农村社会稳定无疑起到重要作用,然而,随着立法体制完善和农民权利意识的增强,"一厢情愿"的"家长式立法"已不适应农民的需求与农村的实际情况,更不符合进一步彰显宅基地财产属性的要求。新时期理应坚信农民是市场经济的一分子,其为理性的经济主体,会对自身权益和利益作出理性抉择。在宅基地有限市场的范围内,允许宅基地使用权多样态地运行与流转,仅是为农民充分利用宅基地及地上房屋等财产价值提供一种法律上的可能性,最终选择何种流转形式,由农民或其他权利主体根据自身需求决定。[2] 鉴于此,宅基地使用权相关制度的设计必须秉持以人为本,考量农民的自身利益、倾听农民的诉求和尊重农民的意愿,赋予其充分发表意见的权利,而非以"救世主"的姿态或"保姆"的角色替代农民作出宅

---

[1] 参见黄玉顺:《中国哲学"内在超越"的两个教条——关于人本主义的反思》,载《学术界》2020年第2期。

[2] 参见陈家驹:《历史唯物主义是实践人本主义》,载《人民论坛》2019年第29期。

基地权利的制度安排。宅基地使用权制度的革新,必须坚持农民主体地位,相信并依靠农民,充分调动其主动性和创造性。

2. 秉持以人为本的制度理念

宅基地法律制度以维护农民的权利与自由为终极价值,强调保护农民的土地财产权益。人类天生就有排斥束缚的自然属性,自由也因此成为人类最为珍视的价值。古罗马法学家西塞罗曾言:"为了自由,我们才做了法律的臣仆。"[1]农村社会经过长期的改革与发展,农民对宅基地的生存依赖渐趋弱化,如何激发宅基地的财产功能,让农民从宅基地及地上房屋获得更多财产权益和自由,切实享受农村土地产权改革的红利,此乃当前宅基地财产化改革的制度目的。

人民的福祉是最高的法律。在实现宅基地财产化利用的进程中,必须秉持以人为本的制度理念。其一,要优位保护农民利益。宅基地使用权流转革新旨在取得多重经济社会效应,但农民权益的保护应当优位于其他改革目标的实现。宅基地使用权权利运行规则的革新,首要目标在于有效保护农民权益,其他目标在排序和位阶上皆应在此之后。其二,须着重保护农民的核心利益。一方面,保障农民的居住需求,坚守宅基地使用权的社会保障与社会福利底色。反之,一旦把握不当将影响农村社会的和谐稳定。另一方面,保护农民宅基地的财产权益,其关乎农民的生存与发展,如若保障不力将会制约农村的长远发展,影响"三农"问题的有效解决。[2] 其三,重视农民对宅基地财产化利用的现实需求。根据农村人口的建房及居住诉求,适度放活宅基地使用权并使其可以流转,将原本仅限于居住用途的宅基地使用权转变为可以进行转让、出租、入股、抵押等经济活动的财产,以增加农民的财产性收入。在一定条件下宅基地及地上房屋可以扩展为经营性用途,实践中大量宅基地已经被用于商业经营,特别是城市建成区和郊区。事实上,活化闲置的宅基地用于新产业和新业态,在一定条件下将其用途扩展到经营上,可以有效增

---

[1] 《西塞罗文集·政治学卷》,王焕生译,中央编译出版社2010年版,第237页。
[2] 参见杨志恒:《人本主义视角下城镇高质量发展的概念、目标与路径》,载《现代城市研究》2023年第3期。

加农民收入。其四,要保护农民的原有权利。宅基地所有权归属于农民集体,农民享有宅基地的资格权和使用权。农民将使用权以有偿的方式转让给他人行使时,需遵守后手权利不能大于前手权利原则,应当保护农民对宅基地所享有的资格权与原使用权。

3. 引导农民建立正确的自我认知

基于人本主义理论,宅基地制度改革的设计者应引导农民建立正确的自我认知,使其认识到自身在宅基地财产化利用中的权利主体地位与重要作用,[①]如采取宣讲与普法、组织培训与教育、乡村调研与成果分享等形式。通过自我认知的培养,农民可以更好地表达自己的诉求与价值观,制度设计者可据此进行合理的制度构建。农民形成正确的自我认知之后,亦可缓解宅基地制度改革的阻力,降低制度改革的成本,实现农村宅基地资源的合理利用。

4. 正视农民个体的情感与利益诉求

农民既是宅基地财产化利用的参与主体,亦是具有独特情感与需求的个体。[②] 在人本主义理论的指导下,宅基地财产化改革不仅仅是一项社会性的经济活动,而且还涉及农民个体的差异性。在宅基地使用权运行的实践中,应当识别并尊重农民个体的情感需要和利益诉求,包括对土地的依恋、自身利益的预期,以及对改革变化的担忧等。让农民参与到与自身利益相关的决策中,提升农民对宅基地财产化制度的认同感与满意度。此外,提高政策的灵活性和宅基地执法行为的柔性,以及制定法律规则的全面性,创造一个支持型和友好型的宅基地制度改革环境,让农民感觉到被尊重、被理解和被接纳。通过表彰和奖励等正向反馈机制激励农民,认可其对宅基地制度改革所作出的努力与牺牲,增强农民的自我价值感与成就感。

[①] 参见张一兵:《隐性人本主义:以交往异化逻辑解读马克思的理论歧路》,载《人文杂志》2018年第7期。

[②] 马斯洛将人本主义理论运用于心理学,重视人的自由意志支配的能动性,围绕人的行为动机,以"需要"类型与层次为切入点,提出了需求层次理论、人性论和价值论。马斯洛的人本主义理论扬弃了将人类比作机器的华生行为主义,以及以弗洛伊德为代表的受本能支配的精神分析的本能论。

三、倾斜性保护理论

（一）倾斜性保护理论的内涵与理念

倾斜性保护理论是宅基地权利运行的法理基础。传统的正义主要以个人"得其所得"为标准，但社会上不同权利主体存在强弱之分和力量悬殊之别，纯粹基于权利主体个体属性的财产分配，亦会引发社会的不公。[①] 一个国家或一个社会假若缺乏对弱者权利的特别保护，就是不正义的。故而，面对处于弱势的社会群体，国家实有必要运用公权力对具体的权利义务进行倾斜性配置。主要表现在两个方面：其一，面对权利义务失衡的内部法律关系，通过对弱者的倾斜性保护达成实质正义。其二，弥补意思自治原则和平等保护原则的漏洞或不足，需要倾斜性的权利义务配置对其予以平衡和补足。对弱者权利的倾斜性保护，是正义不可或缺的内容。在规范农民集体、农民和第三方关系时，农民往往处于弱势地位，应对农民有提前、适度的保护性安排。以宅基地使用权抵押为例，作为初始权利主体的农户处于弱势地位，故其作为抵押人时应予以特殊性保护，以实现抵押人与抵押权人在内部关系中权利义务的供给均衡。[②] 倾斜性保护理论是以承认社会成员间存在不平等或差异为前提，其旨在通过倾斜性保护方式来补偿弱者，即以不平等的对待方式来矫正不平等的社会关系，从而实现社会整体利益的平衡，维护社会的稳定。

倾斜性保护理论在法学理论中肇始于劳动法领域，其被视为劳动法的一项核心原则，旨在保护处于弱者的劳动者合法权益，以实现劳动者与用人单位之间的利益平衡，其后适用对象由劳动者扩展到社会中处于弱势的所有群体。倾斜性保护理论的具体内涵包括三个层面：其一，倾斜性保护的对象皆属于社会中处于弱势地位的主体，如劳动者、消费者、行政相对人和农民等。它们在权利获取上有欠缺，或者在权利实现上存在困境，需要从法律上予以

[①] 参见张力：《土地公有制对农村经营性建设用地入市改革的底线规制》，载《法律科学（西北政法大学学报）》2020年第6期。

[②] 参见胡建：《共同富裕视域下宅基地使用权的运行：从"权能分离"到"权利行使"》，载《农村经济》2023年第10期。

倾斜性照顾。① 实行倾斜性保护是为了实现从形式平等向实质平等的过渡，进而维持和发展和谐稳定的法律关系，实现公平正义。其二，保护的方式在于权利义务的倾斜性配置。如实践中存在的倾斜性立法，特定机关在制定规范性法律文件时，在权利义务的配给上采取各种措施对弱者予以倾斜性安排。其三，给予倾斜性保护的根由在于双方地位的不平等或存在失衡状况。如一方在经济上、身份上或力量对比上处于弱势，为实现实质平等，才需要在法律规则设计中遵循倾斜性保护原则。②

倾斜性保护理论对于弱势群体权益的保障具有重大意义，本质上乃在形式平等的基础上追求实质平等的一种制度设计。洞悉倾斜性保护原则的内涵并明晰其中所蕴含的理念，有助于在宅基地制度领域更好地适用该原则。首先，倾斜性保护理论蕴含保护弱者的思想。法治社会的重要特征之一是对社会上处于弱势地位的群体提供最大限度的保护，对弱势群体提供倾斜保护亦是现代法律正义价值的体现和必然要求。以农民为例，相较于集体经济组织、国家或市场上第三方主体，在经济收入、社会竞争力、就业和社会保障等诸方面，农民均处于不利的弱势地位。③ 农民的权利较为容易受到其他主体侵犯，农民也承受着相较其他主体更重的生存压力。④ 故制定农村土地相关的规范性文件时，在权利分配和规则设计上向农民倾斜，通过此种方式抑制其他主体的强势地位，以期实现实质正义。其次，倾斜性保护理论蕴含利益平衡的思想。维护社会关系各方主体的利益平衡是法律制度的重要功能之一。社会关系各个主体之间的利益错综复杂，存在诸多矛盾与冲突。唯有尊重各方主体的合法利益，划定主体之间的利益界线，明确各方的权利与义务，方能保障社会关系的稳定。最后，倾斜性保护理论蕴含公平正义的思想。在

---

① 参见冯彦君：《社会弱势群体法律保护问题论纲》，载《当代法学》2005年第4期。
② 参见应飞虎：《权利倾斜性配置的度——关于〈劳动合同法〉的思考》，载《深圳大学学报（人文社会科学版）》2008年第3期。
③ 参见李长健：《论农民权益的经济法保护——以利益与利益机制为视角》，载《中国法学》2005年第3期。
④ 参见张维：《司法对弱势群体倾斜性保护的正当性与可行性分析》，载《社会科学家》2008年第3期。

形式平等基础上保障社会弱势群体以达成实质平等,是现代法律文明进步的重要标志。法律制度作为社会关系的调节器,应该彰显形式正义与实质正义。制度设计上考量弱势群体在经济和社会上的不平等地位,采取倾斜保护的方式弥补其权利缺失,对受侵害的弱势群体提供法律救济以使其利益得到补偿,真正体现了法律上公平正义的思想。

(二)倾斜性保护理论在宅基地制度改革中的运用

公平正义的理念为农民权利的倾斜性保护提供了正当性依据与价值基础。正义乃"同样情况同样对待"和"不同情况不同对待",[1]罗尔斯则提出正义的差别原则,即利益分配应向处于不利地位的人们倾斜,不平等应该有利于最少受惠者。[2] 正义本身就包含并体现着对弱势群体的倾斜性保护,不仅追求形式意义上的平等,更要实现实质公平。宅基地使用权的权利限制导致社会经济发展红利未能向农村和农民释放,有悖正义价值。大部分农村都处于无地可分的状态,容易导致农民在代与代之间形成不正义的后果。

如何通过制度重构实现宅基地权利的分配正义?基于农民的弱势地位,立法者应当遵循倾斜性保护理论来实现宅基地财产化的制度改革。农民在宅基地财产化进程中的权利保护,应以形式上的倾斜保护为手段,以实质上的平等为目标,赋予农民独立自主的主体地位及相应的宅基地财产权益,逐步实现农民与城市居民生存状态上的平等。[3] 不仅城市居民与农村村民之间要公平,农村村民与进城农民之间也要公平。以进城落户的原农民集体成员为例,在崔某兵诉高某华宅基地使用权纠纷案中,宅基地使用权不能因其变更为城市户口而强制收回。不动产物权的变更,经依法登记发生效力,未经登记,不发生效力。依据《土地管理法》的规定,国家允许进城落户的农村村民依法自愿有偿退出宅基地,但并非强制收回,[4]对于进城落户居民在其作为农民集体成员时所享有的宅基地使用权等财产权益应予以公平保护。此外,

---

[1] 参见[英]哈特:《法律的概念》,张文显等译,中国大百科全书出版社1996年版,第157页。
[2] 参见[美]罗尔斯:《正义论》,何怀宏、何包钢等译,中国社会科学出版社1988年版,第56页。
[3] 参见赵万一:《中国农民权利的制度重构及其实现途径》,载《中国法学》2012年第3期。
[4] 参见山东省滨州市中级人民法院民事判决书,(2021)鲁16民终333号。

在宅基地财产化进程中,农民作为传统的土地使用者,需要得到倾斜保护以确保原有居住权利不受剥夺或限制。立法者在设计宅基地财产化制度时,应当遵循倾斜性保护弱势群体的原则,保障农民的居住权益,避免因市场行为所导致的利益失衡。[①]

基于公平与正义价值,宅基地使用权行使的内部法权构造亦应当体现实质正义。从保护农民利益的角度考虑,可借助特殊性的权利义务安排对法律关系中处于弱势的农民一方予以倾斜性保护。以宅基地使用权抵押为例,抵押的法权模型设计不能忽略抵押权实现时可能给抵押人带来的巨大风险。一方面,对作为抵押人的农民予以特殊性保护,以实现抵押人与抵押权人在内部关系中的权利义务供给均衡,具体可从权利的主体、客体、权利义务,以及权利变动等多方面综合考量,如要求抵押人应有富余房屋或其抵押处置后仍有安居之所。此外,还可以设置抵押贷款保险,以及抵押权实现时从抵押物变价价款中以税收形式提取一定比例的抵押风险基金(专用于丧失宅基地使用权的集体成员各项社会保障基金的缴纳)等。另一方面,赋予作为农民的抵押人优先回赎权。优先回赎权是一种法定的权利,其设立的目的主要是保护农民对宅基地或房屋进行投资的利益,方便宅基地与房屋的利用,以及稳定宅基地抵押关系。优先回赎权为农民或农民集体所享有,具有不可转让性,其是对抵押权人的一种限制或存在于抵押权上的一种负担。[②]

四、政府适度干预理论

(一)何为政府干预

政府干预理论源于经济学中分析政府在经济活动中应扮演何种角色。政府与市场的关系长期以来为经济学研究的核心问题,其发端于古典经济学之前的重商主义经济理论,后凯恩斯主义使政府干预理论成为西方经济学的

[①] 参见刘广明、张俊慈:《"适度放活"视阈下宅基地使用权流转的理路探索与制度重构》,载《世界农业》2021年第3期。

[②] 参见胡建:《农村土地权利抵押的法律构造》,中国农业出版社2022年版,第126页。

主流。① 由于学者们观点各异,故尚未形成具备普遍意义的政府干预定义。② 卡恩认为政府干预是对产业结构以及其经济绩效的主要方面直接的政府规定。③ 斯蒂格利茨指出政府干预是国家强制权力的运用,其以促进经济增长和社会发展为目标。米尼克则认为政府干预是对私人行为的公共行政政策,是从公共利益出发而制定的规则。④

政府干预理论是政府运用法律、法规、制度等手段对经济和社会进行控制和限制,干预可涉及社会、政治、经济、法律等诸方面。干预的主体是立法上被授予干预权的行政机关,干预的客体是市场上的各类经济主体,干预的手段是法律、法规或制度,具体干预的方法包括经济、行政和刑事的制裁。

(二) 为何政府干预

宅基地制度领域需要施以政府干预,主要基于以下两方面原因。

其一,宅基地的利用行为本身兼有私法和公法的双重性质。基于土地对社会的重要作用,公权力会适度干预土地市场。宅基地作为一种土地资源,具有有限性和不可再生性的特点,对其开发和利用都要受到限制。自然的土地只有变成"经济土地"才有现实价值,政府对宅基地的使用施加限制,以确保其长期的经济价值。现代宅基地权利的公法约束强调土地的利用应当以维系生态系统更新能力和可持续发展为前提,协调宅基地的资源属性和资产属性,实现土地保护与有效利用的平衡。我国已经建立宅基地使用权的公法约束体系,《土地管理法》明确了土地规划、用途管制、开发许可、征收征用等制度,但这一制度体系主要从土地的资源属性出发,偏重耕地保护、促进社会经济发展等公益目标的实现,忽视了土地的财产属性,未能有效平衡土地

---

① 参见胡怀国:《约瑟夫·斯蒂格利茨及其新凯恩斯主义经济理论2001年度诺贝尔经济学奖得主学术贡献评介之一》,载《经济学动态》2001年第10期。

② 参见[美]丹尼尔·F.史普博:《管制与市场》,余晖等译,上海三联书店、上海人民出版社1999年版,第28页。

③ See Kahn AE, *The Economics of Regulation: Principles and Institution*, The MIT press, 1998, p.35.

④ 参见王俊豪:《政府管制经济学导论——基本理论及其在政府管制实践中的应用》,商务印书馆2001年版,第3页。

管理者、土地权利人及其他利害关系人的权益。从土地的自然资源和财产双重属性出发，综合运用行政和市场手段，确立行政权力对民事权利的约束和民事权利对行政权力的制约机制，以平衡多方主体的利益，实现宅基地制度自由、效率和公平的价值。

其二，宅基地市场存在"市场失灵"和"政府失灵"现象，宅基地使用权的运行需要适度的政府干预。一方面，市场机制在资源配置过程中会产生包括垄断、负外部性、信息偏在、社会分配不公、公共产品供给不足等"市场失灵"问题。[①] 因此，需要政府的适时适度介入以矫正市场缺陷，更好地发挥市场机制于资源优化配置的基础性作用。自由应当受到法律的约束，排除政府的强制，仍然会面对各种自然条件和社会条件的限制，但关键并不在于人的自由是否受到约束，而在于约束本身是否合理。法律所要保障的自由并非哲学意义上的精神自由或绝对意志自由，而是基于客观自然条件约束下的个人免于他人、政府不合理的强制的自由，这种自由不仅包括免于不合理的强制，还包括具备选择的能力。如果仅有法律规定的自由，但因为特定的生产关系实际上处于无自由的境地，那么这样的自由亦毫无意义。正是基于此，政府干预具备了正当性，当资本通过经济剥削和压制导致大多数人处于不自由的状态时，国家必须通过法律和行政干预的方式对各方的经济自由权进行限制，这种限制恰恰是为了实现社会的整体利益。宅基地的绝对私有在权利上是最自由的状态，但是这种看似自由的背后却隐含着被资本操纵的巨大风险。另一方面，宅基地使用权运行中存在"政府失灵"现象。如地方政府为吸引各类资本的投资，而相互压低农村集体土地价格等。为遏制上述现象的产生，亟待上级政府进行适度干预，进一步规范地方政府权力、完善对地方政府及政府官员的绩效评估制度，以及剥离其在宅基地使用权流转市场中获取经济收益的权力等。

综上，宅基地作为农村土地的重要组成部分，其财产化改革不仅关系到

[①] 参见方宇菲：《新公共利益理论的逻辑——市场失灵、公共利益与政府监管的关系阐述》，载《经济论坛》2023年第11期。

农民的切身利益,也关系到农村经济的发展和社会的稳定。政府干预理论在宅基地财产化领域的应用,旨在通过政府的合理介入,保护农民权益,促进宅基地资源的高效利用,实现社会公平与经济效率的统一。

(三)政府如何适度干预

在宅基地使用权权利运行的过程中,对于市场不能有效解决的问题,政府要做到"有所为,有所不为"。换言之,除法定职权外,政府所为主要是提供支持和服务,对市场能够解决的问题应主动"放权"和"赋权",且进行干预时不能违背市场经济规律、不得违背农民意愿。政府干预行为应妥时界定干预边界、科学评估干预方式和有效控制干预成本。① 此外,政府干预要以尊重宅基地所有权为前提,与农民集体就所有权行使的自治决议相协调,政府不能直接用行政命令等方式代替农民集体行使宅基地所有权。

1. 规划干预

设立宅基地使用权的土地必须是规划用于村民住宅建设的土地。② 土地规划决定了一定区域内宅基地的数量和开发强度,土地规划的变更有可能会导致宅基地权利人和利害关系人权益的变动,确立宅基地权利人、利害关系人对土地规划权的实体和程序约束确有必要。从纵向来看,宅基地规划要与国家和地方各层级的土地利用规划保持一致;从横向来看,宅基地规划需与土地利用总体规划和城乡规划、环境保护规划等专项规划相协调。土地的城乡流转与用途转化,也需要在规划框架下有序进行。基于政府决策的局限性,宅基地的所有权人、使用权人和利害关系人对村庄规划有参与权、同意权和规划无效确认请求权,以防止政府不当规划对权利人的权利进行侵害。③

2. 用途管制干预

土地用途管制是在土地用途分类规划的指导下,实行村庄住宅用地总量

---

① 参见向勇:《论农地利用制度改革的法律性质》,载《法治研究》2013 年第 11 期。
② 根据《村庄规划用地分类指南》的规定,宅基地(用于建设村民住宅及其附属用地)又可分为两类:只用于居住的村民住宅用地和兼具小卖部、小超市、农家乐等功能的村民住宅用地。
③ 参见张先贵:《土地开发权与我国土地管理权制度改革》,载《西北农林科技大学学报(社会科学版)》2016 年第 2 期。

控制,严格限制将农用地转化为建设用地,目的是保护农林、生态等用地,特别是耕地。① 在土地用途管制的背景下,土地的所有者或使用者对自己的土地并不是任意进行利用行为,其土地利用活动必须符合社会公共利益。政府可以根据公共利益的需要,对土地规划确定的耕地采取保护耕地的基本国策,实行土地用途管制,严格限制建设占用耕地、建立基本农田保护制度、耕作层表土剥离制度和不同于占用其他土地的审批制度。当然,政府的土地管理行为应尊重并保护权利主体的土地权利和利益,不得任意侵害或剥夺其土地所有权或土地使用权,政府只能以社会利益为标准,严格按照法定程序和法律要求实施土地管制行为。

3. 建筑许可干预

在乡、村庄规划区内的宅基地上进行住宅建设,应依法申请办理乡村建设规划许可证。住宅建筑规划是对宅基地使用权建筑权能的限制,②在任何情况下,一幢建筑物是建设区或住宅区的一部分,所以住宅建设除了要符合安全、实用要求外,还要与该区域相融合,与已有的或计划中的建筑物相协调,建筑面积、建筑间隔、建筑高度等要求决定了宅基地使用权的建筑权能的内容。未依法取得乡村建设规划许可证或者未按照乡村建设规划许可证的规定进行建设的,不得办理房屋产权证,并可由政府主管部门施以行政处罚。

4. 税收干预

税收是对宅基地使用权配置的约束。优化资源配置是财税制度的内在功能,完善土地使用税,扩大土地使用税的征税范围到宅基地,有利于提高宅基地使用权的保有成本,提高宅基地的利用效率。③ 税收是对宅基地使用权收益权能的限制。宅基地使用权增值收益初次分配要按照市场价格划归宅基地使用权人,是为了尊重和保护私有财产权,鼓励改良土地的行为,但这并

---

① 参见郭洁:《土地用途管制模式的立法转变》,载《法学研究》2013年第2期。
② 参见李玲玲、贺彦菘:《城乡融合发展中宅基地使用权流转的必要限制与合理扩张》,载《西北农林科技大学学报(社会科学版)》2022年第3期。
③ 参见李谦:《共同富裕视域下农村宅基地增值收益分配法律制度——以土地发展权共享论为分析框架》,载《河南社会科学》2024年第1期。

不意味着因社会发展而带来的土地增值也应该为宅基地使用权人独享。宅基地使用权价值的增益主要由社会发展所带来,包括人口聚集、城镇化发展或宅基地开发强度增加等,此价值增益的公平分配,主要应该通过政府征税和提供社会保障等公共服务来完成。

五、宅基地使用权行使的基本原则

(一)促进土地利用原则

现代土地法的核心是土地利用关系,农村宅基地应以促进土地利用为导向。从法学角度分析,土地利用乃权利主体按照自己的意志对土地进行干预,以期获得预取收益的行为,其对象和客体是土地。从法律性质分析,针对土地使用权的土地利用关系同时兼具私法和公法的双重性质。[①] 在传统的土地法观念下,私法领域以意思自治为最高原则,不主张国家公权力的介入,但当某些私人的自由意志妨害到公共利益时,为寻求社会利益和个人利益的平衡,公权力可以介入私法领域。宅基地使用权的行使应以促进土地利用为原则,土地利用行为兼具私法和公法的性质。

土地的生产力,也就是土地的经济力,若能够地尽其利,即可使权利主体安身立命,亦使社会繁荣进步,国家富强康乐。反之,若土地利用不当,或者低效利用、过度利用,甚至荒置不利用,则势必土地贫乏,人民的生存、社会的发展和国家的富强都将受到严重影响。所有宅基地法律规范之目的,在于地尽其利,解决好宅基地的利用问题。

(二)坚持"三条底线"原则

首先,土地公有制是我国农村土地产权制度的核心。农村集体土地所有权的权能必须在宅基地的权利架构中得以体现。在学术界有的学者主张土地私有化,认为只有土地私有化才能实现真正的农业现代化。[②] 该种观点并不符合中国国情与农村土地的实际,长期以来我国人地关系紧张,一旦实行

[①] 参见甘藏春:《土地正义——从传统土地法到现代土地法》,商务印书馆2021年版,第36页。
[②] 参见秦晖:《农民地权六论》,载《社会科学论坛(学术评论卷)》2007年第5期。

土地私有化,城市工商资本必将大规模圈占土地,出现土地集中与兼并问题,最终导致农民失去其赖以生存的土地资源进而引发严重的社会问题。反之,有学者主张土地国有化,然其并未考虑制度转换所产生的巨大社会成本。① 实质上,唯有实行农村土地集体所有制,积极探索集体所有制的有效实现形式,才能确保农民平等享有土地承包经营权、宅基地使用权和集体建设用地使用权等农村土地权利。②

其次,宅基地的利用必须符合耕地保护的底线要求。③ 我国人多地少,耕地总量不足,"三权分置"改革必须守住耕地红线,不能以减少现有耕地面积为代价换取暂时的发展。我国人地矛盾紧张,土地细碎化和分散化程度严重,应在坚持农地农用的前提下,禁止非农化,控制非粮化,坚持耕地红线不被突破。④

最后,农民利益不受损要求宅基地改革须以农民利益为根本。农民问题是中国革命与建设的首要问题,农民利益问题亦是马克思理论中的重要内容。原有的农村土地权利制度安排已经不能满足农民获取更多土地权益,故导致通过"三权分置"的权利调整进行制度变迁,其改革的动力来自农民土地财产权益的现实需求。若立法对宅基地使用权及其地上房屋的所有权进行不适当的限制,则必将损害宅基地使用权这一用益物权,也会对农民享有的房屋所有权造成损害。宅基地"三权分置",允许宅基地使用权及其地上房屋进行有限市场化的流转,制度改革的出发点与落脚点均须"以农为本"。在现代宅基地使用权制度的设计上,应赋予其更完整的权能,如赋予农民对宅基地享有收益权能和一定处分权能。农民作为权利主体可以采取多样态的权

---

① 参见贺雪峰:《地权的逻辑———中国农村土地制度向何处去》,中国政法大学出版社2010年版,第124页。
② 参见陈小君等:《我国农村集体经济有效实现的法律制度研究(叁卷):理论奠基与制度构建》,法律出版社2016年版,第38页。
③ 参见刘广明、尤晓娜:《"三权分置"视阈下宅基地使用权流转研究》,法律出版社2021年版,第79页。
④ 参见袁云:《中国特色农地制度"三权分置"改革及实现路径研究》,人民出版社2021年版,第150页。

利运行方式,以激发宅基地的财产价值并实现其财产性收益,如转让、出租、赠与、抵押、入股、退出等。

(三)社会本位原则

社会本位原则要求土地所有权人或土地使用权人在行使土地权利及进行土地利用行为时,应当服从社会利益的要求。从土地权利主体对土地利用的角度分析,土地利用过程中存在自利性和公共性的利益冲突。一方面,不同的土地权利主体之间的利益追求存在矛盾与冲突;另一方面,每位土地权利主体追求自己利益最大化,并不一定带来社会整体利益的最大化。自利性因追求效益的最大化,不断提高土地利用能力,它是提高土地利用效率的驱动力;土地的公共性,则是土地利用的外在约束机制,是土地利用中的"刹车"机制。[1] 自利性和公共性的目标不尽相同,此种矛盾和冲突表现为两个层面:其一为人口的不断增长与土地资源的有限性之间的矛盾;其二为人类增长的土地利用能力与土地承载能力的有限性之间的矛盾。正是源于上述两方面的矛盾与冲突,宅基地法律制度的价值取向由个人权利本位转向了社会利益本位,其不仅关注宅基地利用的经济效率,也关注社会公平与和谐稳定。具体而言,一方面可以进行私权的限制,对土地私有和土地兼并进行具有合理程度的限制,避免激化社会矛盾;另一方面可以平均地权,保证每位农民能够拥有安身立命的生存空间,保障农民"户有所居"。此外,应实现地利共享,对土地利用所带来的不平衡应予以适当的再分配,实现宅基地的土地增值收益在农民、集体和国家之间进行合理分配。土地权利行使和土地利用,必须考量社会利益。如在土地用途管制和规划管理的背景下,宅基地的所有者或使用者不能随意进行利用行为,其土地利用活动必须符合社会公共利益。政府可以基于社会公共利益对宅基地实施土地管理,政府的土地管理行为应尊重并保护权利主体的宅基地权益,不得任意侵害或剥夺其土地所有权或土地使用权,而且要严格按照法定程序和法律要求实施宅基地管制行为。

---

[1] 参见张永辉:《宅基地使用权制度研究——以新型城镇化为视角》,法律出版社2021年版,第17页。

第二章 宅基地使用权的生成

第一节 宅基地之上的多层级用益物权

一、"三权分置"下宅基地使用权的性质争议

(一) 用益物权性质的使用权

"两权分离"下宅基地使用权作为法定的用益物权,其性质已无争议。但在"三权分置"下的宅基地使用权性质,却存在用益物权、债权和法定租赁权等分歧。

有学者认为宅基地使用权定性为用益物权,与现行法律中宅基地使用权的名称与性质一致,可避免造成权利体系的混乱。[1] 有学者认为用益物权上可再行创设并让渡具有物权属性的次级子权利。[2] 宅基地资格权为集体成员权,分置后的使用权成为去身份化的纯粹用益物权,形成"集体所有权+宅基地资格权+宅基地使用权"的三权架构。[3] 基于此,分置后的使用权可以通过市场化流转来实现高效利用。

(二) 债权性质的使用权

有学者指出不能违反用益物之上不得再为用益的原则,故再行设立另一

---

[1] 参见陈小君:《宅基地使用权的制度困局与破解之维》,载《法学研究》2019年第3期。
[2] 参见蔡立东:《中国式物权制度的文明刻度》,载《中国社会科学》2022年第12期。
[3] 参见宋志红:《宅基地"三权分置"的法律内涵和制度设计》,载《法学评论》2018年第4期。

用益物权的理论依据不足。① 宅基地使用权应该界定为债权性质权利,其使得宅基地的利用方式更为灵活与便捷。② 此外,债权性利用无须进行制度改造,能够最大限度地平衡宅基地动态的流转性与静态的身份性之间的平衡,与现行法律体系相契合。

(三)法定租赁权性质的使用权

宅基地资格权被界定为用益物权,在此前提下有学者认为可通过债权化解决宅基地流转问题,主张设立新的"法定租赁权",将宅基地集体所有权债权化,并通过设定宅基地债权来实现房屋转让。③ 此种观点回避了宅基地使用权可转让性的争论,而通过债权化的制度方案扩大宅基地法律权利的范围,以推动宅基地的市场化。一方面,将资格权界定为用益物权,在理论上存在违背"一物一权"原则的理论障碍。另一方面,较为复杂化的权利结构,在实践中不具备制度适用性。在"三权"之外再行增加宅基地租赁使用权,本质上已经形成了"四权"形态,即"集体所有权 + 宅基地资格权 + 宅基地使用权 + 宅基地房屋租赁使用权"。

此外,也有学者提出二元权利模式,即原宅基地使用权上可以设立次生使用权(用益物权)或租赁权(债权)。④

总之,"三权"或"四权"架构为宅基地的合理利用提供了不同的法律框架。由于对资格权法律性质的不同认识,衍化出对使用权的不同定性,通过将宅基地使用权从身份属性中解放出来,允许其在市场上进行流转,以提高土地资源的利用效率。同时,对农民土地财产权益予以保障,使农民在自主利用宅基地时能够享受到其成员身份的特殊权益。

---

① 参见申建平:《宅基地"使用权"实践探索的法理检视与实现路径》,载《法学论坛》2023年第6期。

② 参见管洪彦:《宅基地"三权分置"的权利结构与立法表达》,载《政法论丛》2021年第3期。

③ 参见徐忠国、卓跃飞、吴次芳、李冠:《农村宅基地三权分置的经济解释与法理演绎》,载《中国土地科学》2018年第8期。

④ 参见丁关良:《宅基地之新的权利体系构建研究——以宅基地"三权分置"改革为视野》,载《贵州社会科学》2021年第7期。

（四）"三权分置"后的使用权性质应为用益物权

二元权利结构下的"宅基地使用权"兼具身份性和财产性，应通过"三权"（所有权、资格权、使用权）的权利配置弱化其身份属性与福利色彩，以此实现财产属性的纯化。①"三权分置"改革之目的，乃通过剥离宅基地使用权上的身份属性和社会保障功能，以此实现宅基地的财产功能，将分置后使用权定性为用益物权更有利于实现此目的。

其一，定性为用益物权更能与现行《民法典》的物权法体系和《农村集体经济组织法》的成员权制度相协调。在农民集体所有权与宅基地使用权之间，资格权起到桥梁与媒介的作用。按照传统大陆法系理论，资格权属于人法的内容，使用权属于物法的内容。使用权被定性为用益物权，接纳了宅基地使用权的财产权内容，进而形成"集体所有权＋集体成员权（资格权）＋宅基地使用权（分置后的用益物权）"的法权结构。上述权利结构通过集体成员权制度的衔接，有利于集体土地所有权的行使和分置后宅基地使用权财产功能的发挥，也有利于与《民法典》物权法体系和《农村集体经济组织法》成员权制度的协调。

其二，定性为用益物权具有操作的可行性。"三权分置"改革之后，资格权仍限制于农民集体内部以确保农民的居住权益，而使用权解脱农民集体身份的束缚可对外流转，已然形成内外有别的宅基地利用方式，充分发挥了宅基地的财产功能，可实现其有效利用与利益共享。具体而言，一方面，资格权解决了"三权分置"后宅基地的身份属性和社会保障功能。②借助资格权的权利创设，农民集体成员在其成员权存续期间可以持久地享有宅基地使用权。若成员权消灭或宅基地使用权发生灭失，基于农民集体所有权的弹力性，宅基地使用权由农民集体收回。另一方面，分置之后的宅基地使用权被塑造为用益物权，在一定合理范围内可对外自由流转，而流转所产生的宅基地收益

---

① 参见高圣平：《宅基地制度改革的实施效果与顶层设计——基于新一轮宅基地制度改革试点的观察与思考》，载《北京大学学报（哲学社会科学版）》2024年第1期。

② 参见刘俊杰：《宅基地资格权：权属定位、功能作用与实现路径》，载《改革》2023年第6期。

可在农民、集体、国家和其他社会主体之间进行合理分配。作为农民集体成员，农民可以对宅基地直接利用，将宅基地用于建造住宅或一定条件下用于经营，也可以通过流转使用权实现间接利用。

其三，分置后的使用权被界定为用益物权更符合实践需求。实践中的"隐性流转"和"小产权房"等非正式流转实际上是物权性利用。[①] 因申请时宅基地不能超过一定的面积与标准，故闲置的单个宅基地面积不大且较为分散，难以盘活利用。单纯依赖市场方式则交易成本较高，较难集中与整合闲置的宅基地。分散的宅基地权益势必制约宅基地的利用效率，为了最大限度地实现宅基地增值利益，需要通过用益物权的塑造实现宅基地流转的经济价值。

二、以权利行使理论构筑宅基地之上多层级用益物权

如何理解"三权分置"下用益物权性质的"使用权"之生成？在所有权与用益物权关系的面向上，传统民法理论围绕所有权的本体与其具体权能的关系，以所有权本体的分割或剥离解释用益物权的生成。如古罗马法的"所有权派生说"、《德国民法典》的"概括权能分离说"、苏联民法的"具体权能分离说"和《日本民法典》的"部分内容让与说"等。[②] 其不足在于丧失对所有权完整性的维护。分离部分权能的所有权，已然蜕变为残缺的权利，势必影响所有权的功能发挥。此外，地役权的生成与所有权权能并无关联，其完全取决于地役权合同，其成为上述学说的"阿喀琉斯之踵"。

我国民法理论兼采"具体权能分离说"和"部分内容让与说"，形成具有自身特色的"嫁接式具体权能分离说"，即主张用益物权源自所有权权能与母权的分离，又强调所有权具有完整性，并以所有权的弹力性来解释所有权权能

[①] 参见周静：《农村宅基地的闲置与转型方向》，载《中国农业大学学报（社会科学版）》2023年第2期。

[②] 参见蔡立东：《从"权能分离"到"权利行使"》，载《中国社会科学》2021年第4期。

残缺问题。① 该学说仍局限于所有权的本体与其具体权能的关系,无法摆脱大陆法系传统民法学说的内在缺陷。② 应立足于中国式现代化的实践,建构中国自主知识体系,提炼出标识性概念与理论路径,即突破"权能分离"理论的固有研究范式,实现从"权能分离"到"权利行使"的转变,以"权利行使理论"阐释"三权分置"语境下的宅基地使用权。

以"权利行使理论"阐释我国用益物权的生成机制更具合理性。首先,我国的农村土地权利制度呈现为"土地所有权—土地用益物权"的权利架构,具有不同于别国的特殊性。③ 在我国,所有权与用益物权的关系应放置于个人、集体和国家三者利益关系中去分析。为坚持社会主义公有制,唯有国家和农民集体能成为土地所有权的主体,并且所有权的流转仅有农民集体所有通过征收被转为国家所有一种途径,其他情形下绝无所有权流转之可能。与之相反,用益物权可以相对自由地流转,并享有一定的处分权。其次,用益物权主体同时又是所有权主体成员,故用益物权可以具有一定的所有权属性。④ 作为农民的个人具有二重身份,既是用益物权的主体,又是国家所有权主体或集体所有权主体成员,此权利特质已超出"权能分离说"的涵摄范围。再次,"权利行使理论"将用益物权的设定视为所有权主体行使所有权的方式,可有效地回应前述特殊权利结构。农民集体作为土地所有权人,可以根据自主意志通过行使所有权为他人设立用益物权,这既是集体土地所有权实现的法定形式,也是体现农民个体的成员权地位和发挥宅基地财产价值的最优方式。最后,多层级用益物权体系的建立在我国具有特殊意义。我国的国家性质是社会主义国家,社会主义所有制形式是公有制,所有土地只能属于国家和集体,任何主体对土地的利用只能以取得用益物权的方式实现。用益物权承载着促进土地要素流动和实现

---

① 参见王涌:《私权的分析与建构:民法的分析法学基础》,北京大学出版社 2020 年版,第 215 页。
② 参见吴俊廷:《土地次级用益物权否定论驳议》,载《湖湘法学评论》2023 年第 3 期。
③ 参见朱庆育:《物权法定的立法表达》,载《华东政法大学学报》2019 年第 5 期。
④ 参见刘俊:《中国土地法理论研究》,法律出版社 2006 年版,第 189 页。

资源合理配置的双重目标。① 宅基地之上构建多层级用益物体系,必将丰富宅基地使用权运行的样态与内容,充分激发宅基地的财产功能,降低单一权利的过重负荷。②

权利行使旨在使主体享有之权利中包含的行为可能性成为现实,由此该权利发生实效,权利主体现实享有权利所承载之利益。其一,权利行使行为的构成要素。主体为权利享有主体,对象为该权利自身,内容是对该权利的处分,事实行为或法律行为皆可成为权利行使的具体方式。权利行使相较于权能分离,其最大的比较优势在于可以保全权利本体的完整性,结果意义上并不影响权利本体。③ 其二,在权利行使的理论框架下,用益物权并非因所有权权能的部分分离而产生,其生成于所有权人对所有权的行使。所有权主体可依据自由意志行使其权利,其中以为所有权设定用益物权负担的方式行使权利产生用益物权。用益物权生成之后,所有权仍保有完整的权能,仅是所有权的某些权能不能向用益物权主体主张。在"权能分离说"视角下,所有权只有四个权能,再分离也只能分离成若干个权利,用益物权的权利资源受制于所有权的权能数量。而在"权利行使"视角下,用益物权的发生,不是由所有权权能分离,而是因权利行使而设定一种新型物权。宅基地使用权人可以依法行使用益物权来设定和生成次级用益物权。

总之,对宅基地权利体系的理论解释,实现从"权能分离"到"权利行使"的转换,有益于完善用益物权理论和集体所有制理论,在宅基地之上建构多层级的用益物权。突破"权能分离"理论的固有研究范式,提炼出解决宅基地利用问题的标识性概念与理论路径。同时,突破用益物权体系的封闭性,提高权利体系的延展性,拓宽权利共存的制度空间。

---

① 参见高圣平:《农地三权分置改革与民法典物权编编纂——兼评〈民法典各分编(草案)〉物权编》,载《华东政法大学学报》2019年第2期。

② 参见曲颂、朱铁辉、郭君平:《演进中的农地"三权分置":来自中国化时代化马克思主义土地理论的检视》,载《中国农村经济》2024年第5期。

③ 参见蔡立东:《从"权能分离"到"权利行使"》,载《中国社会科学》2021年第4期。

第二节　宅基地使用权的取得与消灭

一、宅基地使用权的取得

目前，宅基地使用权的取得在实践中较为混乱，主要表现为宅基地使用权申请条件不一致和申请主体错位等。其一，申请条件。国内各地的规定存在差异。其二，申请主体。法律规定以户为单位配置宅基地，同时又规定申请主体为具有集体成员权的村民。"户"并非严谨的法律用语，内涵与范围难以界定，不利于实践操作，且以集合概念的"户"为单位，在户中人口不一时会造成同一地区人均居住面积严重不均衡。其三，审批程序。国内各地差异较大，执行效果也各不相同。实践中个别地区农民集体民主评议、乡（镇）国土资源管理必须做到"三到场"等程序性设置形同虚设。[1]

随着城乡一体化的发展，宅基地使用权的福利性和身份性特征将渐趋消亡，权利主体的范畴亦必将突破集体成员的身份限制。鉴于此，理应改革宅基地使用权的取得制度，宅基地使用权的主体包括集体成员抑或非集体成员。集体成员基于其身份可以原生性取得使用权，而实行宅基地使用权有偿制度和期限制度之后，集体成员或非集体成员亦可从农民集体处通过民主议定程序继受取得使用权，上述两主体均可以行使其享有的宅基地使用权。

从学理上分析，原生性取得与自治性取得的类型化标准，主要根据宅基地使用权的身份属性和财产属性进行区分。身份属性主要保障农民的生存权与居住权，以公平与平等价值进行宅基地使用权的无偿分配，以此维持现行宅基地初始分配制度的身份限定、面积限定和福利属性，承载宅基地最基本的居住保障职能；财产属性将宅基地使用权的配置权给予宅基地所有权人，以经济效率价值进行宅基地使用权的合理利用，通过盘活宅基地资源获

---

[1] 2004年《关于加强农村宅基地管理的意见》（已废止）第7条规定，受理宅基地申请后，要到实地审查申请人是否符合条件、拟用地是否符合规划等；宅基地经依法批准后，要到实地丈量批放宅基地；村民住宅建成后，要到实地检查是否按照批准的面积和要求使用土地。

取财产性收益,此类宅基地不再承载社会保障职能,其取得或占有使用应当支付土地对价。

简言之,宅基地使用权的取得区分为原生性取得和自治性取得。前者乃每一集体成员自出生始,即可自动获得一定的宅基地指标;而后者在具备经济行为能力时(如年满18周岁)可经申请而实际获得。原生性取得均为无偿分配,这也符合《农村集体经济组织法》第13条第6项规定,即集体成员有权依法申请取得宅基地使用权。自治性取得乃受让人通过有偿使用与有期限使用制度,可以从农民集体处继受取得宅基地使用权。自治性取得原则上皆为有偿取得,农民集体成员与非农民集体成员皆可有偿获取宅基地,但需经过农村集体民主议定程序三分之二以上表决通过。

宅基地使用权不以登记为生效要件,自宅基地申请被农民集体审议通过时设立。对于宅基地上因合法建造、拆除房屋等事实行为设立和消灭物权的,应自该事实行为成就时发生效力。作为在农村宅基地上建造的房屋,自建造完成之日完成物权设立。[1] 宅基地权利证书不创设土地权利,而仅是对土地权利的确认或者记载,宅基地权利证书不具有绝对的证明效力。[2]

二、原生性取得

(一)现行法律规定的原始取得与继受取得

目前的宅基地使用权取得制度分为原始取得和继受取得。原始取得亦称为初始取得,乃具有宅基地资格权的农民直接依法向本集体经济组织申请取得宅基地的行为,其具有无偿性、福利性、普惠性和长期性的特征。

农村宅基地使用权继受取得,主要包括以下情形:一是单独转让取得。主要表现为具有宅基地资格权的农村村民,向其他成员受让取得宅基地使用权。二是连同农房转让取得。如农房所有权人将其房屋出卖给其他村民,根据"地随房走"原则,宅基地随之转移给买受人。三是调换取得。如同一农民

---

[1] 参见最高人民法院民事裁定书,(2019)最高法民申5205号。
[2] 参见最高人民法院行政裁定书,(2017)最高法行申8645号。

集体的成员皆已合法取得宅基地使用权，相互对调宅基地或者住宅。四是分家析产取得。兄弟姐妹分家和父母子女分家的情形下，必然需分割房屋及所占的宅基地，由此产生的"一户多宅"不违反"一户一宅"规定。五是赠与取得。农民将自己的房屋赠与其他村民，如富裕的哥哥将房屋赠与贫穷的弟弟，老人为了养老将房屋有条件地赠与侄子等。六是继承取得。父母死亡后遗留的农房，该农房作为私有财产，只能由继承人继承，农民集体不得以该农房涉及宅基地问题为由收归集体所有。继承人有权继续使用遗产农房所占的宅基地，且不受继承人是否属于农民集体成员或"一户一宅"的限制。七是拆迁安置取得。如农村房屋因征用被拆迁，宅基地因征用被收为国有，在拆迁安置中，政府给拆迁户另行安置宅基地的情形。

　　司法实践中对于是否违反"一户多宅"的认定，应首先区分宅基地使用权属于原始取得，还是继受取得。基于宅基地所承载的社会保障功能和福利性，农村居民一户只能申请一处符合规定面积标准的宅基地，《土地管理法》中该"一户一宅"的规定针对的是原始取得，并不包括继受取得。如王某某与杜某某农村房屋买卖合同纠纷案，被告杜某某在原籍有宅基地，后购买了楼房，又购买原告王某某的房屋用于对外出租。故王某某诉杜某某，认为二人之间的农村房屋买卖行为违反《土地管理法》"一户一宅"的规定，并以此为由要求解除双方签订的农村房屋买卖合同。因杜某某购买王某某的房屋属于继受取得，故不应受"一户一宅"的限制。杜某某已取得涉案房屋所有权，根据"地随房走"原则，其同时享有相应宅基地使用权。①

　　(二)宅基地使用权申请与确权纠纷的司法考察

　　其一，村委会需在职权范围内对宅基地确权申请进行处理。如杨某某等诉江苏省淮安市御西村村民委员会履行法定职责案中，原告杨某某等系淮安经济技术开发区新港办事处御西村村民。2019年5月15日，原告杨某某等39户村民向被告御西村村委会递交宅基地确权、房屋确权证明申请书，申请被告对缺少权属来源的宅基地予以走访、核查并作出书面来源说明。2019年

---

① 参见北京市第三中级人民法院民事判决书，(2017)京03民终6507号。

6月24日,御西村村委会作出《关于杨某某等户申请宅基地确权、房屋确权的回复》,回复称"农村宅基地、房屋确权,不属于村委会职责范围,至今御西村村委会没有收到相关部门要求办理不动产登记的相关文件和要求"。村委会是否负有对当事人的申请进行处理的职权?农民经批准建房占用宅基地,应依法登记;但缺少权属来源证明材料,可经村民小组、村委会、乡镇人民政府逐级确认,依法申请登记。故御西村村民委员会应根据有关规定,对杨某某等的申请依法进行处理。①

其二,乡级政府有宅基地确权的法定职责。如雷某某等诉北京市密云县古北口镇人民政府不作出处理决定案中,雷某某为非农业户口,其妻秦某某为密云县古北口镇河西村村民,二人居住的房屋坐落于密云县古北口镇河西村。雷某某就其房屋西侧土地使用权与苏某付发生争议,其于2012年1月6日,向古北口镇人民政府提交确认雷某某房屋西侧公道使用权(通行权)申请书。2012年6月5日,古北口镇人民政府向原告雷某某作出《关于雷某某确认相邻公道使用权申请的通知书》,以雷某某主体资格不符以及需要村民委员会事先作出使用权归属意见才能确定为由,作出不能确认公道使用权的处理决定。对于个人之间的土地使用权归属争议,乡级政府有权作出处理,故乡级政府有对个人之间的土地使用权归属争议作出处理的法定职权。在收到申请人符合条件的申请后,必须在法定期限内对争议作出处理决定。以需要村委会等其他组织作出权属意见为由拒绝履行法定职责的,应视为违法。②

其三,宅基地确权应遵循有利于生产生活原则。如别某某诉河南省新乡市原阳县人民政府行政复议案,农村村民一户依法可使用一处宅基地,为"一户一宅"。当事人自20世纪90年代初就在争议的宅基地上建设房屋,房屋建成长达二十余年,在继续使用该处宅基地符合"一户一宅"的法律规定,且该处宅基地也符合该村村庄规划的情况下,从有利于双方生产生活的原则出

---

① 参见江苏省淮安市中级人民法院行政判决书,(2020)苏08行终205号;江苏省淮安市清江浦区人民法院行政判决书,(2019)苏0812行初312号。
② 参见北京市第二中级人民法院行政判决书,(2012)二中行终字第1018号。

发,应该肯定宅基地权属归当事人。①

其四,申请确认宅基地权属须证明对宅基地存在合法权益。如沈某某等诉甘肃省白银市景泰县人民政府不予受理处理土地权属争议决定案,判断与争议土地是否具有直接的利害关系,一般应当考虑以下三个因素:一是申请人应当存在相应的合法权益;二是申请人是为了保障自身的合法权益实现;三是申请人的合法权益受到了他人的侵害。若申请人不能提供证明其存在合法权益的证据,且争议宅基地又长期(超过 20 年)被他人和平占有使用,而申请人未主张权利,则应当认为其与争议土地没有利害关系。②

其五,当事人不在争议宅基地居住的应认定为与宅基地无直接利害关系。如魏某某诉北京市大兴区人民政府土地行政管理案,对于申请人与宅基地是否存在利害关系的判断,应从申请人是否属于宅基地登记的使用权人和申请人是否属于宅基地的实际使用人两方面入手。如果申请人既非宅基地登记的使用权人,也不在争议宅基地居住,就应当认定为与争议的宅基地不存在利害关系,从而否定其对该宅基地申请确权的权利。③

其六,与争议宅基地是否具有利害关系的认定应结合当事人是否享有争议宅基地使用权来判断。如侯某诉山东省枣庄市滕州市人民政府土地行政管理案,对宅基地上房屋享有法律上的请求权者是否可以主张与该宅基地有利害关系?我国对宅基地实行所有权与使用权分离的制度,宅基地使用权因农民集体成员资格的丧失而丧失。不具有农村集体成员身份的主体当然不具有宅基地使用权,应认定为与争议宅基地无利害关系。因对地上房屋归属具有法律上的请求权,而对争议的土地当然具有直接利害关系的主张亦不能

---

① 参见最高人民法院行政裁定书,(2020)最高法行申 2365 号;河南省高级人民法院行政判决书,(2019)豫行终 858 号。
② 参见甘肃省高级人民法院行政判决书,(2018)甘行 171 号;甘肃省庆阳市中级人民法院行政判决书,(2017)甘 10 行初 42 号。
③ 参见最高人民法院行政裁定书,(2018)最高法行申 5291 号;北京市高级人民法院行政判决书,(2017)京行终 3238 号。

成立。①

其七,转让宅基地并转为城镇户口的当事人无权申请宅基地确权。如陈某某诉海南省乐东黎族自治县黄流镇人民政府土地行政管理案,宅基地使用权主体为农民集体成员,并不包括城镇居民。宅基地实行"一户一宅"原则,当事人转为城镇户口,且已将原有宅基地转让他人,已无权再申请宅基地,其与争议土地不具有利害关系。②

其八,在宅基地上合法居住的非农业户口当事人与宅基地存在利害关系。非农业户口居民虽不能拥有宅基地的使用权,但长期在宅基地上房屋合法居住的申请人对宅基地享有了事实上的合法权益,在宅基地权属发生争议的情况下,应当认定其与争议的土地有法律上的利害关系,可以作为申请人提出土地确权申请。

三、自治性取得

一般而言,非农业户籍人员以及非本农民集体成员不享有在本集体取得宅基地使用权的主体资格,且本集体农民取得宅基地使用权,应当先行向集体土地所有权人和所属村民委员会提出书面申请,村民委员会批准同意后,还需经乡镇政府审批,方可取得集体土地建设用地使用证。③ 但在现行司法实践中,事实上已经存在不少非农民集体成员获得宅基地使用权的司法判例。

如非本集体成员购得宅基地上房屋后,将户籍迁入该村,并在宅基地上居住生活。虽然涉案宅基地使用证因故没有换发,但仍合法有效,且当事人系经村组同意使用涉案宅基地,支付了地上建筑物款项,持有涉案宅基地使用证,是涉案宅基地的使用人。由于当事人户籍迁入在补偿安置方案规定的

---

① 参见最高人民法院行政裁定书,(2017)最高法行申 6780 号;山东省高级人民法院行政判决书,(2016)鲁行终 1273 号。
② 参见最高人民法院行政裁定书,(2017)最高法行申 6361 号;海南省高级人民法院行政判决书,(2016)琼行终 492 号。
③ 参见最高人民法院行政裁定书,(2018)最高法行申 297 号。

户口认定截止日期之内,因此应享受村民补偿安置待遇。① 再如非本集体成员,未经审批在他人宅基地上建房并依据合作合同而分得房屋,属于违法建筑,征收时应当不予补偿,但是,为了平衡农民与外来人员的利益关系,加快征收进度,提高征收的总体经济效益,可以根据征收补偿方案的规定对此类人员给予补偿补助。② 可见,非农民集体成员获得宅基地使用权存在合理的社会生活需求,立法上相关制度安排应对此进行必要回应,而非依赖司法裁决手段去保护此类主体的权益。

其一,作为所有权人的农民集体享有对宅基地使用权的自治权和处置权。为激发宅基地经济价值并赋予农民更加充分的宅基地财产权益,理应将宅基地使用权的处分权利交由农民集体行使,这也是落实宅基地集体所有权的重要体现。农民集体由农民集体成员组成,各成员可以通过集体成员大会对宅基地的相关事项行使自治权和处置权,强化宅基地利用过程中农民集体和成员自治的作用。处置权范围应限于对本集体宅基地资源的合理开发利用,既不得违反法律规定的规划、用途管制和耕地保护,也不得违背国家相关宅基地政策,如禁止城镇居民利用宅基地建设别墅大院和私人会馆等,实现宅基地利用中自治与法治的融合。

其二,自治性取得应实行有偿使用与期限制度。一方面,地市一级的地方政府可以制定不同地区宅基地基准的地价标准,供宅基地的权利主体参考。若受让者是非农民集体成员,须在基准地价以上合理确定宅基地使用费用;若受让者是农民集体成员,宅基地使用费用可以按照基准地价标准执行。另一方面,依申请原生性取得的宅基地使用权一般为 70 年期限,期满后非基于社会公共利益征收且地上房屋存续则自动续展期限;地上房屋灭失或权利人死亡后无人继承,宅基地使用权收归农民集体。自治性取得的期限为 30 年,自初始取得之日起算,后手期限为 30 年减去前手期限,期满之后使用权收归农民集体。

---

① 参见最高人民法院行政裁定书,(2019)最高法行申 1095 号。
② 参见最高人民法院行政裁定书,(2019)最高法行赔申 123 号。

其三,《农村集体经济组织法》为自治性取得方式提供职权依据和程序性保障。对于集体成员大会的职权与相关程序,目前该法已经有明确的法律规定。如《农村集体经济组织法》第 26 条第 8 项规定,集体成员大会有权对宅基地使用等事项作出决定;该法第 27 条、第 28 条对于集体成员大会的代表组成、会议形式和表决程序等也作出了详细的规定。宅基地使用权的自治性取得,应当经本农村集体成员大会 2/3 以上同意等。

四、其他依法取得方式

除了原生性取得和自治性取得两种主要方式,还存在其他依法取得方式,即非本农民集体成员,亦可依法取得宅基地使用权,具体有:(1)因易地扶贫搬迁、地质灾害防治、新农村建设、移民安置等按照政府统一规划和批准使用宅基地。(2)非本农民集体成员,因继承房屋而取得宅基地使用权。(3)1999 年之前回原籍乡村落户的离退休职工与干部、退伍军人,以及回乡定居的华侨、港澳台同胞,可依法确权登记。[1]

非农业户口居民(含华侨)原在农村合法取得的宅基地及房屋,房屋产权没有变化的,经该农民集体出具证明并公告无异议的,可依法办理土地登记,在《集体土地使用证》记事栏应注记"该权利人为非本农民集体成员"。

对于没有权属来源证明的宅基地,应当查明土地历史使用情况和现状,由村委会出具证明并公告 30 天无异议,经乡(镇)人民政府审核,报县级人民政府审定,属于合法使用的,确定宅基地使用权。[2]

若宅基地权属发生争议,经协商不成,可向乡镇人民政府或自然资源主管部门提出处理申请。政府可以根据优势证据规则的要求,本着有利于生产生活、有利于经营管理、有利于社会和谐稳定的原则公平地确定权利归属。[3]

---

[1] 参见《国土资源部、中央农村工作领导小组办公室、财政部、农业部关于农村集体土地确权登记发证的若干意见》和《国土资源部关于进一步加快宅基地和集体建设用地确权登记发证有关问题的通知》。

[2] 参见《国土资源部、中央农村工作领导小组办公室、财政部、农业部关于农村集体土地确权登记发证的若干意见》第 6 条;最高人民法院行政裁定书,(2019)最高法行申 5716 号。

[3] 参见最高人民法院行政裁定书,(2019)最高法行申 5100 号。

若争议各方均不能提供可以采信的证据的,可以根据土地利用状况和公平、公正、合理的原则,从尊重历史、面对现实、有利社会关系尽快稳定的原则出发,确认土地权属。在因历史原因没有相关地籍档案、当事人也不能提供其宅基地合法有效的原始权属凭证或其他有效证据的情况下,经过实地测量并根据当事人现有宅基地使用情况和房屋现状,确定宅基地使用面积,进而作出被诉确权决定,并不违反法律法规的相关规定。① 以事实为依据,以法律为准绳,考虑历史和现实状况,实事求是作出处理,原则上应当将争议土地确权给长期管理使用争议土地的一方当事人。②

土地权属争议调查处理,主要是对当事人土地权利存续期间的权利归属产生的争议进行确权,土地权利存续期间既包括土地权利的现实存在期间也包括曾经存在期间。实践中比较常见的情况是当事人对现在的土地权利归属产生争议,要求人民政府确定争议权利的归属。就曾经存在的土地权利而言,虽然该权利已经不再归属争议当事人,但土地权利的财产利益因某一法律事实转化为其他权利形态后,就可能进一步影响争议当事人之间的现实财产利益,因此,当事人之间对曾经存在的土地权利归属产生的争议与对现存的土地权利归属产生的争议具有同样的现实意义,当事人就此申请人民政府确权,当然属于人民政府土地权属争议确权的职责范围。如争议宅基地被依法征收,说明土地性质发生改变,与争议宅基地使用权属分属不同法律关系。行政机关作出的被诉行政处理决定,意在确认土地权属或依法征收后补偿利益的归属。③

五、宅基地使用权的消灭

土地不会再生也不会移动,那么宅基地使用权如何消灭?现行立法上,《民法典》第364条对宅基地使用权消灭的规定较为粗陋,仅表述为"自然灾害等原因灭失"。宅基地使用权消灭的原因,不仅包括自然灾害,还有其他法

---

① 参见最高人民法院行政裁定书,(2018)最高法行申3749号。
② 参见最高人民法院行政裁定书,(2019)最高法行申4015号。
③ 参见最高人民法院行政裁定书,(2018)最高法行申5877号。

定原因。因宅基地使用权消灭的原因不同,法律效果亦有所差异。在实践中,不管是自然灾害还是非自然灾害,只要非本人故意毁损之原因造成了宅基地使用权的灭失,就可适用该条规定,应对该规定作扩张解释,以因应社会现实需求。实际上,非自然原因造成的宅基地使用权消灭问题在司法实践中较为普遍。

学理上,宅基地使用权的消灭可区分为"绝对消灭"与"相对消灭"两大类型。前者乃宅基地本身不再存在或者所有权性质改变,不再具有宅基地用途而使用权的丧失;后者指农村集体组织中的特定成员基于法律原因或者人为原因致宅基地使用权丧失。

(一)宅基地使用权的绝对消灭

1.宅基地本身灭失

该种情形乃宅基地因自然灾害等原因灭失,如地震、山体滑坡、河流改道、洪水等自然灾害。宅基地作为宅基地使用权的客体不再存在,宅基地使用权当然绝对消灭,农民可以申请重新分配宅基地。若仅是宅基地上房屋及附属设施毁坏(如被大火烧毁),并不影响宅基地使用功能,该宅基地的使用权只是"相对消灭",原宅基地使用权人仍可在该宅基地上依法取得使用权,或者由农村集体安排其他成员继续使用。

在司法实践中,农民的农房坍塌后宅基地使用权随之消灭。如杨某某、周新某宅基地使用权纠纷案,周某系农村户籍,其死亡后,名下房屋带有宅基地,该房屋属其妻杨某某与其子周新某所有,现诉争的房屋倒塌,宅基地使用权灭失,原宅基地是否由原使用人继续使用,应通过村委会及相关自然资源主管部门确认审批。杨某某和周新某在原宅基地使用权消灭后,应当要求本村集体经济组织给予重新分配宅基地,并依法通过审批程序重新取得使用权。

2.宅基地被依法征收

如因公共设施建设或者土地开发利用的需求,国家对农村宅基地进行征收,依法改变宅基地所有权归属,将其征收后归于国家所有,农村集体成员不可能再使用该宅基地,该宅基地上的使用权也随之消灭。宅基地被依法征收,国家依法对失地农民进行安置与补偿。

(二)宅基地使用权的相对消灭

在司法实践中,宅基地使用权相对消灭的原因较为复杂,主要包括以下五种情形。

1. 宅基地资格权的丧失

宅基地资格权是农民申请分配宅基地使用权的前提条件。一旦农民丧失集体成员资格,该宅基地资格权亦随之消灭。如被国家招录为公务员、出嫁将户口迁出本村等,其在本农民集体的宅基地资格权丧失,同时也就失去了本农民集体的宅基地使用权,原集体组织应当收回其宅基地,至于已经建房所占的宅基地问题,则应根据宅基地有偿使用的相关规定予以处理。

不具有宅基地资格权不得向农民集体申请宅基地使用权。如郭某某诉某村民委员会返还其房屋及土地纠纷案,原告郭某某的近亲属杨某生前所有的案涉房屋拆除后,该房屋所占范围内的宅基地自1964年以来一直处于无人管理的状态,应推定杨某生前已将该宅基地归还村集体,即已归还某村村民委员会。加之,该宅基地因几十年来无人管理使用,现已不能具体明确坐落位置、四至和面积,宅基地已经灭失。宅基地多年无人管理应当视为归还农民集体,原使用权人的使用权随之消灭。而原告郭某某并非本村集体经济组织成员,其无权向村集体主张宅基地使用权,故原告郭某某要求村民委员会返还其房屋及土地的主张不成立。[①]

2. 自行放弃或退出宅基地使用权

如已经举家迁入城市居住,再无农村建房的意愿,向村民委员会提出放弃或退出已经依法批准的宅基地使用权,办理了注销手续的,该农民也就丧失了该宅基地的使用权。

3. 合法转让宅基地使用权

宅基地使用权转让包括两类情形,即无房宅基地单独转让和连同房屋一并转让。宅基地使用权合法单独转让后办理转移手续的,转让方农民丧失已经出让的宅基地使用权,且不得再申请宅基地。

---

① 参见贵州省安顺市平坝区人民法院民事判决书,(2016)黔0403民初1216号。

农村宅基地随同房屋出让的,可以认定房屋买卖合同合法有效,但若不符合宅基地使用权转移规定的,则不产生物权转移效力,即不能办理房产及其宅基地的过户手续。宅基地使用权在一定条件下流转的(包括转让、抵押或入股等),出让方在办理过户手续后,也丧失该宅基地的使用权。若非法转让农房,因非法转让行为无效,故转让方仍有宅基地的使用权。

4.宅基地使用权被依法撤销

农民违法取得宅基地使用权或者违法使用宅基地,宅基地使用权被依法撤销的,原已批准的宅基地使用权归于无效,同时也就消灭。

5.农民集体收回宅基地

农民集体收回宅基地是宅基地使用权消灭的原因之一。农民集体根据法律的授权,依法收回村民的宅基地使用权,并依照规定程序办理该宅基地使用权注销登记手续后,该宅基地使用权消灭。

其一,房屋拆除后未被批准重建,宅基地使用权由集体收回。乐某某诉江西省上饶市铅山县人民政府土地裁决复议案,涉案宅基地倒塌之后未重建,故房屋产权已经灭失,宅基地已由村集体收回。原告作为原宅基地使用人的继承人不可能通过继承房屋的方式取得宅基地使用权。此时,行政机关将宅基地确定为集体所有合法。[①]

其二,宅基地空闲时间过久未建房可由农民集体收回重新分配。吴某某、苏某某诉广东省中山市港口镇人民政府行政处理决定案,行政机关基于争议土地在原分配给当事人作为宅基地使用后空闲二十五年之久没有作为宅基地建房使用的事实,认定争议土地应当由村集体收回重新分配。[②]

[①] 参见最高人民法院行政裁定书,(2018)最高法行申 232 号;江西省上饶市中级人民法院行政判决书,(2015)饶中行初字第 32 号。

[②] 参见广东省中山市中级人民法院行政判决书,(2020)粤 20 行终 899 号;广东省中山市人民法院行政判决书,(2020)粤 2071 行初 108 号。

第三节　宅基地使用权的主体、客体与期限

一、宅基地使用权的主体

宅基地作为解决农民基本居住需求的重要形式,其在主体上具有强烈的身份属性。伴随城乡经济的进一步发展,宅基地的身份性和福利性势必渐趋淡化。目前各试点地区的改革实践中,个别地区认可通过农民集体的民主议定程序,非农民集体成员也可以享有宅基地使用权;按照目前政策规定,城镇户口的自然人基于地上房屋的继承法律关系,也可以变相地对房屋下的宅基地享有受限制的土地权利。综上,从长远的发展角度观之,宅基地使用权的主体会逐渐突破农民身份。农民集体成员或非农民集体成员,皆可能成为宅基地使用权的主体。

(一)宅基地使用权主体为"个人"并非"户"

宅基地使用权主体并非农户,而是作为自然人的农村居民。宅基地申请中的"户"是以血缘、姻亲为纽带所组成的自然户,乃多个自然人的结合,并非民法上的主体类型。以"户"为单位申请,主要基于土地管理工作便利之需,依据农民生活状态以"户"作为宅基地分配的基础单位。农民集体成员乃自然人,而非农户,成员权的利益最终应归属于自然人。设计宅基地制度的初衷乃满足传统小农经济下以家庭为单位的生活居住需求,故确立了以"户"为单位的分配方式。[①]"户"仅是依据生活习惯行使特定成员权的方式。在以"户"为单位行使成员权时,应保证每个成员享有相当份额的成员利益。[②] 农户并不是一个法律意义上的概念,同时也不是一个确定的概念,婚姻状况的变化和人员的改变皆能引起农户的变化,作为一个过渡阶段的概念势必将逐

[①] 参见申惠文:《法地理学视域下的农村村民一户一宅制度》,载《法治研究》2023年第4期。

[②] 参见肖盼晴:《"三权分置"背景下宅基地户内共有权的结构解析与功能实现》,载《南京农业大学学报(社会科学版)》2024年第1期。

渐走向衰亡。

基于保障农民基本居住权益之目的,宅基地申请成功后,农户内所有成员均应享有宅基地使用权。① 宅基地使用权是农村村民以户为单位取得的,户内的每位家庭成员对该户取得的宅基地均平等享有使用权。② 宅基地使用权审核表具有确权属性,一般认为审核表中登记的权利人为宅基地使用权人,实践中登记权利人通常包含全体户内成员。③ 司法实践也印证了该观点,宅基地使用权人不仅包括登记的使用权人,还包括所有户口登记在该宅基地所在房屋内的其他成员。④ 据此,可将宅基地使用权原始取得主体具体明确为"户内成员"。

宅基地使用权主体是否会随户内成员的增减而发生动态变化?司法实践中采取增人不增地、减人不减地的原则。当一户出现人口减少,宅基地仍是由一户中剩余的成员共同使用。而户内新增成员经确权登记,登记为宅基地使用权人,可享受权利。简言之,在人口增减的变化状态下,宅基地使用权既可为户主单独所有,亦可为户内全体家庭成员或者部分家庭成员共有。

(二)宅基地使用权归特定自然人共同共有

宅基地使用权归属于"户"内的家庭成员共同所有,其权利主体是自然人,并非所谓的"户"。在地方试点实践中,有的地区将房屋所有权和宅基地使用权的权利人均登记为户内共有人并详细列明,如浙江省淳安县。⑤ 在司法实践中,宅基地及地上房屋在分家析产时可以分割,换言之,每一个自然人就宅基地和房屋所享有的财产价值是有权确定并剥离的。具体而言:其一,宅基地使用权人有权对案涉房屋的财产权利请求分割。如郑某某与郑某、陈某等分家析产纠纷一案,陈某、郑某与郑某某系夫妻、父子关系,郑某某有权

---

① 参见孙建伟:《宅基地资格权法定化的法理展开》,载《法学》2023年第11期。
② 参见山东省淄博市中级人民法院民事判决书,(2020)鲁03民终1998号。
③ 参见包欢乐:《利益承载:宅基地资格权功能定位与法律实现》,载《江苏社会科学》2023年第4期。
④ 参见北京市高级人民法院民事裁定书,(2022)京民申165号。
⑤ 参见刘俊杰:《宅基地资格权:权属定位、功能作用与实现路径》,载《改革》2023年第6期。

分割郑某户下的拆迁补偿安置款,其具体数额可以确定。郑某某在涉案房屋翻建审批时被列为建房申请人,故其属于该房屋宅基地使用权人。郑某某系该房屋翻建申请人之一,故针对该房屋而言,郑某某有权对涉案房屋的财产权利请求分割。法院从郑某某对涉案房屋的贡献大小,适当照顾共有人生产、生活的实际需要等情况出发,酌情支持郑某某对涉案房屋享有10%的产权份额。① 房屋系家庭活动的必要场所,家庭成员对家庭房屋为共同共有,在符合法律规定的情况下,每一个共有人有权对房屋的财产权利请求分割。其二,共有条件因离婚丧失后,共有人有权分割宅基地上房屋。如张某与张某某等分家析产纠纷一案,不动产可以由两人以上共有,当共有人意思表示一致或共有条件丧失时,共有权人可以主张分割。本案中,某号院落登记的土地使用权人为张某,张某某与李某结婚后,与张某共同生活,并参与建设某号院落的房屋,张某某、李某与张某为同一集体经济组织成员,张某某、李某未另批宅基地,故张某某、李某对某号院落亦享有宅基地使用权,对某号院落内的房屋享有相应权利,可以要求对家庭共同财产进行分家析产。② 其三,可以根据当事人之间的协议,分割宅基地使用权及房屋所有权的份额。共同共有人可以通过协议的方式对家庭共同财产进行析分。如宋某钟与宋某利等分家析产纠纷一案,涉案房屋及土地使用权约定由宋某钟、宋某利共同所有。分家析产补充协议书约定在实际办理继承公证的过程中,由张某珠先行继承房产所有权50%的份额,宋某利先行继承其余的50%份额。当事人所约定的宅基地使用权及房屋所有权的权利人与份额,最终被人民法院所支持。③ 意思自治是民法的最高指导原则,如果当事人在分家析产纠纷产生前已经存在真实、合法析产协议,该协议具有法律效力,应坚持协议优先。

宅基地使用权的初始主体为申请宅基地时户内的全体家庭成员,此后的

---

① 参见浙江省杭州市中级人民法院民事判决书,(2019)浙01民终9386号;浙江省杭州市萧山区人民法院民事判决书,(2019)浙0109民初13004号。

② 参见北京市第一中级人民法院民事判决书,(2016)京01民终2871号;北京市昌平区人民法院民事判决书,(2013)昌民初字第5916号。

③ 参见福建省厦门市中级人民法院民事判决书,(2021)闽02民终2329号;福建省厦门市翔安区人民法院民事判决书,(2020)闽0213民初1727号。

主体变动则根据赠与、转让、继承等民法具体规则判定。此种共有的性质究竟为按份共有,还是共同共有?司法实务中认为,在家庭关系存续期间,宅基地使用权归家庭成员共同共有。家庭关系终结之时,"户"内的共同共有人可以对宅基地使用权进行分割。若已就各自份额有约定则依约定,未约定则按照等额分割。对宅基地使用权流转事务的处理属于共同共有事务的处理,理应由农户中的家庭成员共同决定,即使有的家庭成员尚不具备完全民事行为能力,也应由其监护人通过法定代理程序为之。从外部关系上而言,应类推适用《民法典》第307条共有人对外债务的承担规则,即在法律上农户中的成员对该权利流转均负连带清偿责任。

二、宅基地使用权的客体

宅基地使用权的客体是农民集体成员建造住房使用的集体土地,其主要功能是居住。实践中,宅基地除了主要作为农民生活的基地,也发挥着一定的农业生产功能和经营性功能。换言之,宅基地使用权的对象主要是集体成员的住宅建设用地,但又不能完全局限于此用途属性,在一定条件下具有生产性或经营性用地性质。

美国和瑞士等西方国家的家宅,与宅基地具有一定的近似性,可为我国宅基地制度提供启示与借鉴。

家宅制在美国和瑞士等国家实行了一百余年,其为家庭基本生存而存在的土地、建筑物和附属设施等。[①] 作为家庭的基本生存条件,家宅不仅是不动产,还是生存财产和人格财产。父母对作为家宅房屋的不当处分,不仅使未成年人丢失生存财产,也会在人格上给其造成无法用替代物补救的人格财产损失。基于此,家宅具有高于一般不动产的特别保护。先后实施家宅法的国

---

① 家宅制度有两种:第一种是政府开发荒地或落后地区,规定移民所开垦的土地,在一定年限之后,赋予其所有权的制度。1862年美国总统林肯颁布的宅地法即属此类。1891年美国颁布《联邦家产法》(United States Homestead Law),规定以一定条件,将国有土地交与移住人民,以之为不得扣押之物,而奖励殖民。第二种为保护家庭住宅权的制度。根据《元照英美法词典》和《宅地豁免法》(Homestead Exemption Law),家宅特指免于被强制执行特权的家庭住宅,亦作"homestead estate",本书考察的主要是后者。

家或地区,包括美国、法国、德国、瑞士、加拿大的魁北克等。以瑞士为例,1907年《瑞士民法典》规定了家宅制度,施行至今。家宅申报时,除居住用途外,必须将供农业或其他产业使用的情况一同申报;家宅设定后,所有权人可以耕种土地、经营产业或居住其房屋。所有权人死亡后,可以遗嘱方式将家宅转移至继承人,使家宅继续存续;若无前项遗嘱,所有人死亡后涂销登记,家宅消亡。与我国的宅基地制度类似,西方的家宅制在保障居民基本的生存权与住宅权益方面发挥了重要作用。家宅制的最大启示在于:一方面,在对宅基地制度财产化改革的同时,应继续对宅基地施行特殊保护的政策。立法不应该忽视宅基地在保障农民住宅权、满足农民基本生存权益,以及确保农村社会稳定方面的重大价值。另一方面,可参照家宅法的单独立法模式,实现宅基地立法的专门化与体系化,改变宅基地使用权法律规则简单、零散且法律位阶不高的现状,以更好地保障农民的宅基地财产权益。此外,家宅的土地用途并不严格限制于居住,附带性地用于农业或其他产业也被法律所允许,以更好地发挥土地的价值。

三、宅基地使用权的期限

目前,宅基地使用权不仅可以无偿取得,而且并未有期限限制。但由实践观之,其一,宅基地使用权事实上遮隐在集体所有权之下。从权利运行的效力分析,宅基地的取得、收回、流转和交易,皆不能脱离农民集体而存在。其二,闲置宅基地和超标准占地现象较为严重,实行无期限制度,造成土地资源浪费,而可利用的集体土地资源日益枯竭。① 其三,允许宅基地使用权的期限化流转,既便利农民的生产生活,也有利改善农村居住环境。② 在宅基地的保障功能弱化而强化财产功能的趋势下,可考虑实行宅基地使用权的期限制度,以达地尽其利之目的,亦可形成惜地的良好社会风尚。

---

① 参见周静:《农村闲置宅基地盘活利用的意愿、障碍及其改革重点分析》,载《华中农业大学学报(社会科学版)》2022年第6期。

② 参见杨雅婷:《〈民法典〉背景下放活宅基地"使用权"之法律实现》,载《当代法学》2022年第3期。

(一)使用期限因取得方式不同和使用方式不同而各异

从长远观之,对于依申请原生性取得的宅基地使用权若一直无期限要求,将降低宅基地利用的效率,造成大量宅基地空置而不能得以有效利用。在自治性取得宅基地使用权的情况下,非本集体成员获取的宅基地使用权是无期限的,亦必将损害本集体成员的利益。

宅基地使用权与国有建设用地使用权相较,二者具有一定的同质性,可参照城市国有建设用地的规定,依申请原生性取得的宅基地使用权一般为70年期限,期满后非基于社会公共利益征收且地上房屋存续则自动续展期限;因抵押、租赁等流转形式而获得宅基地使用权的权利主体,在70年的剩余权利期限范围内依照流转合同约定予以确定,最长不超过30年;地上房屋灭失或权利人死亡后无人继承,宅基地使用权收归农民集体。自治性取得的期限为30年,自初始取得之日起算,后手期限为30年减去前手期限。

(二)"自动续期"的制度意蕴

所谓的"自动续期",至少蕴含四方面的立意:其一,宅基地使用权期限届满之后,国家非基于公共利益不得收回;其二,一般不收回,且无须再行申请或再由农民集体民主程序议决;其三,自动续期就说明不应科以房屋所有权人申请续期的积极作为义务,其无须主动提出和申请;其四,期限届满,对于有偿使用的宅基地,若房屋所有权人不缴纳土地使用费用,其宅基地使用权本身不受影响,但其房屋财产权在租赁或转让等处分权方面应受到限制,唯有补缴土地使用费用后,该限制方予解除。

(三)自动续期并不等同于不再缴纳土地出让金而使用

我国发端于20世纪80年代至今仍在深化的土地改革,核心思想在于将土地无偿无限期使用变革为有偿有限期使用,并发挥市场对土地资源的有效配置功能。① 既往的土地改革彰显了土地的商品属性,亦挖掘了土地的资产价值。若实行不限制期限的无偿使用,则可能削弱公众在市场经济环境下对

---

① 参见贺雪峰:《市场-社会二元体制模型与"三农"政策》,载《开放时代》2024年第3期。

土地作为商品的认知,进而忽略对农村土地财产属性的挖掘,亦使得公众失去对土地资本追逐的动力。

既往的土地制度改革表明,自动续期并不等同于不再缴纳土地出让金而无限期使用。一方面,现代市场经济环境下,土地不仅是自然资源,还因其稀缺性而具有资本的属性。资本性质的土地利用必然具备有偿性。另一方面,城乡土地使用权理应平等对待,对同样的权利给予同等保护。城市住宅建设用地期限届满后一般可以收取土地使用费,农村宅基地使用权也应与之相适应。按照权利平等原则,无论国有抑或集体所有,皆应平等性地享有相应的权利并履行相应的义务。

城乡一体化视阈下的农村抑或城市,凡土地皆实行社会主义公有制,每人皆享有公平使用土地的权利,若自动免费续期则意味着现实的土地占有人可以无限制地使用该土地,这实际上剥夺了其他人依法可对该土地享有土地使用权的权利,也与社会公平正义原则背离。特别是占有较大面积或地块区位优质的土地使用人,在其土地使用权期限届满后,若该土地上建筑物逾百年不倒,亦可免费无期限使用则势必形成永久占用的事实,势必会导致农村土地资源分配不公,长期积淀则易引发社会矛盾。

综上,在构建城乡统一的建设用地市场背景下,有必要从整体意义上考量二者的制度改革,使之相互协调和兼容。故对标城市住宅建设用地使用权,宅基地使用权自动续期是有偿抑或无偿,由全国人大及其常委会统一进行立法或作出法律解释。对于有偿使用的宅基地,若缴纳土地使用费用,应综合考量基准地价、购房价格、到期日的土地价格、人均收入、使用期间的土地价格和土地使用年限等因素确定具体的数额。

第四节 宅基地使用权的有偿使用

一、宅基地有偿使用试点改革的基本情况

为了实现农民"户有所居",宅基地制度一直采用集体所有制原则下的无

偿使用制度。但早在 20 世纪 80 年代末,我国各地区就开始了宅基地有偿使用的制度探索,第一次试点改革之目的不在于收费,而在于贯彻珍惜土地和保护耕地的基本国策。① 国有土地和集体土地皆有偿使用,有利于形成惜土如金的良好社会风气,后基于减轻农民负担的考量而停止。

第二次试点改革,源自 2015 年印发的《中共中央办公厅关于农村土地征收、集体经营性建设用地入市、宅基地制度改革试点工作的意见》,其中指出在宅基地制度改革中实行宅基地有偿使用制度。此次试点改革中的宅基地有偿使用制度,严格意义上讲适用范围有限,仅局限于特定情形,并且有偿使用是被视为无偿使用制度的必要补充。无论从适用范围、对象还是从制度定位各个层面观之,目前宅基地使用权仍奉行以无偿使用为原则,以有偿使用为例外。② 因为其有偿使用范围有限,适用对象仅局限于超面积占用、非本村集体成员使用宅基地、改变宅基地用途等特定情形(见表 2-1)③。

表 2-1 两次宅基地有偿使用试点改革的对比

有偿使用试点要素	项目细分	1988 年开始的宅基地有偿使用试点	2015 年以来宅基地有偿使用试点
适用范围	主体范围	本集体经济组织成员	本集体经济组织成员
	土地适用范围	基本实行面积全覆盖,部分地区向按标准占用宅基地农户退还部分使用费	未经批准私自圈占村内空闲地;"一户多宅"情形下法定面积外的其他部分;实际占用面积超出法定面积部分;非本集体经济成员所使用宅基地;改变宅基地使用性质
收费标准	计价范围	折算为平均地价后,均价皆在 1 元/平方米以下	浮动区间位于 2~30 元/平方米

---

① 参见夏柱智:《农村宅基地有偿使用制度改革的效应和问题:东部 D 镇例证》,载《中国社会科学院大学学报》2024 年第 2 期。
② 参见夏沁:《"三权分置"背景下宅基地有偿使用的物权法构造——以 2015 年以来宅基地改革试点为对象》,载《西北农林科技大学学报(社会科学版)》2022 年第 4 期。
③ 参见童航、周懋:《宅基地有偿使用的实践探索与法理透视》,载《山东行政学院学报》2022 年第 1 期。

续表

有偿使用试点要素	项目细分	1988年开始的宅基地有偿使用试点		2015年以来宅基地有偿使用试点	
费用使用	收取主体	村集体收取		村集体收取	
^	^	乡镇收取		^	
^	使用途径	公益事业	宅基地方向的基础开发；农业设施改造；其他公益事业	公益事业	村庄改造；基础设施建设；宅基地退出补偿；务工补助
^	^	^	^	其他	管理者年终绩效考核奖励
惩戒方式	惩戒措施	未提及		经济权益	拆迁时,只按照法定面积给予补偿；挂钩至社会信用评价措施；集体收益中扣除有偿使用费
^	^	^		身份权益	不纳入村两委干部候选人；对党员视其情节给予党纪处分

面对人减地增、宅基地闲置浪费和城市建设用地稀缺的矛盾局面,2020年宅基地试点改革以来,在原来"一户多宅"、超面积占用、非本集体成员使用等情形下,逐步尝试有偿选位、拍卖取得,宅基地使用过程中的有偿调剂、增加用途、跨区域使用等举措,在农村集体的主导下开展了有偿使用的探索。

二、宅基地有偿使用试点改革中存在的问题

宅基地有偿使用试点实践中存在一些突出问题。其一,政策性规范位阶低且不一致。有关宅基地有偿使用的政策规定反复更迭,政策性规范位阶低且不一致,欠缺法律规范的权威性、稳定性和效力性。试点地区颁布的规范性文件效力位阶低,且对有偿使用的适用范围、程序等基础事项规范不一,如

各地区确定的收费标准与收取方式存在明显差异。宁夏平罗县一次性收取超占宅基地的有偿使用费,按年计算闲置宅基地的占用费;江西省鹰潭市余江区按年计算集体成员超占宅基地与非集体成员占用宅基地的使用费,列出多种缴纳方式并给予一定的优惠。[①] 其二,组织性和规范性较弱。一方面,推进宅基地有偿使用改革,需要农民集体主导,然而,理事会成员、农民集体成员和合作社成员等,既不是正式行政职务,又缺少相应劳动报酬,其工作动力终将难以为继。如在个别试点地区的改革中,以村民委员会考核激励方式调动各委员的积极性,但却以精神鼓励方式激励理事会成员。面对宅基地有偿使用改革如此任务重、责任大却回报少的工作,理事会成员难免会失去持续工作的动力。此外,从长期效益观之,实行有偿使用可以改善乡村公共设施和增加农民集体收益,但这体现的是集体层面效益,当个人短期效益小于集体长期效益时,农民获得感缺失,难以改变农民个体对暂时效益的损失评价,农民改革的积极性必然降低。另一方面,农民集体组织对于处理"一户多宅"、拆除违法建筑和收取宅基地有偿使用费等事项,欠缺强制性的执法效力。鉴于此,农民自治路径需要行政管理角色的加入,若缺乏相应的行政辅助手段,在宅基地费用收取、有偿退出等环节将依然存在问题。当然,犹如一枚硬币的两面,政府的行政管理效能亦不能过度强化,若超过必要限度,极易适得其反。实践中,个别试点地区采用收缴率考核、领导干部包村等方式直接收取有偿使用费,已经逾越了行政权力边界,且在制定出台有偿使用的政策文件时,并未保障农民的话语权和参与机会。

三、构建宅基地有偿使用制度的路径

有偿使用是落实宅基地所有权的必然要求和发展趋势,[②]各试点地区的改革为推行宅基地有偿使用制度提供了现实基础。

---

① 参见余永和:《农村宅基地有偿使用的实践、问题与对策——基于宁夏平罗、江西余江与浙江义乌试点改革的调查》,载《学术探索》2022 年第 1 期。

② 参见杨璐璐、王立徽:《宅基地"资格权"与"有偿使用"政策协同研究:理论基础、内在逻辑与实现机制》,载《湖南社会科学》2023 年第 6 期。

（一）宅基地有偿使用的适用范围

明确界分宅基地有偿使用与有偿分配的关系。2020年宅基地试点改革的有偿使用并不涉及有偿分配，其将适用范围主要限定在超占多占的状况，相较2015年以来的试点改革差别不多，且突破性不强。改革实践中个别地区实质上已经突破该范围，由使用环节的"超占多占"向分配环节扩大，如云南省大理市对初始分配收取土地成本价、浙江省义乌市实行宅基地有偿选位和有偿使用等。宅基地分配是宅基地运行闭环的"第一道门"，其与宅基地的使用、流转、退出等息息相关。欲推进宅基地有偿使用制度改革，应既包括使用环节，也包括分配环节，唯有如此才能将改革推向纵深。

有偿使用制度的具体设计按照取得方式的不同采取差异策略。其一，对于原生性取得宅基地使用权的情形，符合规定标准的宅基地实行无偿使用原则，但考虑到各地区资源禀赋的差异性，在分配与调整时的位置选择方面，可由农民集体自行通过民主决议的方式确定有偿选位及具体规则。其二，对于自治性取得宅基地使用权的情形，实行有偿使用制度。一方面，可以督促已经取得使用权的权利主体及时行使权利，避免宅基地的闲置与浪费；另一方面，所获取的有偿费用可以在农民集体与初始宅基地使用权主体之间合理分配，最终实现对农村宅基地资源的充分利用。其三，以上两类主体，只要在使用环节存在"超占多占"、非本集体成员通过继承农房或其他合法方式占用宅基地、改变宅基地用途等情形，实行有偿使用。

（二）"无偿分配"与"有偿使用"并存格局下的宅基地使用权

在"两权分离"时期，宅基地使用权的流转具有封闭性，仅限于农民集体内部流转、继承等个别情形。在宅基地"三权分置"改革之后，宅基地使用权的运行范围被扩展，从而导致宅基地用益物权的类型发生变化。"三权分置"为宅基地有偿使用提供了权利结构基础，以落实集体土地所有权为前提，在确认和保障农民集体成员权的基础上，延续宅基地使用权的用益物权属性。由农民集体主导宅基地及农房流转有利于保护农民利益并防止外部资本侵占。

科学界定宅基地无偿分配和有偿使用的正当性边界,以是否支付对价为标准,可将宅基地使用权类型化为无偿分配性宅基地使用权和有偿性宅基地使用权。无偿分配性宅基地使用权是指原生性取得的宅基地使用权,亦即宅基地资格权人有权向农民集体申请分配宅基地,而经过资格权人申请——农民集体决定——政府部门备案等程序后,资格权人初始无偿所获得的宅基地使用权。有偿性宅基地使用权一般是指自治性取得的宅基地使用权,其以有偿使用为原则。

(三) 宅基地有偿使用的收费标准

推进宅基地有偿使用,需要解决有偿使用的费用由何主体收取、向何对象收取、收取多少等关键性问题。其一,实行超面积或超占有偿,针对本集体成员具体超占宅基地的面积划分档次,实行阶梯式计费。其二,实行区段有偿,为了更好地显现宅基地的区位价值,根据宅基地的区位情况实行差别化收费。其三,实行身份条件有偿,向主体资格不符合条件的使用主体收取费用。换言之,对非农民集体成员实行有偿使用原则。其四,建立宅基地基准地价体系以作价格参考,由农民集体结合资源禀赋、经济成本和代际公平等因素选择适用。由地方政府制定宅基地基准地价标准,供各权利主体参考适用。其五,在具体收费方式上,设定一次性收取和按年调整收取两种收费方式。如由于房地一体的特殊性,一次性收取"一户一宅"超标准部分使用费,按年度调整标准向"一户多宅"使用者收取使用费;按年分次向改变宅基地居住用途的使用者收取使用费等。[①]

(四) 宅基地有偿使用的程序设计

具体收费标准、收费方式及用途适宜通过农民集体成员大会民主决议的方式确定。基于农民自治治理路径的内在要求,可由村民委员会作为实施主体来具体落实农民集体的民主决策。对于有偿使用费标准、实缴情况、使用情况等事项均采取集体成员会议一事一议,必须经过集体成员大会应到人员

[①] 参见胡建、刘立娟:《农村宅基地有偿使用:何以可能与何以可为》,载《农业经济》2024年第9期。

三分之二以上表决通过。完善宅基地有偿使用费监督制度，应将有偿使用费收取明细、使用费用途去向等问题向农民公示，提高执行的透明度。农民集体也应完善财务管理制度，使用费的收取和使用由上级财政部门进行监督并接受其审计。①

总之，无偿分配和使用宅基地的制度效能正逐步下降，宅基地有偿化是面向无偿使用而展开的市场化改革。建立宅基地有偿使用制度过程中，应适度弱化公权力的过多干预，探索一条以农民自治治理为主、行政管理为辅的实现路径。农民集体结合生活条件和地域条件等因素一事一议，以集体表决机制确定有偿使用收费标准和收益用途。同时，发挥政府的监督与协助作用，深入推进宅基地有偿使用改革。

---

① 参见胡建、刘立娟：《农村宅基地有偿使用：何以可能与何以可为》，载《农业经济》2024年第9期。

第三章　宅基地使用权的运行

　　宅基地使用权权利运行机制的立意初衷,乃以权利运行为主线,探究各类宅基地利用行为的主体类型、权利内涵、规则构成与法律效力等问题,设计出可自由处分、顺畅流动、适度干预与风险可控的制度方案,进而在农民集体、农民及社会主体间形成清晰的权利配置格局。宅基地制度与土地承包经营制度在制度功能、权利来源、现实基础和实践需求等诸方面存在根本区别,并不能简单复制承包地"三权分置"的权利运行机制。

　　宅基地权利运行的客体为"三权分置"中的使用权。"三权分置"将资格权从使用权中分离,资格权(若依据集体成员身份原始取得,具有专属性,不可流转与转让)具有保障功能属性,使用权(可流转或转让)体现了宅基地的价值属性。在对宅基地使用权进行流转时农民仍保留资格权,仍有权通过其他方式从本集体组织中有偿取得宅基地使用权。

　　宅基地使用权的运行应以农民居住权益的基本保障为前提,并强化运行的私法规则设计。我国宅基地制度改革的基本趋向,是在财产功能导向中维护居住保障。宅基地财产权的实现程度直接关涉宅基地制度改革的成败。宅基地财产化的实现进路,关键在于还权赋能和还权于民。农村的土地法权关系,受私法与公法双重因素影响,两种要素共生共处在农村土地权利的内部。现有的宅基地制度公法色彩浓厚而私权属性较弱,绝大多数规范性文件均属于对宅基地的管理与规范,对其财产化利用问题尚缺乏私法上的专门性规则设计。

　　法律上应允许宅基地使用权通过转让、租赁、抵押、入股、继承和退出等多样态的权利运行方式增进农民收益。根据倾斜性保护理论,在规范农民集体、农民和第三方关系时,具体的权利义务配置应对农民有提前和适度的保护性安排,具体从各流转形式的主体、客体、权利义务、权利变动和法律效果等多层面进行立体性设计。其一,转让与置换。在宅基地使用权期限内,权利主体可以将其权利予以转让,但转让期限不得超过宅基地使用权期限,超过部分无效且应以转让合同生效后所剩余的宅基地使用权期限计算。经双方当事人协商同意,宅基地使用权可以置换,置换后应在法定期限内向登记机关申请权利变更。其二,抵押。实现宅基地使用权的抵押权时,应创设集体成员和农民集体的优先回赎权,该优先回赎权具有法定性,并不需要事先约定。抵押权实现时,对该宅基地使用权予以拍卖或变卖,若同等条件下农民集体成员放弃优先购买权,则应赋予农村集体优先回赎的权利,以保障和促进集体经济的进一步发展。该制度安排之目的,主要在于尊重宅基地历史上形成当下仍固有的福利性质与身份属性,保护农民对宅基地上房屋的投资权益。其三,入股。宅基地的租赁期限最长不得超过20年,超过部分无效,超过租赁期限的推定其租赁期限为20年。宅基地使用权在其使用期限以内可以将其权利出资入股。其四,继承。农民集体成员可以继承本农民集体的宅基地使用权。具有城镇户口的非农民集体成员可以继承宅基地之上的房屋所有权,在房地关系的限制下,具有城镇户口的非农民集体成员可以使用占用范围内的宅基地,但其对农民集体负有给付土地使用费的义务。其五,退出。非基于公共利益,宅基地使用权的退出坚持自愿原则和有偿原则,应按照其市场价值评估之后给予权利主体合理的经济补偿。

第一节 宅基地使用权的转让、赠与和租赁

一、有关宅基地使用权转让的学术论争

鉴于农村宅基地鲜明身份特征和福利性质,法律法规历来严格限定在集体内部流转,以确保其保障初衷并有效维护集体内部的稳定秩序。自农村宅基地禁止向城镇居民出售开始前,学术界对于宅基地是否应自由转让的论争

就一直存在。大致形成三种观点:禁止转让说、允许转让说和限制转让说。

主张禁止转让的理由在于:第一,宅基地与其他稀缺资源不同,可以解决我国近三分之二农村人口的居住问题。宅基地配给机制明确宅基地使用权的非交易属性,这一属性反过来又强化机制的有效性。若将宅基地作为资产进行攫取,其结果不仅扰乱农村土地规划,且对农民科以极大风险。[1] 第二,我国土地资源紧张且农民人口比重较大这一客观现实决定必须禁止宅基地的转让,以维护土地资源的合理配置,确保资源高效利用的同时保障农民的土地权益不受侵犯。城镇化无法在短期内使农民成为我国的少数人口。第三,放开宅基地使用权外部转让使得稀缺的土地资源集中至少数经济强势人群手中,而禁止宅基地交易的主要目的在于涤除买方不利影响。

允许转让说的观点,主要从市场供求的角度进行论证。首先,现实中农民存在转让多余房屋解决融资的需求,土地资源的合理识别利用是解决人地矛盾的根本出路。有研究表明,我国进入21世纪后的10年内,城市房产占总财产的比例由57%大幅上升至74%,相比之下农村房产仅作居住功能,无法作为财产或者资产带来收益,其必然扩大城乡财产占有及其收入总量的差距。其次,仅仅依赖限制或抑制农地交易不足以保障农民居住权益;相反,应当通过合理有效的制度设计实现农民居住利益最大化。从目前现实情况考量,宅基地使用权跨集体转让是使宅基地使用权进入市场流通领域并实现增值的有效渠道。[2] 土地利用具有强外部性,宅基地流转过程中任何阶段片面强调某一政策目标产生的负外部性都将可能提高全体社会运行成本。[3] 政府对农村宅基地进行统一规划的目的应当限于保证公共利益的实现,对土地市场产生的负外部性加以限制,不能从根本上取代土地资源配置中的作用。[4]

---

[1] 参见贺雪峰:《三项土地制度改革试点中的土地利用问题》,载《中南大学学报(社会科学版)》2018年第3期。
[2] 参见刘守英:《城乡中国的土地问题》,载《北京大学学报(哲学社会科学版)》2018年第3期。
[3] 参见向超:《"三权分置"下宅基地制度的目标变迁与规制革新》,载《政法论丛》2023年第5期。
[4] 参见李江涛、熊柴、蔡继明:《开启城乡土地产权同权化和资源配置市场化改革新里程》,载《管理世界》2020年第6期。

压制宅基地这一对农户而言最为重要的不动产经济活力以保障农户基本居住权益有本末倒置之嫌。同时，土地要素相对价格的上涨导致农村宅基地存在巨大的增值空间，在宅基地使用权流转具有巨大经济利益的驱使下，以经济利用为核心的改革实践呼唤着制度的突破与统一。①

限制转让说认为农地改革方针始终根植现实需求，力求充分尊重农户的财产处分自由。各地不同程度地存在宅基地及其上住房的隐性交易行为，国家政策应当以积极引导、合理疏导代替过去的单纯禁止，以回应实践诉求。基于现有的法律体系分析，法无禁止即自由，法律层面与制度规定未将跨村集体宅基地转让行为置于禁止之列，因此转让行为不应受到禁止。宅基地制度改革的关键点不在于"放不放"，而是"如何放"和"放多大"，其细致和复杂性决定无法依赖统一的模板应对不同区域、不同乡村以及不同人群特征的差异。② 农民对土地的依赖降低已逐渐成为事实，宅基地使用权跨集体转让使得上述农民拥有额外经济来源，宏观层面上对深化农村地区土地市场化配置改革、建立公平合理的集体经营性建设用地入市价值评估和收益分配制度有重大影响。③ 在宅基地制度"三权分置"背景下，一旦身份属性被限定于分配环节，市场要素就可有效融入宅基地使用权的实际利用价值之中。

上述争议的核心在于宅基地居住属性与财产功能之间的博弈。支持宅基地使用权自由转让的观点基于后者，认为转让系体现财产价值的重要形式；反对的观点围绕国土资源禀赋及管理现状，论断不具备全面开放的充分条件。我国疆域广袤、地区间情况各异，故两种观点均存在特定范围的生长土壤，然而将其上升至整体国家制度层面，则可能因过于片面导致以偏概全的问题出现。土地承载的劳动力要素持续下降、宅基地财产价值不断凸显，在农村土地制度改革呈渐进趋势的背景下，为深入拓展宅基地的财产性私益权能，宅基地使用权跨集体转让的呼声日益高涨。

---

① 参见陈小君：《宅基地使用权的制度困局与破解之维》，载《法学研究》2019年第3期。
② 参见宋志红：《乡村振兴背景下的宅基地权利制度重构》，载《法学研究》2019年第3期。
③ 参见夏沁：《完善进城落户农民土地权益保障的法治机制》，载《法学家》2023年第4期。

二、宅基地使用权转让的地区实践

宅基地制度经历了从农民个人私有到农民集体所有,从所有权与使用权的"两权合一"到"两权分离"再到"三权分置"的演进历程。与此同步,就宅基地使用权的运行,亦历经自由流转到限制流转、再到尝试解禁的过程。

首先,宅基地及地上房屋所有权与使用权合一,宅基地及地上房屋自由流转阶段(1949～1961年)。这一时期主要是保障农民的居住权;以农民个人为单位,平均分配、无偿取得;国家对宅基地和房屋的所有权予以确认,颁发土地房产所有权证书;宅基地及其地上房屋等附属建筑属农民私人所有,宅基地所有权和使用权"两权合一",可以自由流转。其次,宅基地使用权与地上房屋所有权分离,限制宅基地及地上房屋流转阶段(1962～1998年)。宅基地归生产队所有,农民只享有宅基地使用权,但对房屋享有所有权,有买卖或者租赁房屋的权利,宅基地使用权随房屋所有权的流转而流转。最后,宅基地归集体所有、禁止城镇居民在农村购置宅基地地上房屋阶段(1998年至今)。[①] 1998年8月《土地管理法》的修订,标志着宅基地使用权流转被严格限制,国家开始逐步收紧农村住房的交易对象。删除了原来城镇非农业户口居民申请宅基地的规定,并对宅基地提出了实行"一户一宅"的要求。农民出卖、出租住房后,不得再申请宅基地,宅基地申请权对于农民而言是一次性的,其基本功能是保障农民的居住权。《土地管理法》于2019年8月进行了第三次修改,农民出卖、出租、赠与住宅后,便丧失了再次申请宅基地的权利。但是法律并未明确禁止城镇居民购买、租赁和获赠农民住宅。

宅基地使用权转让,即宅基地使用权人通过一系列法律行为,如出售或赠与,将其权利让渡于第三人的行为。"流转"与"转让"外观相近,现行法律体系及有关部门规章中尚未对其进行明确、统一的释明,试点文件中"宅基地流转管理办法""宅基地使用权转让试点意见"等名称亦多见混用。一个普遍

---

① 参见刘卫柏、李中:《宅基地制度改革的政策演变、模式比较与路径选择》,载《中国行政管理》2019年第9期。

观点是流转指各主体间、以各形式进行的权利移转。[①]具体而言,其包括暂时性转移,如通过出租等方式将使用权在一定期限内让与他人使用;也包括宅基地使用权的永久性转移,如通过转让将使用权完全让渡给另一方;此外还包括被动性转移,如因继承等法定事由导致的权利更迭。农村土地流转的规范性概念体系要实现的总体目标是维护农村集体经济制度并促进土地要素的市场化。[②] 考虑到宅基地使用权长久以来负载的保障功能,宅基地使用权的转让突破本农民集体范围的力度不大并受到诸多限制,从各试点地区改革办法可见一斑(见表3-1)。

表3-1 宅基地使用权转让的地方实践

跨集体转让试点地区	跨集体转让地域、人员限制	跨集体转让禁止性规定
浙江义乌、浙江绍兴、浙江龙港、浙江江山、安徽滁州、湖北大冶、湖南浏阳、新疆伊宁等	本市行政范围内、集体经济组织成员之间允许限制宅基地使用权转让;受让人应符合宅基地申请条件	严格禁止囤积宅基地,禁止利用宅基地建造别墅大院和私人会馆
浙江德清、浙江象山、河北定州、安徽金寨、湖南凤凰、广东德庆、甘肃康县、青海湟源、新疆奇台	转让主体限定本县域内;本村和其他农村集体经济组织成员之间	不改变所有权性质,不改变"一户一宅"、收益共享基础,禁止未经批准或采取欺骗手段骗取批准非法占用土地建造住宅
江西永丰	在落实宅基地集体所有权、宅基地农户资格权基础上,探索宅基地使用权对外部开放	严禁农村宅基地向城镇居民转让,严禁用于房地产建设,严禁违法违规买卖宅基地
海南省	有条件的市县可探索在本市县范围内流转,受让人为集体经济组织内符合宅基地申请条件的	严禁占用永久基本农田和公益林地
福建漳州	本镇集体经济组织内部,政策性搬迁、撤并类村庄跨村转让	禁止未批先建、面积超占,防止宅基地数量多占

---

① 参见杜换涛:《宅基地使用权外部转让的构想》,载《东岳论丛》2019年第10期。
② 参见于霄:《农村土地流转:政策性概念到规范性概念》,载《法制与社会发展》2023年第5期。

义乌、绍兴、龙港、江山、滁州、大冶、浏阳、伊宁、德清、象山、定州、金寨、康县、凤凰、德庆、湟源、奇台、永丰等地开展宅基地使用权跨集体转让试点成效初显,各地试点办法涵盖了宅基地入市的范围、途径以及主体,为实际操作提供确定性指引,入市程序、权利义务关系、收益分配管理以及土地收回等方面的问题都得到充分考虑;同时,对于历史遗留的面积超额、转让行为带来的土地增值收益金的收取和分配等问题也作出或详或略的规定。

从改革实践观之,各地试点地区的做法莫衷一是,尚未形成统一的制度方案。如浙江义乌、安徽滁州、湖南浏阳、新疆伊宁等地规定转让行为限于本市范围内,且严格禁止囤积宅基地;浙江德清、河北定州、安徽金寨、甘肃康县、青海湟源、新疆奇台等地转让主体限于县域内的集体成员;安徽南谯则规定转让仅适用于本镇范围的集体成员,抑或政策性搬迁和撤并村庄的情形。在宅基地使用权跨集体转让的禁止性规定上,则体现出对"一户一宅"、"户有所居"和"严守耕地红线"等基本原则的坚守。宅基地使用权能否跨集体转让,凸显出宅基地居住属性与财产功能之间的博弈。

三、宅基地使用权转让的司法考察

以"宅基地使用权"和"转让"为关键词,时间段为2019年至2024年,通过威科先行法律数据库,可检索得出22,641份生效裁判文书。进一步限制案由为"合同纠纷"及"确认合同效力纠纷",可获取2950份生效裁判文书。

为保证案例样本的代表性,选取全国各地、不同审级法院判决书共计264份作为分析样本。其中一审判决共计153份,二审判决共计87份,再审裁定共计24份,剔除与宅基地继承、无权处分、分家析产等行为交织或者其他与本研究关联性不强的案例,最终整理出174份生效裁判文书为研究对象(见图3-1)。

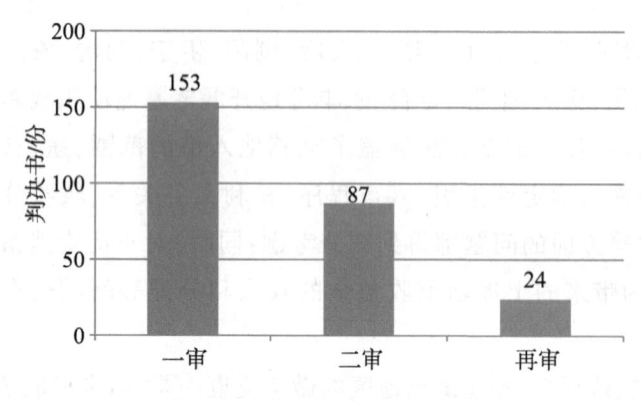

```
          200 ┤
              │   153
          150 ┤  ┌──┐
   判         │  │  │
   决    100 ┤  │  │
   书         │  │  │    87
   /         │  │  │  ┌──┐
   份     50 ┤  │  │  │  │         24
              │  │  │  │  │       ┌──┐
            0 ┴──┴──┴──┴──┴───────┴──┴──
                  一审     二审       再审
```

图 3-1　案例样本的审级分析

从司法效力分析,法院判决行为有效的文书有 28 份,占比 16.1%;法院判决确认行为无效的文书有 146 份,占比 83.9%。

(一)宅基地使用权的直接转让

若从裁判结果观之,宅基地使用权跨集体转让行为被确认无效是司法实务中的普遍做法。

尽管判决结果一致,但其裁判理由和逻辑不尽相同,其中认定与特定身份相关联且转让行为违反强制性法律法规的有 40 份,占比 27%;认为跨越所在集体经济组织而损害集体利益的有 12 份,占比 8%;包含"房地一体"原则、"房随地走"原则、"地随房走"原则等的有 23 份,占比 16%;认为宅基地使用权仅可内部转让的有 19 份,占比 13%;而坚持宅基地使用权不得流转的有 11 份,占比 8%;将农村集体经济组织的同意作为转让条件或法定要件的有 10 份,占比 7%;基于维护社会关系稳定、保持现状、诚实信用原则、立法精神等考量因素的有 16 份,占比 11%;此外,还存在违背"一宅一户"原则、为经济利益恶意起诉等导致合同无效的情形(见图 3-2)。

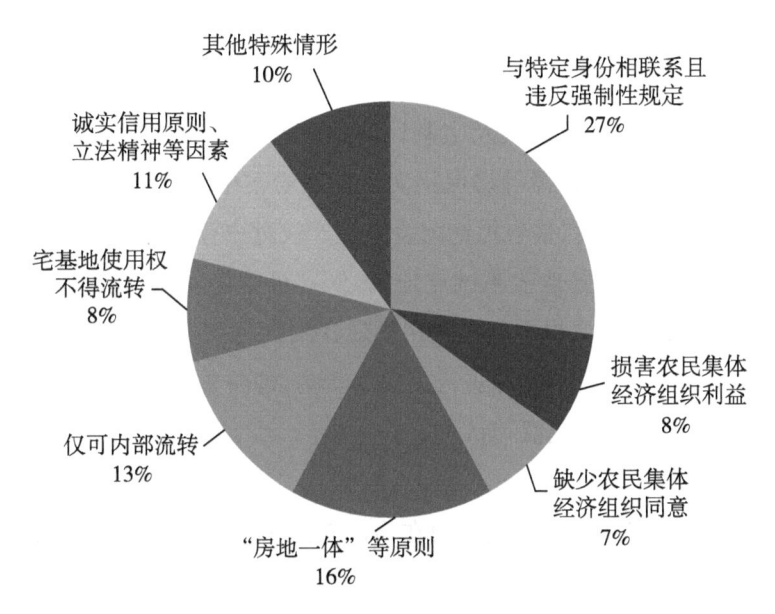

图 3-2 行为无效的裁判理由分析

以宅基地使用权跨集体转让行为的有效、无效两种截然不同的结果为主线,对造成两种结果的成因和裁判理由,具体分析如下。

1. 行为有效论

宅基地使用权跨集体转让被法院认可的情形包括以下两种:其一,法无禁止即自由。如丁某安、李某琴等房屋买卖合同纠纷案,案涉屋契于1984年签订,约定农房转让的面积、居住情况等事宜。原告以屋契的签订有违我国法律规定为由主张契约无效,依据是自中华人民共和国成立以来,所有的立法都禁止集体土地宅基地的个人买卖转让行为,1982年《宪法》中亦明确规定任何组织或者个人不得侵占、买卖、出租或者以其他形式非法转让土地,并列举同年《国务院关于发布〈村镇建房用地管理条例〉的通知》(已废止)的禁止转让规定。该案经过一审、二审,均未支持原告诉请,理由在于原告所举两处法律条文,系对土地转让行为的禁止,用意在于强调土地的公有性质,而纵观屋契全文,其内容并未有涉及对土地的买卖,仅是对案涉房屋进行立卖,随之产生的法律后果是宅基地使用权的移转,但法律并未禁止宅基地使用权的正当流转。同时，禁止宅基地使用权跨集体转让的《土地管理法》于1987年1月1日起施行，故在1984年法律尚未明确禁止宅基地使用权不得跨集体流转的情形下，不宜认定案涉屋契及宅基地使用权跨集体转让行为无效。其二，法律许可。赵某阳、楼某樟等房屋买卖合同纠纷案中，原告与被告签订房屋买卖协议并支付款项后，被告拒绝配合办理产权过户登记手续。鉴于义乌市为国务院选取进行宅基地改革试点地区之一，可暂停实施《民法典》相关内容，法院根据《义乌市农村宅基地使用权转让细则（试行）》第7条，认可在义乌市内将农村宅基地上的房屋进行买卖的行为，即跨集体转让宅基地使用权行为在所处试点地区得到法律认可。

2. 行为无效论

宅基地使用权跨集体转让行为在司法实践中被认定无效为相对普遍的情况，主要有以下情形。

其一，以宅基地使用权的身份属性否认宅基地使用权跨集体转让的效力。例如，湛某忠、李某春等确认合同无效纠纷案中，广州市黄埔区人民法院一审认为涉案房屋所在土地属于农村宅基地，农村宅基地使用权具有严格的身份属性，原告与二被告均不属于案涉宅基地所在集体经济组织成员，故均不得享有案涉宅基地使用权。朱某玉、万某寿确认合同无效纠纷案中，四川省眉山市中级人民法院二审维持原判，认为案涉房屋的转让发生在其所在宅基地的集体经济组织成员和非集体经济组织成员之间，因此无论是转让行为还是转让协议均违反了现行法律强制性规定而无效。

其二，宅基地使用权跨集体转让损害宅基地所在集体或集体成员利益。例如，祝某华与王某兰等确认合同无效纠纷案中，北京市延庆区人民法院认为在非本村集体经济组织成员间对本村集体所有的宅基地进行分割损害了村集体的利益。曹某伍、孟某辉等确认合同无效纠纷案中，法院认为跨集体转让损害本集体成员的利益。刘某明与杨某华确认合同效力纠纷案中，云南省禄丰市人民法院认为如果允许本集体农户获得宅基地使用权，将在实质上构成农村集体经济组织在该宅基地上行使所有权的障碍，导致集体所有权的落空,有关法律对宅基地使用权转让的限制系基于保护农民利益、保持农村稳定之目的,因此宅基地使用权跨集体转让系对社会公共利益的损害。

其三,宅基地使用权跨集体转让未取得该宅基地所在集体同意这一形式要件。例如,丁某、杨某确认合同效力纠纷案中,法院审理查明后认为案涉《院落及房屋转让协议书》无效,因案涉房屋所占宅基地属于集体所有,宅基地使用权是本村集体成员享有的权利,原告丁某并非案涉房屋所在宅基地的集体经济组织成员,且转让协议未征得该集体经济组织同意,因此案涉协议应属无效。在赵某梅与李某秀确认合同有效纠纷案中,六盘水市钟山区人民法院认为个人依法取得宅基地使用权以及宅基地使用权的转让应经集体组织批准同意,办理合法的转让手续才有效。

其四,宅基地使用权跨集体转让有悖"房地一体"的立法精神。例如,邢某茂、邢某华等与单某花等确认合同无效纠纷案中,黑龙江省虎林市人民法院认为根据现行法律确立的"房地一体""一户一地"(宅基地)原则,被告张某不是案涉宅基地所在集体经济组织成员,即使与原告之一邢某胜签订买卖合同,但因其未取得集体组织成员身份而无法取得宅基地使用权,导致在案涉宅基地上可能出现房地分离的情况,这一结果与立法精神相违背,因此认定案涉协议因违反法律禁止性规定而无效。

综上,从案例的分析来看,司法实务中就宅基地使用权跨集体转让的论证思路可分为行为无效论、行为有效论两种,前者更为普遍。然而在两种论证思路存在一些共性问题:其一,《土地管理法》第 2 条、第 82 条等规定的引致是否充分具备论证跨集体转让行为因身份属性而归于无效的证明力;其二,宅基地所在农民集体或集体经济组织的统一是否为宅基地使用权跨集体转让的必备要件;其三,其跨集体转让对宅基地的福利属性、"一户一宅"等基本原则是否必然造成损害。集体转让行为纠纷呈现迸发增长态势,而上述问题的解决缺乏统一标准,无法形成稳定的社会预期,使得当事各方的利益协调更为复杂。

(二) 宅基地使用权的间接转让

在宅基地使用权之上建造合法建筑后,因该地上房屋的转让,随之会产生宅基地使用权间接转让的问题。司法实践中,农村村民出卖住房视为包括将宅基地一并出卖,即建筑物、构筑物及其附属设施转让、互换、出资或者赠与的,该建筑物、构筑物及其附属设施占用范围内的建设用地使用权一并处分。以上海市的司法实践为例,上海市将宅基地房屋买卖合同主体双方由"本村"扩大至"本乡镇",而除上海市外的大部分地区仍局限于"本村"。上海市宅基地房屋买卖合同效力的判定,具体可以区分为以下几种情形。

1. 本乡(镇)范围内集体成员之间的房屋买卖合同有效。

合同有效,则双方均应遵守,如发生纠纷,法院也应以合同约定作为裁决依据,但如果合同中违约责任约定过高的,可以申请调整。如遇到拆迁,则全部拆迁利益均由买方享有。但是,在司法实践中,根据《土地管理法》及《国土资源部印发〈关于加强农村宅基地管理的意见〉的通知》(已废止)等规定,国家对农村宅基地的分配实行申请报批制度,以落实"一户一宅"的政策,宅基地在同村村民之间流转,也必须首先征得集体经济组织同意。[①]

2. 买受人为本乡(镇)以外人员但取得有关组织和部门批准可认定为有效。

本乡镇以外人员包括城镇居民或其他乡镇的农村居民;有关组织和部门一般指房屋所在地集体经济组织(村民委员会)和乡镇政府,批准行为须有书面确认文件或办理房屋所有权和宅基地使用权产权变动手续。

3. 买受人为本乡(镇)以外人员且未经有关组织和部门批准,合同尚未实际履行或者购房人尚未实际居住使用房屋,可认定无效。

合同作无效处理后,买卖双方应互相返还,因合同履行而发生的损失由双方根据过错分担,无效合同中约定的违约金及赔偿条款也相应无效,不会

[①] 参见最高人民法院行政裁定书,(2019)最高法行申7188号。

作为裁判依据。在司法实践中,若当事人并非本村村民,其与该村村民签订的以房屋抵还借款的协议违反了法律法规的规定,将应当被认定为无效。当事人基于以房屋抵还借款的协议而与征收部门签订的房屋征收补偿协议因缺乏合法的前提基础,故亦应归于无效。①

4. 买受人为本乡(镇)以外人员且未经有关组织和部门批准,但合同已实际履行完毕,且购房人已实际居住使用房屋,对合同效力暂不表态。

司法上承认买受人对农房仍享有占有和使用的权利,若房屋被拆迁,在扣除买受人的购房款后,考虑到买受人尚需重新购房,上海市规定剩余拆迁补偿款由买受人和出卖人按照 7∶3 的比例分割。但是,其他地区亦存在不予赔偿的处理方式,如城镇居民与村集体经济组织成员合作建造案涉房屋,并未取得案涉房屋所有权,该城镇居民无权获得相应赔偿。② 也有的地区认为对集体经济组织成员而言,宅基地使用权是农村集体经济组织成员的一项基本权利,应当保障农村村民实现"户有所居";在未经批准的情况下建设房屋,所建房屋被认定为违法建筑并已被强制拆除,但该成员仍享有宅基地使用权利,不能以宅基地上的房屋系违法建筑为由不予补偿安置。③

"对合同效力暂不表态"是一种折中处理方案,对于卖方在房屋出售后多年均相安无事,仅因发生动迁而诉至法院,要求确认合同无效并返还房屋(房屋动迁利益)的,如法院根据合同无效的一般处理规则进行处理,将在实际上助长违约方不守诚信的行为,也会导致买卖双方利益严重失衡。

宅基地不能买卖,"永久租赁"是否可行? 在司法实践中,双方签订《宅基地租赁协议书》,约定对宅基地使用权永久出租。从约定的权利与义务内容以及交易所指标的物分析,其民事法律关系本质上是双方关于宅基地使用权的买卖合同,并非租赁合同关系。故对于"永久租赁"的情形,应按照上述宅基地使用权转让的不同类型予以处置。

---

① 参见最高人民法院行政裁定书,(2019)最高法行申 368 号。
② 参见最高人民法院行政判决书,(2020)最高法行赔申 872 号。
③ 参见最高人民法院行政裁定书,(2020)最高法行申 13515 号。

四、宅基地使用权跨集体转让的实现路径

宅基地不仅是一种自然资源,更应被视为具有财产价值的重要资产。宅基地使用权转让跨越村集体藩篱,在各地改革实践中已成燎原之势。[①] 在坚持农村土地集体所有性质不变、耕地红线不突破和农民利益不受损的前提下,建构实现宅基地使用权跨集体转让的法律机制,设计出还权赋能、运行顺畅、风险能控和权益可得的法律方案,将进一步促进农民农村共同富裕和助力新型农村集体经济发展。

(一) 重构宅基地制度目标:激发财产功能和弱化身份属性

新历史时期,理应重构宅基地的制度目标,在保障"户有所居"前提下,激发宅基地财产功能,彰显其私益财产属性,显化其财产价值并实现优化利用。一方面,不加"过滤"地认定凡非本集体成员取得宅基地使用权的均因主体身份限制归于无效的司法操作,已然不符合宅基地制度改革的历史趋势。另一方面,农村土地法律制度中的宅基地使用权与其他建设用地使用权存在显著差异,前者自设立之初即具有针对农民群体的保障主义色彩;后者倾向于满足城市化和促进产业发展的社会需求,旨在实现土地经济利益最大化而天然具有市场经济理性。农民作为土地的直接使用者和管理者,在法律框架内应享有更多自主决策和管理权,公法色彩浓厚的宅基地立法与农民财产意识的觉醒现状已经不再适配。基于此,理应突破宅基地使用权转让行为中的身份性限制,以彻底激活宅基地财产价值。

(二) 转让应限于县(区)范围和受让人为县域内的农民集体成员

宅基地使用权的转让出现市、县、镇、村多个边界范围,始终未超过市级行政区划范围。但在行政区划范围的选择上,市域地区在全国数量较少,不宜以市域作为转让地域边界所在。以县城为中心、乡镇为纽带、农村为腹地

---

① 参见丁关良:《"三权分置"政策下宅基地流转方式运行机理的剖析和思考》,载《农业经济与管理》2020年第4期。

的县域发展为宅基地使用权跨集体转让提供肥沃的土壤。县城在全国数量众多,乃我国城市体系的重要组成部分。现行城镇化发展以农村向城市的单向流动为主,大部分农民不具备足够经济实力进入大城市落户,但县城作为城乡发展的中心点可提供最佳落户点。可见,形成县域范围内宅基地使用权的跨集体转让,具有可复制的代表性意义。

当前城乡二元住房保障体系尚未实现有效融合,城镇住房市场金融化特征较为显著,为避免投资性购房、投机行为等,短期内不适宜放开城镇居民购买宅基地使用权。故基于宅基地使用权对农民的居住保障属性,受让人应限定为本县域范围内的所有农民集体成员。

(三)宅基地使用权转让程序:运行机制与决策主体

在改革试点实践中普遍存在一个共性问题未予释明,即是否有必要将宅基地所有权人之同意或授权作为宅基地使用权跨集体转让的必备要件。倘若应当纳入,投之于实践中应当由何种组织或个人传达与执行其同意表示。

宅基地使用权系对集体土地所有权设定的权利负担。为尊重集体经济组织成员的意愿,落实集体土地所有权,宅基地使用权跨集体转让需满足"依法经本农民集体或集体经济组织同意"要件。司法实践中亦多发因未取得"农村集体"或"农村集体经济组织"同意之要件而认定转让行为无效的案例。

转让行为相较于出租、抵押等一般流转方式而言,系最彻底的处分行为,其理应尊重农民集体的民主管理。农民集体包括村农民集体、村内农民集体、乡镇农民集体三类,其分别由集体经济组织或村民委员会、村内各集体经济组织或者村民小组、乡镇集体经济组织代表行使宅基地所有权,许多试点地区对集体经济组织或村委会并非真正宅基地权利人未予以释明。其一,集体经济组织本应作为法律规定的适格行权代理人。部分地区以集体经济组织作为宅基地所有权人并规定在相应的试点办法中,或并未设立权利行使机构而仅规定农民集体的所有权人法律地位。其二,村民委员会尽管在法律规定中具备作为"农民集体"代表人的身份,但其核心职责为关注本村公共事务,其组成成员亦普遍缺乏经营管理集体资产所需的专业能力。其三,村民委员会成员的候选范围即村民范围,与实际享有土地权益的农民集体成员可能存在并不完全重合的情况,此种不一致为村民委员会代表农民集体行使权利的正当性和操作的可行性带来风险。

各地经济发展水平也是宅基地使用权转让程序设置的重要考量因素,如经济发展较快的东部地区(浙江义乌、广东南海等地),很多村庄内部成立了相应的集体经济组织;中部地区(江西余江等)村委会等基层组织发挥作用则更大。故而,有条件的地区如经济发展较快的东部省份应当先行建立起明确的集体经济组织履行职责,其他地区则应当规定其他组织或者机构代表农民集体行使所有权的地位。村民委员会或股份制合作社可以在经济发展相对平稳的中部等地区发挥更大作用,由村民选举或村集体建立的股份制合作社代为行权具有正当性基础,同时赋予集体成员在宅基地使用权跨集体转让等重大事项的表决权,表决通过才能报请政府部门审批。在上述机构或组织代为行使权利的过程中,赋予广大集体成员充分的监督权,对其违反法律规定和程序规定的行为进行报告和纠偏。此外,《民法典》明确集体经济组织法人地位的同时,也明确了其市场主体地位;《农村集体经济组织法》则进一步规范农村集体经济组织及其运行管理,明确职权、表决程序和决议内容等。上述两部重要的基础性法律,为宅基地使用权转让的程序运行提供了法律依据与制度保障。

(四)宅基地之上农村房屋买卖合同的效力判定规则

1.1999年之前城镇居民购买农村房屋,履行合法审批手续的可以认定合同为有效。

1999年之前法律虽未明确禁止农村的房屋向城镇居民流转,但城镇居民购买农村房屋,其宅基地使用权需通过村、乡(镇)人民政府及县级人民政府三级审批,履行合法审批手续的方可以认定为有效。如左某等与周某等农村房屋买卖合同纠纷案中,虽然1999年之前的法律不禁止城镇居民在农村买卖房屋,张某与周某系于1996年签订的买卖合同,但诉争宅基地缺少宅基地审批手续,未取得诉争宅基地的使用权,故人民法院认定房屋买卖协议无效。[①]

2.农村房屋售予非集体经济组织成员,原则上合同无效,但在特定情形下

---

① 参见北京市延庆区人民法院民事判决书,(2019)京0119民初64号。

合同有效。

若农村房屋售予非集体经济组织成员,因违反了法律、行政法规的强制性规定,合同原则上无效,但是在特定情形下合同有效。(1)诉讼时买受人已经成为宅基地所在集体经济组织成员;(2)买受人的配偶为宅基地所在集体经济组织成员;(3)多次买卖后最终买受人为宅基地所在集体经济组织成员;(4)1999年《土地管理法》修订之前回乡落户的干部、职工、退伍军人、华侨以及港澳台同胞购买农村房屋;(5)1999年之前,买受人符合《土地管理法》及《土地管理法实施条例》规定的条件并办理了相关审批手续。如罗某某与高某某等农村房屋买卖合同纠纷案中,车某与陈某某将诉争房屋售予王某某,当时王某某并非王庄村集体经济组织成员,该买卖合同应属无效。其后王某某将户口迁入王庄村,但其户籍仍为非农业性质,且综合本案的全部证据,难以充分证实王某某取得王庄村村民资格,故王某某户籍的变化难以改变其与车某及陈某某之间房屋买卖合同无效的结果。该买卖合同无效后,进而影响到王某某、高某某与罗某某之间房屋买卖合同的效力,而该三人均非王庄村集体经济组织成员,其就诉争房屋所签订的买卖合同亦属无效。[1]

3. 综合考虑合同订立时的历史背景、政策变化等因素认定合同效力。

农民集体土地上的房屋出售给非本集体经济组织成员订立的合同原则上无效,但特定情形下应当结合历史背景、现占有关系、政策的变化等因素综合确定其合同效力。如田某与谢某等确认房屋买卖合同效力纠纷案中,购买房屋的行为发生在十几年前,谢某与其家人长期居住至今,并对房屋进行了修缮、装修,谢某一家已形成对房屋长期、稳定的占有,故综合考虑历史背景、现实遗留及相关政策变化等因素,田某关于确认房屋交易协议书无效的请求,人民法院不予支持。[2]

4. 试点地区宅基地上房屋买卖合同效力认定应以有效为原则,以无效为

---

[1] 参见北京市第一中级人民法院民事判决书,(2019)京01民终10699号;北京市延庆区人民法院民事判决书,(2019)京0119民初1392号。

[2] 参见湖南省张家界市中级人民法院民事判决书,(2021)湘08民终639号;湖南省张家界市永定区人民法院民事判决书,(2021)湘0802民初19号。

例外。

　　长期以来,之所以禁止农村宅基地上房屋向城镇居民或集体经济组织外的人员转让,主要是基于宅基地归集体所有的考虑,因为根据"房地一体"原则,担心宅基地会随着地上房屋的出卖而流转出集体经济组织,脱离集体经济组织的控制。[①] 但是,这种限制流转的规定实际上损害了集体经济组织成员对地上房屋所有权权能的行使。即使将宅基地上房屋出卖给城镇居民或集体之外的成员,宅基地所有权依然属于农民集体,该宅基地不会因房屋的出卖而脱离集体控制或被划拨出集体。因此,为维护市场交易秩序和诚信原则,保障集体成员对宅基地上房屋所有权权能的充分行使,对宅基地上房屋买卖合同效力的认定应当以有效为原则,以无效为例外。如买方不具备集体成员资格,应对买卖房屋的期限作出约定并向农民集体缴纳宅基地使用费,即无论购房人是城镇居民、农民集体之外的成员还是同一集体成员,都应当认可房屋买卖合同的效力。但是对于合同有效的处理则应区分不同的情形,购房人为城镇居民和集体之外成员的,除支付购房款外,还应当向农民集体缴纳宅基地使用费;购房人为同一集体成员且不违反"一户一宅"原则的,无须缴纳土地使用费;购房人为同一集体成员但违反"一户一宅"原则的,超出其应分配宅基地面积部分,缴纳土地使用费。如此一来,既有利于宅基地地上房屋有效流转,也可以增加农民集体的宅基地使用权收益。总之,实行宅基地使用权与地上房屋所有权的分离,既保障农民充分行使房屋所有权的各项权能,同时也使宅基地使用权实现更大范围内的流转。

　　既往的司法实践中,常以损害社会公共利益为由认定房屋买卖合同无效。表面上看是维护了社会公共利益或者符合国家土地政策的规定,然而合同一旦被认定无效,就意味着支持了不诚信一方的诉讼请求,违反了民法诚实信用的基本原则,这就造成了依规裁判与诚信的二律背反。当实在法同正义的矛盾达到了"不能容忍的程度",以至于法律已经成为"非正当法"时,实

[①] 参见徐凤真:《社会变迁视阈下的农宅交易:司法困境、政策检视与解决路径》,载《山东社会科学》2019 年第 2 期。

在法就失去了它的法律有效性。① 司法裁判中亦是如此,依法裁判的目的是维护法律的安定性,而诚信原则是民法的"帝王条款",是法的安定性所欲达到之目的。违背诚信的法或司法便会丧失其价值上的正当性,从而沦为无效。② 背信行为是民法所排斥的不法行为,如果裁判合同无效,就等于承认其可以因其背信的不法行为获利,违背了基本的司法规律和法理。从社会效果分析,一旦支持了不诚信一方的诉讼请求,必将引起示范效应和连锁反应,原本放弃诉讼打算的出卖方为了经济利益纷纷效仿,不仅导致某一地区诉讼井喷式爆发,而且对于诚信社会的构建具有极强的负面效应。具体到宅基地上房屋买卖合同的个案时,认定合同有效并不必然导致对社会公共利益的违反,如果认定合同有效,只能说是没有维护出卖方(不诚信一方)利益(拆迁等);如果认定合同无效,名义上维护了社会公共利益,实则维护了出卖方的利益,而出卖方的利益相较于整个诚信社会的构建和民法诚信原则的维护,显然微不足道。在此情形下,维护诚信原则应当优先于认定合同无效所维护的法的安定性和所谓的社会公共利益。维护社会公共利益应当是在不违反诚信原则的情形下,诚信原则本质上亦是社会公共利益的一种抽象表达。③ 诚信背后蕴含着巨大的社会信用和社会秩序利益,是整个社会民商事秩序的基石,一旦轻易打破将彻底摧毁民法的价值体系,使"帝王条款"形同虚设,进而严重侵蚀社会公共利益。

(五)构建多元化的农民住房保障机制

面对因宅基地及地上房屋转让可能带来的"失地"和"失房"社会风险,可通过实现多元化的农民住房保障而获得一定程度的消解。推动建立多元化的农民住房保障机制是确保宅基地供给可持续和农村宜居宜业的前提,④坚

---

① 参见罗国强:《正义的法哲学之维》,载《学术界》2023年第1期。
② 参见于飞:《基本原则与概括条款的区分:我国诚实信用与公序良俗的解释论构造》,载《中国法学》2021年第4期。
③ 参见王利明:《论公序良俗原则与诚实信用原则的界分》,载《江汉论坛》2019年第3期。
④ 参见曲颂、仲鹭勍、郭君平:《宅基地制度改革的关键问题:实践解析与理论探释》,载《中国农村经济》2022年第12期。

持人本主义理念,保障农民的居住权与生存权益。如实行集中统建、多户联建和城乡共建,建设农民公寓和住宅小区,建立农房使用制度和跨村有偿的宅基地调配等。实现多样化的农民住房保障,意味着"房"不限于"宅基地",而应当以"居"的实际需求作为重点。为提高土地利用效率和改善农村居住条件,宅基地使用权地面载体除农房外,实践中已经出现农民公寓、农民住房小区等新形式,此建造模式下应当保留土地宅基地性质,土地权属方面应将其界定为各农民住户的权利共有。新居住形式的出现,将有效解决宅基地利用分散和低效状态,增加耕地供给兼顾复垦闲置宅基地,实现宅基地集约化利用。

五、宅基地使用权的赠与和租赁

(一) 赠与

赠与是赠与人将自己财产无偿给予受赠人,受赠人表示接受的处分行为。赠与及转让都属于让渡财产权利,但二者有所不同,转让是等价交易的行为,而赠与的本质是无偿的利益给予。[①]

1. 单独宅基地使用权的赠与

对于宅基地使用权单独赠与问题,现行法律制度原则上禁止空白宅基地的赠与行为。因为宅基地归农民集体所有,宅基地使用权的主体是特定的农村居民,具有人身依附性质。同时,宅基地使用权是我国法律为保障农民的居住权而专门设立的一项用益物权,其具备有限性和福利性的特征,宅基地使用权原则上不得单独转让,特定情况下可与合法建造的住房一并转让。

司法实践中,对单独赠与行为的效力认定,应结合受赠人是否具有农民集体成员资格来判定。

其一,户内成员之间的赠与。农户依法取得宅基地使用权后,在尚未建

---

① 参见蒋军洲:《〈民法典〉赠与界定之新解:赠与观变迁的视角》,载《广西社会科学》2021年第1期。

房的情况下,由于家庭原因,在户内成员之间赠与宅基地,如父母放弃宅基地建房而赠与儿子建房。这种宅基地赠与,根据"一户一宅"原则,对外并不侵害农村集体利益和本集体其他成员利益,也不属于违法使用宅基地的情形,故不应干涉,只是赠与人赠送宅基地后不得再申请宅基地。当然,如果户内成员在未经其他成员同意的情况下,擅自将宅基地使用权单独赠与他人则无效,因其行为侵害家庭成员的共同使用权。如李某某诉黄一、黄二、黄三赠与房屋地基合同纠纷案中,黄一将宅基地赠与黄三及李某某,户主黄一在申请宅基地时,户内成员为黄一、彭某某和黄二,而黄一为了解决晚年居住问题,未经家庭其他成员同意,就将家庭共同使用的宅基地赠与黄三及李某某,属于无权处分行为,同时侵害了彭某某、黄二的共同使用权,故涉案的赠与协议当属无效。[①] 农村宅基地使用权虽由户主代表其户提出申请,登记机关以户主名义予以登记发证,但宅基地应由该户的全体成员共同使用,且这种共同使用权在户内是不可分割的。宅基地使用权的享有者是家庭户,即申请宅基地使用权时申请人家庭的所有成员,并非申请人个人,作出赠与宅基地使用权的意思表示需要享有宅基地使用权的家庭户成员一致认可。

其二,村内直系亲属之间的赠与。如父母一户已经依法取得宅基地使用权,而在同一集体经济组织的已经分家析产的成家儿子一户尚未取得宅基地,父母将宅基地赠与儿子建房的,应当许可在办理变更登记手续后由受赠人儿子一户使用,但受赠人儿子已经达到"一户一宅"标准的,不得再受赠空白宅基地建设住宅。

其三,农村集体成员内部的赠与。赠与与买卖不同,赠与属无偿转移财产行为,具有善意的社会价值。农民基于某种正当理由和原因(如养老),将空白宅基地无偿赠与本农民集体其他成员建房,并不违反法律的禁止性规定,故应予以允许,只是赠与人赠与宅基地后不得再申请宅基地。

其四,赠与非本农村集体成员或城镇居民。农民将空白宅基地赠与非本集体成员或者城镇居民,如无特殊情况(如以抚养为目的的赠与),因受赠人

[①] 参见四川省乐山市中级人民法院民事判决书,(2015)乐民终字第755号。

不具有使用赠与人所在农村集体的宅基地资格,故赠与行为无效。

2. 宅基地使用权及地上农房的赠与

《土地管理法》第 62 条第 5 款规定:"农村村民出卖、出租、赠与住宅后,再申请宅基地的,不予批准。"2019 年修正该法时增加了"赠与",换言之,现行法律并不禁止农房赠与,但农房赠与后与农房买卖、出租一样,不再审批宅基地。

农房是农民拥有所有权的私有财产,其有权自由处分农房给他人。赠与农房的行为自然有效,但因房屋所有权的更迭,随之带来地下宅基地使用权的处理问题。农房赠与与农房买卖一样受到宅基地使用范围的限制,受赠人对受赠农房所涉的宅基地没有使用资格的,可以接受农房赠与,且对受赠农房所占用的宅基地可继续使用,但难以取得真正意义上的宅基地使用权,受赠农房届时拆除、毁损的,应由农村集体予以收回。如李某、胡某与邓某某赠与合同纠纷案中,在向非本集体成员或者城镇居民赠与宅基地农房时,所涉的宅基地使用权不发生物权转移效力,即不能将赠与农房所占用的宅基地使用权直接转移登记到非本农民集体成员的受赠人名下。[1] 但有一种例外情形,即农村孤寡老人为了有人赡养送终,将农房赠与非本农民集体成员,经农村集体组织同意并报乡镇政府批准的,应允许办理农房所有权及宅基地使用权的转移手续。

3. 宅基地使用权赠与规则的重构

在宅基地制度以居住保障为主要目标的社会背景下,除去"地随房走"和近亲间赠与等特定情形,宅基地使用权的赠与行为原则上被认定为无效。然而,在财产功能导向中维护居住权益的新时期,强调激发宅基地财产功能,力促实现宅基地使用权的财产化利用。鉴于此,对于原生性宅基地使用权(初始分配主体)的赠与,基于对其居住保障功能的考量更多,其赠与规则应按照前述的司法规则处理;但对于自治性宅基地使用权的赠与,原则上应认定赠

---

[1] 参见福建省厦门市思明区人民法院民事判决书,(2016)闽 0203 民初 14914 号;福建省厦门市中级人民法院民事判决书,(2017)闽 02 民终 3217 号。

与行为有效。以上两主体,被他人继受取得宅基地使用权后所为赠与行为,只要在县域范围内,且受赠人具有集体成员身份,原则上也应认定赠与行为有效,类同宅基地使用权转让的规则。

(二)租赁

宅基地使用权的"租赁"不发生移转宅基地使用权的法律效果,而只是在宅基地使用权上设立权利负担,受流转方虽然不取得宅基地使用权,但取得宅基地使用权的利用权——宅基地租赁权。租赁是一种盘活闲置宅基地和空置住宅的重要方式,①该租赁方式属于约定租赁,有别于法律推定的"法定租赁权",且其主要适用《民法典》中租赁合同的相关法律规范。

相关调研报告显示,44.62%的农民同意流转自己闲置宅基地或住宅的第一意愿是租赁方式。② 从目前地区实践观之,西安市高陵区规定了承租人的权利,例如新建权、改建权、转让权、自主经营权和收益权;滁州市南谯区出租闲置的宅基地和住宅,用于投资建设旅游项目;浙江省安吉县、北京市昌平区和黑龙江兰西县等多地规定,出租期限不超过20年。各试点地区之间的规范较为片面且相差甚远,对于租赁程序、租赁目的、承租人权利等诸方面亦未形成统一认识。

农民集体原来无偿分配的宅基地,在"三权分置"的情形之下,使得农民具有了参与分配宅基地流转收益的正当性。宅基地租赁权是适度放活宅基地和农民房屋使用权的重要方式,秉承"房地一致"原则,在《民法典》已就租赁期限作出不超过20年的强制性规定的情形之下,农民住房财产权的租赁期限亦不得超过20年,以避免变相买卖宅基地。

以租赁方式利用宅基地,因为并不导致"三权分置"下"使用权"的变动,而是在该使用权上设定权利负担,承租人所获得的是宅基地使用权的利用权。基于此,宅基地使用权租赁的规则应该比转让的规则更为宽松,

---

① 参见岳永兵:《闲置宅基地形成机理、规模测算与整治前景——基于宅基地闲置类型的讨论》,载《西北农林科技大学学报(社会科学版)》2024年第3期。
② 参见惠建利:《乡村振兴背景下农村闲置宅基地和闲置住宅盘活利用的实践考察及立法回应》,载《北京联合大学学报(人文社会科学版)》2022年第2期。

在租赁范围上立法不应存在地域限制，亦不应存在对承租人身份性的要求。换言之，农民集体成员、非农民集体成员、法人、非法人组织皆可成为承租人。

但是，对于租赁方式应有所警惕，实践中存在以租赁方式变相买卖的情形。长期以来，作为在集体土地上建造并保有住宅及其附属设施的他物权，宅基地使用权以自住、自用目的维系着宅基地的生活保障功能。宅基地使用权的出租，导致宅基地的利用权已经不属于原农民，要防止出现以租赁方式损害原农民或农民集体利益的现象。故而，对于宅基地租赁的用途或使用性质应在立法上予以限定，既要符合法律上规划和用途管制的要求，又要对承租人对于宅基地的使用或经营作出必要的限制。如承租人不得单独租赁宅基地使用权用于建造住宅，租赁农房的目的应限定于有利农民或农民集体的承租人居住需求或特定经营事项，以及租赁期限届满最长 20 年后不得再行续租等。

第二节　宅基地使用权的抵押

一、宅基地使用权抵押的试点

全国共有 59 个区县开展农民住房财产权、宅基地使用权抵押贷款试点，而广东省、上海市、天津市、重庆市、成都市、浙江省和福建省等各试点地区先后出台关于农村宅基地及地上房屋抵押贷款的相关规定。2021 年 1 月 1 日施行的《民法典》关于"宅基地使用权"的规定仅 4 个条文，并通过引致性条款将其"取得、行使和转让"委之于"土地管理的法律和国家有关规定"。但是，《土地管理法》和《城乡规划法》等法律仍缺乏具体的规范。此外，法律对于城市和农村的土地权利抵押作出了不同的制度安排（见表 3-2）。

表 3-2　城市与农村土地权利抵押情况比较

土地使用权		权利类型	抵押状态	法律依据
城市	国有建设用地使用权	划拨土地使用权	能	《民法典》第 395 条、第 397 条
		出让土地使用权	能	《民法典》第 395 条、第 397 条
	国有土地承包的土地经营权	土地经营权	能	2018 年修正的《农村土地承包法》第 47 条
农村	集体建设用地使用权	经营性集体建设用地使用权	能	2019 年修正的《土地管理法》第 63 条
		公益性建设用地使用权	否	2019 年修正的《土地管理法》第 61 条
	宅基地使用权	使用权	受限制的抵押	《民法典》第 363 条、第 399 条
	土地承包经营权	家庭承包的土地经营权	能	2018 年修正的《农村土地承包法》第 47 条
		四荒地的土地经营权	能	2018 年修正的《农村土地承包法》第 49 条、第 50 条和第 53 条

如两个案件同为农民提供农房抵押担保,但法院判决前者抵押无效,而后者抵押有效,主要原因将是案件发生地是否为"试点地区"。

李某某等与某担保公司与某合作社反担保合同纠纷案中,因松桃苗族自治县不属于全国农民住房财产权抵押贷款试点县,在其辖区内以农民住房抵押贷款因涉及"地随房走"问题,仍受法律规定宅基地不得抵押的限制,无法办理不动产抵押登记,担保公司接受农房反担保,但法律禁止宅基地抵押,故法院认定李某某等人用其农村自建房提供抵押反担保的部分无效。[1]

---

[1] 参见贵州省铜仁市中级人民法院民事判决书,(2018)黔 06 民终 1333 号。

吴某某与会昌农商行商业借款合同纠纷案中,吴某某以果业投资需要资金周转为由向会昌农商行借款18万元,双方签订了《农民住房产权抵押借款合同》。借款到期后,吴某某未向会昌农商行偿还借款本息,故被银行诉至法院。会昌县是全国农民住房财产权抵押试点县,暂时调整实施集体所有的耕地使用权、宅基地使用权不得抵押的规定,允许以农民住房财产权抵押贷款。当出现不良贷款时,允许金融机构以抵押物拍卖、变卖的方式实现债权。[①] 宅基地改革试点地区的农民为贷款提供农房抵押符合政策规定,法院判决有效。

国内各地区出台的地方性法规与地方政府规章针对宅基地使用权能否抵押,以及如何抵押的问题,作出了不同的回应。[②] 具体可以细分为三类:其一,明确禁止宅基地使用权抵押。其二,自然形态的宅基地(地上无建筑物)使用权禁止抵押;若地上存在建筑物,则根据"地随房走"原则,允许宅基地使用权随同地上建筑物一起抵押。其三,允许宅基地使用权自由设定抵押权。

1. 抵押人

抵押人必须为本地域范围内的农民,且已经取得宅基地或地上房屋的相关权属证明。[③] 除此之外,基于保障生存权的考量,大部分地区还要求抵押人尚有空余的房屋居住或对作为抵押物的农村房屋抵押处置后,其仍有经济能力解决其自身的居住问题。

2. 抵押用途

对于宅基地使用权抵押的用途,一般由借款人、抵押人与金融机构在抵押合同中予以约定,大多数地区并未明确予以限制。但是,有的地区则要求阐明抵押用途,并将该用途限定为某些倾向性的事由,如陕西省咸阳市要求抵押所获贷款,必须用于从事农业生产经营活动以及在乡镇购买自有住房;

---

① 参见江西省会昌县人民法院民事判决书,(2017)赣0733民初1648号。
② 参见吴昭军:《"三权分置"下宅基地抵押的实践进展与可行路径——以浙江德清、江西永丰为调研样本》,载《安徽师范大学学报(社会科学版)》2024年第3期。
③ 参见邓纲:《我国农村产权抵押融资制度改革的问题与前景——基于成都市相关新政的分析》,载《农业经济问题》2010年第11期。

浙江省湖州市则要求抵押贷款,用于支持家庭工业和发展经济实体等。①

3.抵押程序

宅基地使用权和地上建筑物的价值,可由抵押人与抵押权人自行协商确定,也可以由金融机构自行评估,对于价值较大的一般委托专业的第三方评估机构予以评估。宅基地及其上的住宅的抵押率,由金融机构考量其在抵押期内的折旧、现有市场的价格变化及处理费用等因素综合确定。如陕西省咸阳市为40%,浙江省诸暨市为50%,浙江省台州市为60%。

4.债权实现

对于处置抵押物,债权人在一般情况下可采取折价、变卖等方式处理宅基地使用权。为降低抵押物处置所带来的农民失地风险,有的地方政府采用抵押风险基金制度,相关损失分别由金融机构和当地政府承担,承担比例按照先前地方政府制定的比例,如福建省沙县要求各承担50%的比例。此外,抵押权实现时,有的地区对于受让宅基地使用权的主体作出明确要求,即必须是本地区县域范围内的农民集体成员。

鉴于法律限制、地域环境、宗族关系和市场调控机制欠缺等综合因素,宅基地使用权的抵押呈现出以下问题:(1)宅基地使用权设定抵押的规定不明确。各试点地区对农村宅基地使用权设定抵押的条件、范围、方式、期限和抵押权实现后土地产权关系的调整等诸方面,均缺乏明确的操作规范。② 例如,取得宅基地使用权的身份基础如何判定,无明确依据。抵押权实现后,宅基地可以在农民集体经济组织成员之间流转,但对集体经济组织的范围认识不同,在村、村民小组,还是扩大到乡镇,甚至扩大到县域范围? 又如,宅基地抵押中的权利和义务、抵押人的主体资格、限制抵押的情形、抵押的条件等皆无明确规范。此外,合同签订形式不规范,合同的内容过于简单,缺乏违约责任及主要权利义务的内容,缺乏对农民法律风险告知的内容等,宅基地及地上

---

① 参见张健华、宋玮:《我国农村土地类相关抵押贷款的主要特点和改革建议》,载《新金融评论》2013年第1期。

② 参见刘振轩:《宅基地使用权抵押的逻辑证成与困境纾解》,载《河南财经政法大学学报》2023年第6期。

房屋的融资抵押，大多陷于无序运行的状态。（2）"房地一体"的现实困境阻碍宅基地使用权抵押的实现。我国农村住房与宅基地采取"一宅两制、两权分离"的制度，即采取宅基地所有权和使用权相分离、宅基地制度与地上房屋财产权相分离的做法。① 分离并不限制宅基地使用权流转，但是必须与房屋一起转让，但现实问题是法律禁止城镇居民购买宅基地；农村房屋是农民的私有财产，可以自由处分，但城镇居民购买农村房屋后，却无法办理土地使用权证。在各地区的试点实践中，担保权实现时如何处理房地关系是一个现实难题，尚不存在统一的做法和认识。宅基地使用权能否单独设定抵押权？对于存在房地关系的前提下，若设定抵押后，二者关系处理上是应秉持"房随地走"原则，还是"地随房走"原则？抑或地上房屋与宅基地使用权之间构成地上权，还是法定租赁权？试点实践中针对上述问题各地处理混乱，欠缺统一而规范的处理。根据浙江、安徽两省统计数据，近年来未受理宅基地使用权担保纠纷案件，其主要原因有：一是此类案件本身基数小，抵押、置换等形式在现实中本就处于试点状态，因此纠纷数量也较少。二是法律禁区多，对于非试点地区的当事人对法律明确禁止宅基地抵押的法律后果有预判，有纠纷也不会诉至法院。三是法院不受理。实践中，涉及农房和宅基地抵押的纠纷案件，法院多不受理。如安徽省宣城市的地方法院对于农民向当地农村商业银行申请贷款并以农房和宅基地抵押的，银行为现实抵押权而起诉的案件，法院一般不予受理，已经受理的，驳回起诉。② （3）宅基地使用权流转的合法渠道单一，限制抵押权的实现。无论是法律层面，抑或政策层面，宅基地使用权合法流转的条件均较为苛刻。③ 如宅基地使用权转让须经本农民集体同意；城镇居民不能购买宅基地上建的房屋；国家土地资源管理部门不能为城镇居民在农村购买的房屋颁发产权证等。农民缺乏对宅基地使用权独立的

---

① 参见张佑、周俊强：《宅基地使用权抵押的现实困境与破解之维——基于578份裁判文书的分析》，载《河南社会科学》2023年第3期。
② 参见张坚主编：《农村土地承包经营权、宅基地使用权流转的实证分析与法律构造》，法律出版社2016年版，第86页。
③ 参见刘松梅：《农村宅基地使用权流转的价值旨归、现实约束与政策探讨》，载《农业经济》2024年第6期。

处分权能,不能随意买卖、设定抵押,甚至赠与或继承也无法可依。(4)农村宅基地存在一定程度的闲置与浪费。因宅基地"一户一宅"的使用制度,以及流动受限所造成的产权功能弱化,加之很多农民举家外出打工,农村宅基地的低效闲置问题较为突出。首先,人均宅基地面积不平衡,农村宅基地中出现"一户多宅"或超标占地的情况。其次,空心村现象在某些地区严重。如安徽宣城市,当地购买市区房屋的主体近80%为非城镇户口,而很多乡村宅基地闲置严重,富裕的农民纷纷进城购房。而对于农民空置的宅基地,农民集体无权收回,宅基地资源被闲置和浪费。①

二、实践中宅基地使用权抵押的模式

实践中各地抵押制度模式的不同点在于对房地关系的处理,各地因房地关系处理规则迥异而形成不同的抵押模式。

其一,重庆模式——"地随房走"抵押。宅基地使用权不能单独流转,如宅基地使用权因地上房屋的抵押行为而随之设定抵押,该模式中借款人以自有的农村房屋和地下宅基地使用权设定抵押,向融资机构(包括银行、新型农村金融机构、小额贷款公司及担保公司)申请贷款融资。

其二,成都模式——"房随地走"抵押。成都在汶川大地震的灾后重建实践中,首创宅基地使用权与拟建的地上房屋一体担保融资制度,因地震而住房毁损的农民,可以宅基地使用权和拟建的房屋产权向农村商业银行担保贷款,以获取建房资金。

其三,广东郁南模式——直接抵押。将宅基地使用权作为担保物,直接担保给农村信用社等金融机构。

其四,浙江湖州模式——间接抵押。对于宅基地使用权可否流转未明确表态,仅规定了农房流转相关规则,但在实操中宅基地随着农房一并流转,类推适用建设用地使用权领域的"房地一体"原则,变通实现宅基地流转融资的"合法性"。

---

① 参见方明:《农村宅基地使用权流转机制研究》,载《现代经济探讨》2014年第8期。

其五，浙江嘉兴模式——变更土地属性。为了规避法律法规之禁锢，允许将宅基地使用权变更为国有建设用地使用权，在土地性质变更后将宅基地及其上农房一并担保给金融机构。

为突破宅基地使用权抵押的禁锢与限制，国家政策推行宅基地"三权分置"（所有权、资格权和使用权）改革，欲激活宅基地的财产属性和增加农民财产收入，以推动形成宅基地使用权抵押方式的多元化。在既往的法律语境中，宅基地及其上房屋是不允许作为抵押财产的，原因之一是宅基地使用权具有身份属性与财产属性，允许抵押会加剧农村居民失地和失居风险。但在"三权分置"改革中，宅基地的身份属性被剥离成为宅基地资格权，宅基地使用权中的财产权利得以作为抵押财产，农村和农民借此可以获得创业和投资的资金，而社会主体则可以盘活宅基地资产，促进宅基地资源的流转，实现宅基地的金融功能。不同试点地区对于宅基地使用权抵押融资的改革侧重点各有特色。

首先，在宅基地抵押条件上，福建省晋江市、广东省南海区、湖北省宜城市等地区设定的宅基地抵押先决条件为宅基地及地上附着的建筑必须先确权。青海省湟源县在确权后颁发确权证明，而重庆市大足区的条件是在宅基地及其附着物确权的前提下，还必须有其他的合法房产，这种方式充分地考虑了居民的居住权，避免农村居民失去居住场所。其次，在抵押范围设定方面，重庆市大足区将抵押范围扩大至本市符合条件的自然人、法人（非营利法人除外）以及其他组织等社会主体。广东省南海区则将抵押范围从村民小组扩大到村委会一级。最后，在流转方式方面，各地区都采用抵押、出租、出让、入股等方式推动宅基地使用权流转，当然，这些流转方式或多或少地会设定期限，如湖北省宜城市规定转让期限为70年，青海省湟源县规定最高年限不得高于30年。

三、宅基地使用权抵押的制度障碍

（一）农村房屋与宅基地的产权登记未到位

农村房屋和宅基地流转的前提是颁发不动产产权证和产权明晰，然囿于农村房屋的特殊性,一直未进行规范的产权登记。虽然原国土资源部早在2008年即出台通知,要求加快农村宅基地使用权的登记发证工作,但由于涉及的农户数量庞大,至今部分农民仍因为缺乏不动产产权证而无法进行担保登记。

在农村宅基地登记颁证过程中,对于"超过标准面积"和"一户多宅"等土地如何处理缺乏统一规定。① 归结后主要分为三类:一是按原批准面积予以登记;二是对超占部分的宅基地不予确定使用权,仅作为临时用地;三是在权属证书上不反映超占面积,但在土地登记卡上注明。

(二)宅基地使用权的公示方法及公示效力不明确

《民法典》并未明确规定农村房屋及宅基地使用权流转的公示方法及公示的效力问题,甚至连原则性规定都缺失,致使农村房屋及宅基地使用权流转试点过程中遭遇公示方面的法律瓶颈。

(三)宅基地使用权抵押后变现处置难

由于宅基地仅能在农民集体经济组织内部流转,导致拍卖缺少相应的市场,且价值难以确定,腾退宅基地也成为难题。以抵押为例,安徽省宣城市宣州区等试点地区虽然将抵押权实现时买受人范围扩大到一定地域内的农民,但对于超出农民集体经济组织范围外的买受人,国家的相关部门不能为其办理宅基地使用权的变更登记手续,导致试点不到位。②

(四)宅基地与地上房屋的"房地"关系处理混乱

在各地区的试点实践中,如何处理"房地"关系是一个现实难题,尚不存在统一的做法和认识。以抵押为例,宅基地使用权能否单独设定抵押权?对于存在房地关系的前提下,若设定抵押后,是秉持"房随地走"抑或"地随房走"?房屋与宅基地之间构成地上权,还是法定租赁权?抵押实践中尚欠缺统一而规范的处理。

---

① 参见韩文龙、朱杰:《宅基地使用权抵押贷款:实践模式与治理机制》,载《社会科学研究》2020年第6期。

② 参见吴桐:《宅基地使用权抵押的制度困境与权利实现》,载《西部法学评论》2023年第4期。

四、宅基地使用权有限抵押的制度构造

随着《民法典》的生效,以及2018年修正的《农村土地承包法》与2019年修正的《土地管理法》的出台,农村土地"三权分置"为农村土地权利抵押破除了法律上的枷锁,但是抵押权的设定、变动、运行与实现仍未有明确的立法规定。宅基地使用权抵押在试点之前法律规定并不明确是否允许抵押,试点之后出现"宅基地使用权直接抵押"、"地随房走抵押"、"房随地走抵押"和"房地分离抵押"等多种抵押形式,但是"房地一体"的现实困境和合法流转渠道单一等因素限制了抵押权的实现。

（一）宅基地使用权抵押的主体与客体

1. 宅基地抵押的主体:农民集体成员或非农民集体成员

宅基地作为解决农民居住难题的重要方式,其在主体上具有强烈的身份属性。随着农村经济社会的发展和城乡一体化的推进,宅基地上原有的身份性和福利性特征将渐趋淡化,宅基地的权利主体范畴亦必将突破本农民集体成员的身份限制。[1] 在各试点地区,有的将宅基地的权利主体扩大至县域范围内的农民身份,有的则认为经过农民集体的民主议定程序认可的非农民集体成员也可以享有宅基地使用权;有的则认为城镇户口的自然人基于地上房屋的继承法律关系,也可以变相地对房屋下的宅基地享有受限制的土地权利。综上,宅基地使用权的主体已经不再限于农民身份,农民集体成员或非农民集体成员,皆可成为宅基地使用权抵押的主体。

2. 宅基地抵押的客体:使用权

宅基地抵押权的客体为"三权分置"中的使用权。"资格权"体现土地的居住功能,"使用权"体现土地的价值功能。清晰界定宅基地产权主体关系,

---

[1] 参见董新辉:《乡村振兴背景下宅基地"三权分置"改革法律问题研究》,法律出版社2021年版,第104页。

将宅基地抵押制度运行的外部效应内部化,可提升制度效率。[1]

"三权分置"将资格权从使用权中分离,资格权(若依据集体成员身份原始取得,具有专属性,不可抵押转让)具有保障功能属性,使用权(可抵押转让)体现了宅基地的价值属性。在对宅基地使用权进行抵押时农户仍保留宅基地资格权,当实现抵押权对抵押物进行拍卖变卖后,农户的宅基地资格权并不当然丧失,其仍有权通过其他方式从本集体经济组织中有偿取得宅基地使用权。

宅基地"使用权"设定抵押应无须经过农村集体经济组织同意,国内试点地区往往要求设定抵押须经集体经济组织书面同意宅基地使用权随农民住房一并抵押和处置,但是该限定条件使得宅基地使用权权能不能充分发挥,与城市的房地抵押相较,其土地使用权处置和收益受限,违反民法的平等原则。同时,该限定条件将挫伤农户设定宅基地使用权抵押的自主性,与宅基地抵押的立法本意相悖。

(二)宅基地使用权抵押的方式

1. 对宅基地"使用权"设定抵押

宅基地"所有权"归农民集体所有,"资格权"归取得宅基地的农民集体成员享有,但是集体成员与非农民集体成员皆可获得"使用权"。权利主体在获取宅基地"使用权"之后,可以对其进行独立的处分。所抵押的房屋和土地必须具备不动产权证书,不具有权利瑕疵。

2. 对居住权益的基本保障

以农村住房及宅基地抵押,抵押人须具有一处(含)以上的住所或提供具备其他住所的书面证明,以此保障抵押人的基本居住权益。

3. 宅基地的区分抵押原则与有限抵押制度

对于存量宅基地的"使用权",实行宅基地"使用权"的有限抵押制度。对于存量宅基地"使用权",在赋予其一定处分权能基础上持谨慎的改革态度,

---

[1] 参见钟三宇:《论农民住房财产权抵押制度构造——以宅基地资格权与使用权分离为视角》,载《社会科学》2019年第10期。

对其流转范围予以必要的管控,待条件具备时再完全放开,即对存量宅基地采取"无偿取得、有偿使用、有限抵押"的方式,仅针对其余而不用、有偿取得或者随地上建筑物抵押的方可设定抵押权。理由在于"使用权"虽然已经与"所有权"和"资格权"相分离,具备一定的权利独立性,但在经济上"房地一体"投资开发或使用,二者已经具有相互依存的性质,唯有"房地一体"设定抵押才能真正激发房地的财产价值。

对于增量宅基地(宗地、宅基地指标)的"使用权",可以自由设定抵押。因为增量宅基地并不关涉复杂的房地关系处理,故应使之具有完备的抵押权能。

(三)宅基地使用权抵押的设定与实现

1. 宅基地抵押权的设定

根据民法上的物权理论,不动产物权的变动必须经过债权行为和登记公示。[1] 故而,设定宅基地抵押权必须先签订宅基地使用权抵押合同,抵押人与抵押权人在该债权行为中可以自由约定相关内容,该债权行为也仅产生债权效力,宅基地抵押权不会因抵押合同(债权行为)的生效而设定,唯有按照抵押合同的约定,抵押人与抵押权人到政府规定的抵押登记部门作了登记公示,宅基地抵押权才得以设定。换言之,我国宅基地抵押权的设定,采取登记生效主义,非经登记,不会产生抵押权。

2. 宅基地抵押权的实现

抵押权实现时,应该赋予农民集体成员或农民集体在同等条件下对宅基地及地上房屋的优先回赎权,且农村集体成员在同等情形下优先于农民集体。在一定的历史阶段内,宅基地及地上房屋应优先保障本农民集体成员的生存权与居住权,在农民集体成员无人受让时,农民集体方可通过回收宅基地及地上房屋发展壮大本农民集体经济。[2] 该优先回赎权属于法定权利,不

---

[1] 参见[德]鲍尔、施蒂尔纳:《德国物权法》(上册),张双根译,法律出版社2004年版,第138页。
[2] 参见张睿、马慧娟、申宇:《乡村振兴战略下宅基地"三权分置"的权利体系转型研究》,法律出版社2023年版,第61页。

需要抵押人和抵押权人事先约定,其他农民集体成员和本农民集体基于法律的规定即可享有。在优先回赎权的行使程序上,抵押权实现时执行宅基地及地上房屋的司法机关或抵押权人,应在一定期限内为公众熟知的方式予以通知或公示,在满足同等条件(主要以价格为标准)的情形下,其他农民集体成员或农民集体有权回购宅基地及地上房屋。反之,若抵押权人未履行通知或告知义务,其他农民集体成员或农民集体有权主张对抵押物的处置无效。

建立对失房农民的风险规避机制。国内有的试点地区为避免农民完全失去宅基地引发的社会风险,专门对宅基地抵押设定了一些限制条件,如浙江宁波市的农房抵押贷款规定了用于抵押的房屋面积必须预留 75 平方米的自住面积,温州市则规定借款人具有一处(含)以上的住所以及第三人提供居住所的书面承诺,才能以农房及其范围内的宅基地进行抵押。[①] 抵押人应有富余房屋或其抵押房产变卖处置后仍有安居之地,故而在宅基地使用权抵押登记之时,可要求抵押人具有一处(含)以上的住所或提供具备其他居住所的书面证明。

第三节 宅基地使用权的入股与继承

一、宅基地使用权的入股

我国目前在北京、天津、山东、黑龙江、四川、安徽、浙江、广东和海南等地均开展了宅基地使用权入股的地区试点。[②] 宅基地使用权入股制度,乃农民以自身宅基地使用权作价入股、变资源为资产的有效探索,其对于全面推动乡村振兴、促进城乡融合和实现共同富裕具有重要的理论价值和实践意义。

(一)宅基地使用权入股的规范性理据

在政策层面,我国对高效利用农村宅基地资源予以高度重视,陆续出台

[①] 参见陆平辉、赵舒捷:《宅基地使用权抵押限制的审视与改进》,载《西北农林科技大学学报(社会科学版)》2021 年第 6 期。

[②] 参见夏沁:《论宅基地制度有偿改革的基础权利构造》,载《农业经济问题》2023 年第 2 期。

了众多与宅基地使用权入股相关的政策。① 在立法层面，《宪法》第 10 条第 4 款第 2 句中明确规定土地使用权可依法进行转让，成为宅基地使用权入股的根本遵循。《公司法》第 48 条与《农民专业合作社法》第 13 条规定股东、农民专业合作社成员可以用土地使用权或土地经营权等可用货币估价且可依法转让的非货币财产作价出资，使宅基地使用权入股成为可能。《土地管理法》第 62 条第 6 款规定国家允许并鼓励村集体及农民盘活利用闲置的宅基地和农房，形成宅基地使用权入股的法律支撑。《民法典》第 342 条及《农村土地承包法》第 36、53 条规定在一定条件下，农村土地经营权可以通过入股的方式流转，从土地承包经营权的入股规定上为宅基地使用权入股提供经验借鉴。宅基地使用权入股符合国家政策指向和立法精神。②

(二)宅基地使用权入股的地方实践

我国部分地区已步入宅基地使用权入股的实践探索阶段，但各地的具体做法并不统一。具体包括以下模式：其一，普通入股模式。一种为入股有限责任公司形式，由政府主导，利用宅基地使用权入股有限责任公司获取分红，增加农民收入。③ 另一种为入股农民专业合作社形式，由政府先行组建专业合作社，引导村民以宅基地使用权入股，再由合作社对入股的宅基地进行统一开发。其二，城中村改造模式。由农民集体组建农村股份合作制公司，并由其进行新村改造，后农民以宅基地入股该项目，取得相应的股权。公司对商铺、办公楼等进行经营管理，并通过按劳分配和按股分红相结合的方式分

---

① 2017 年发布的《中共中央、国务院关于深入推进农业供给侧结构性改革加快培育农业农村发展新动能的若干意见》中，允许通过宅基地使用权入股的方式来支持乡村休闲旅游养老等产业。2019 年发布的《农业农村部关于积极稳妥开展农村闲置宅基地和闲置住宅盘活利用工作的通知》中，支持农民采取入股等方式流转宅基地使用权。2020 年发布的《农业农村部办公厅关于印发〈农村宅基地制度改革试点工作指引〉的通知》中，入股被作为流转宅基地使用权的具体途径之一。2024 年发布的《中共中央 国务院关于学习运用"千村示范、万村整治"工程经验有力有效推进乡村全面振兴的意见》中，鼓励以入股经营等方式盘活利用农村资源资产。

② 参见胡建、徐铭：《宅基地使用权入股的现实困局与破解路径研究》，载《中国物价》2024 年第 10 期。

③ 参见牛坤在、许恒周、鲁艺：《宅基地制度改革助推共同富裕的机理与实现路径》，载《农业经济问题》2024 年第 1 期。

配利润。其三,灾区联建房模式。在发生地震等自然灾害后,灾区农民提供宅基地并以宅基地使用权入股,共同开展房屋共建工作,建成后双方共享收益。其四,旅游景区开发模式。社会上第三方投入资金对闲置宅基地及农房进行改造,开办农家乐、建立民宿或度假村,农民再以宅基地使用权入股参与经营并获取分红。①

(三)宅基地使用权入股的破解路径

1. 完善宅基地使用权入股相关立法

首先,应修改《民法典》第 362 条中关于宅基地使用权的界定,增加宅基地使用权人的收益权能,为农民通过宅基地使用权入股增加收入提供法律依据。其次,健全《公司法》中的相关法律制度。一是明确规定入股的出资机制。需在《公司法》中明确以宅基地使用权入股公司的出资方式,并规定当农民以宅基地入股时,应一次性缴纳出资并依法办理将使用权移转至公司名下的登记程序。二是设置保护农民股东权益的条款。由于农民作为小股东处于弱势地位,应明确规定"必须经代表三分之二以上表决权的农民股东同意,才能够决定公司的重大事项"。三是建立妥当的股权流转规则。在我国限制宅基地使用权流转的背景下,若农民以宅基地使用权入股公司,那么公司将无法对宅基地使用权进行二次流转,如此不利于公司的对外融资。故可以明确规定必须经过集体和农民本人的同意,并以书面形式订立合同,才能够进行宅基地使用权的二次流转。最后,细化《农民专业合作社法》中的相关规定。《农民专业合作社法》应在成员转让出资方面设置细化规定,完善农民的处分权利,建构完整的合作社产权制度。

2. 建立宅基地使用权入股的交易流程与评估作价制度

政府应建立统一的宅基地使用权入股交易流程,并为农民设置办理入股事项的专门窗口,充分发挥政府公共服务在入股中的保障作用。同时,应建立独立、规范、权威的第三方宅基地使用权评估机构并制定具有科学性的评

---

① 参见胡建、徐铭:《宅基地使用权入股的现实困局与破解路径研究》,载《中国物价》2024 年第 10 期。

估办法。此外,政府也要加强对该第三方机构的监督与管理,制定评估报告归档制度供当事人双方在争议时调取查阅,在一定程度上对评估机构形成约束。

3.强化宅基地使用权入股的风险防范系统

其一,控制宅基地使用权的入股期限。入股期限过长,不利于农民对宅基地使用权的实质性控制。若入股意在利用其上房屋开办农家乐或度假村等,入股期限应不超过20年;若入股意在开展灾区重建项目,由于农民集体须与社会第三方共同建设,资金投入庞大且回收期漫长,入股期限规定为20年至70年为宜。其二,限制宅基地的对外流转。宅基地使用权入股后成为公司或合作社财产,但基于其维系农村稳定的功能与社会保障属性,应限制其自由处分权。故公司或合作社不得随意出售宅基地,在公司破产或合作社解散清算时,赋予农民股东优先购买权;若农民股东无意愿或无能力购买,则可赋予农民集体其他成员优先购买权,以限制宅基地使用权的外流。①

二、宅基地使用权的继承

依据第七次全国人口普查数据,2010年到2020年,城镇人口从6.6亿增长到9亿,而农村人口则从6.7亿降低至5.1亿。此组数据表明,10年之间上亿的农村人口流向了城市。可以想见,这一人群中绝大多数乃年轻人,而其父母则大多步入老年,并长期滞留于农村。上述人群在取得城镇户口后,在其父母离世之时其能否或如何继承其父母的宅基地?这实属难以回避的尖锐问题。

根据《自然资源部对十三届全国人大三次会议第3226号建议的答复》,农民的宅基地使用权可以依法由城镇户籍的子女继承并办理不动产登记。②《不动产登记操作规范(试行)》中亦明确规定,非本集体经济组织成员(含城镇居民),因继承房屋占用宅基地的,可按相关规定办理确权登记,并在不动产登

---

① 参见胡建、徐铭:《宅基地使用权入股的现实困局与破解路径研究》,载《中国物价》2024年第10期。

② 参见《自然资源部对十三届全国人大三次会议第3226号建议的答复》。

记簿及证书附记栏注记"该权利人为本农民集体经济组织原成员住宅的合法继承人"。

若作进一步法律分析,该答复内含三个方面的具体内容:其一,农村宅基地不能继承。宅基地是由村集体无偿分配给村民建房使用的,宅基地的土地所有权属于村集体,村民只享有使用权。宅基地使用权以户为单位申请,属于户内家庭成员共同共有,一般不能作为家庭成员个人财产进行继承。当该户人口减少时,宅基地使用权由剩余人口继续共有,不发生使用权的继承。其二,农村宅基地上所建房屋属于农民家庭所有的合法财产,可以依法继承。其三,遵循"房地一体"原则,继承人在继承房屋的同时,也实际上获得对宅基地的使用权。综上,宅基地使用权不能被单独继承,宅基地上存在可有效使用的房屋是继承宅基地使用权的前提。但是,上述答复不能涵盖宅基地使用权继承的所有问题,且实践中司法机关对上述答复也只是参照适用。

(一)学理上自由继承论、禁止继承论、限制继承论、法定租赁权论、推定已变更为集体建设用地使用权论之争议

1.自由继承论和禁止继承论

自由继承论主张宅基地使用权作为一项财产权可以被独立地继承,并不受身份和地上附着物的限制。该学说完全参照城市国有建设用地使用权,其认为宅基地使用权与之相较,不能差别对待,否则有违公平。一方面,完全自由继承论忽视了二者在权利获取时是否支付对价的差异。未支付对价但可以完全继承,在理论和逻辑上存在一定的瑕疵。另一方面,完全强调宅基地的财产属性,却放弃了宅基地的基本保障功能。故笔者对自由继承论不能苟同。

禁止继承论认为宅基地使用权的主体为"户"而非个人,不适宜按照继承规则对宅基地使用权进行再分配。户内人员的增减皆不发生继承问题,只要户内人员存在,则宅基地使用权由户内人员以"户"之名义共有,户内人员消

亡则由农民集体收回。① 禁止继承论则与自由继承论完全相反,宅基地的财产功能被完全压制,宅基地权利走向封闭与僵化,该观点亦不可取。

2. 限制继承论

限制继承论来自司法实践,其认为农民集体成员的继承人可以有限制地获取宅基地使用权,其限制主要来自具备身份资格和恪守"房地一体"。② 一方面,宅基地制度的设计初衷是保障农民基本居住权益,故一直具有身份性的限制,本农民集体的宅基地只能由本集体成员使用,此种身份性限制使得宅基地的继承范围被严格限制在较小范围以内,继承人必须符合特定身份性。另一方面,乃基于"房地一体"规则的考量。在房屋存在的条件下,非农民集体成员可因继承该房屋而继承宅基地使用权,正体现了"房地一体"原则对宅基地使用权继承的限制。

限制继承的观点具有一定的合理性,但是关键在于如何协调好宅基地使用权身份性和财产性的关系。《民法典》第 356 条、第 357 条以及《城市房地产管理法》第 32 条所规定的"房地一体"原则,适用对象为建设用地使用权,并不能当然类推适用于宅基地使用权,这有违物权法定主义原则。此外,"房地一体"原则的本意是在权利的初始状态下尽量房地一致,以此简化权利义务关系。但若适用在宅基地继承领域,主体因继承房屋而自动获得地下的宅基地使用权,甚至作为该种情形下权利获取的正当性理由缺乏一定的说服力。

3. 法定租赁权论

法定租赁权论认为,宅基地使用权不能被无集体成员资格的主体继承,但该继承人可以根据继承规则取得地上房屋的所有权,为避免继承房屋的所有权人丧失对土地利用的法律基础,立法上应当推定该房屋所有权人自动获得对宅基地的法定租赁权。③ 作为宅基地的所有权人,农民集体可向该继承人主张支付一定的租金。

---

① 参见高梦一:《农村宅基地使用权能否继承》,载《中国土地》2022 年第 9 期。
② 参见谢潇:《民法典视阈内宅基地使用权继承规则之构造》,载《法学》2022 年第 1 期。
③ 参见高飞:《宅基地使用权继承否定论——一个解释论的立场》,载《西南政法大学学报》2022 年第 4 期。

4. 推定已变更为集体建设用地使用权论

与法定租赁权论类似,法律上可推定房屋所有权人继承房屋之时自动获得集体建设用地使用权。① 集体建设用地使用权与宅基地使用权均为在集体土地所有权上设立的用益物权,二者在用途管制上具有相似性。同理,农民集体也可以向该继承人主张支付一定的土地使用费。在该学说之下,宅基地使用权的"无偿且无期"变更为集体建设用地使用权的"有偿且有期"。

(二)宅基地使用权继承纠纷的司法考察

对于宅基地使用权继承纠纷的解决,目前在司法实务中的司法处理态度不一,陷入缺少统一立法规范的适用困境,但多以身份资格和房地关系作为裁判的切入点。具体而言,依照宅基地使用权的身份属性判断能否被继承;根据房地关系是一体或分离,确定地上附着房屋的情况下,地下宅基地使用权能否被一并继承。不同的法院审理个案的切入点不同,案件的裁决结果存在差异,即使相同的裁决结果,具体理由也存在内部的差异。根本原因在于宅基地使用权兼具身份价值和财产价值,而现有司法处理模式不能达成两种价值取向的均衡。

首先,房屋继承问题未确定情况下应先解决继承纠纷再确权。如陈某某等诉贵州省仁怀市城固县三合镇人民政府土地行政管理案中,行政机关对发生土地使用权争议的,有权进行处理。根据《土地管理法》等相关法律法规,宅基地使用权不能作为遗产单独继承。当事人对要求确权的宅基地是否享有使用权,取决于其是否合法继承了宅基地地上房屋,并因此而取得房屋占用范围内的宅基地使用权。鉴于此,在房屋继承问题未确定的情况下,行政机关认定争议属于房屋遗产纠纷,故建议双方就房屋遗产继承纠纷,通过争议双方协商解决或诉讼至法院解决。②

其次,考量身份性的限制,非农民集体成员(如具有城镇户籍)原则上不

---

① 参见汪洋:《"三块地"改革背景下宅基地使用权继承的制度重构》,载《河北法学》2021 年第 10 期。
② 参见陕西省汉中市中级人民法院行政判决书,(2020)陕 07 行终 53 号;陕西省洋县人民法院行政判决书,(2019)陕 0723 行初 11 号。

得单独继承宅基地使用权。如有的法院认为宅基地所有权归属农民集体,宅基地使用权只能归属农民集体成员享有,非农民集体成员并不能使用宅基地,因其身份而不能继承。①

再次,"地上有房"情形下,非农民集体成员(如城镇户籍)能依法取得宅基地使用权的继承权。如薛某某诉山西忻州市忻府区人民政府土地行政登记案中,城镇户籍的薛某某能否获得宅基地继承权成为案件争议焦点。法院认定因继承房屋占用农村宅基地的,城镇户籍人员可依法取得对集体土地性质的宅基地使用权的继承权。②

从学理上分析,其一,继承宅基地使用权的前提必须符合"地上有房"。最高人民法院在(2020)最高法行再375号行政判决书中明确指出,根据《民法典》继承编的规定,被继承人的房屋作为遗产由继承人继承,同时,继承人也会因"房地一体"的原则而取得相应的宅基地使用权。③ 其二,继承而来的宅基地房屋一般不能翻新重建,只能修缮装修,如房屋坍塌灭失的,则由集体经济组织按法定程序收回后另行安排。换言之,宅基地不能单独被继承,如果该宅基地上不存在房屋,或是房屋年久失修已经毁损灭失,那么继承人将无法继承该空宅基地。在司法实践中,已经存在类似案例,最高人民法院在(2018)最高法行申232号中认定:涉案宅基地倒塌,之后亦未重建,房屋产权已经灭失,宅基地已由村集体收回。作为原宅基地使用人的继承人不可能通过继承房屋的方式或取得宅基地使用权。行政机关将争议土地确权给村集体所有,获得人民法院的支持。④ 其三,以"地上有房"作为宅基地使用权继承的基础,实则暗存另一层含义:若继承房屋所有权的主体为本农民集体成员,即使房屋倒塌或灭失,该继承人仍可继续获得宅基地使用权。换言之,即使在"房地一体"原则下,农民集体成员也有权单独继承宅基地使用权。可见,

---

① 参见河南省新乡市中级人民法院民事判决书,(2021)豫07民终826号。
② 山西省忻州市中级人民法院行政判决书,(2012)忻中行终字第31号;山西省忻州市忻府区人民法院行政判决书,(2012)忻府初字第13号。
③ 参见最高人民法院行政判决书,(2020)最高法行再375号。
④ 参见最高人民法院行政裁定书,(2018)最高法行申232号。

在此类特殊情形下,构成身份资格和房地关系的双重限制。

最后,在户内人口变化情形下,应采取"房地分离"策略,宅基地使用权归属于户内剩余的成员共同使用,宅基地使用权的拆迁补偿款则由该户剩余的成员共同所有,即继承人虽可因继承房屋而获得房屋拆迁补偿款,却不能继承宅基地使用权,也不能因此获得宅基地使用权补偿款。

此外,通过订立遗嘱将宅基地房屋赠与法定继承人以外的人属于遗赠,宅基地房屋的遗赠只能发生在具有本集体组织成员身份的成员之间。

综上,限制继承论更具有合理性,立法上也应允许宅基地使用权有条件地被继承。但以身份限制或房地关系限制等单一标准设定继承规则具有明显缺陷,其难以回应现实中复杂的继承问题,也无法达到宅基地使用权的财产功能与居住功能的平衡。鉴于此,构造"身份资格—房地关系"的双重标准更具有现实意义。

(三)宅基地使用权继承的规则续造

在理论上,可转让性是可继承性的前提,不可转让的财产也就不得继承。宅基地使用权在法律性质上被定位为用益物权,自然属于权利主体的私人财产。当下宅基地的保障功能不断弱化,而财产属性则不断增强。在宅基地使用权被定位为财产权的情形下,立法上允许其在合理范围内继承是保护私权的必然要求。

1. 短期内仍应适用"身份资格—房地关系"的双重标准

对于宅基地使用权的继承问题,应以恪守宅基地使用权的身份属性为基础,因为在城乡发展仍不平衡的现状下,有必要对宅基地使用权的主体予以一定身份限制。故而,宅基地的居住保障功能是实现其财产功能的前提,面对继承问题时首先要考虑其身份资格是否适宜发生继承关系。

若宅基地上并未建房,原权利主体身故后,宅基地使用权亦随之消灭。对于属于农民集体成员的继承人,若其具备申请宅基地的条件,可以优先获得宅基地使用权,但此种优先获取并非基于继承关系。

若宅基地上建有房屋,应将"房地关系"纳入考量范围。"房地一体"原则的适用优先于身份资格的限制,即允许非农民集体成员(包括城镇户籍人员)

取得宅基地使用权。理由在于：其一，近年来实施的城镇化战略，使得许多农民虽然转为城镇户口，但仅是外出务工在城市，其仍长期居住在原来的农村，乃至于就居住在可能被继承的房屋中。如果单纯以身份而限制此类人群的继承权，将难以保障该部分群体的居住利益。其二，"房地分离"处置一定程度上会影响宅基地和房屋的财产价值，为最大限度地发挥二者的财产功能，适宜"房地合一"处置。虽然非农民集体成员可以取得宅基地使用权，但是不得对房屋进行重建，一旦房屋倒塌或灭失，就应由农民集体收回。①

2. 从长远计，宅基地使用权的继承不以同时继承房屋所有权为条件，继承取得的宅基地使用权亦不以房屋存续期间为期限

将宅基地使用权定位为一项独立的财产权，宅基地使用权的继承不以同时继承房屋所有权为条件，继承取得的宅基地使用权亦不以房屋存续期间为期限。当前学术界与实务界均普遍认为，宅基地使用权不得单独继承，应与房屋所有权一并继承，若宅基地上没有房屋或房屋已毁损灭失，则由集体收回宅基地。② 其正当性理由在于坚持宅基地的居住保障功能，另外也调和了民事主体继承权与具有身份属性的宅基地使用权之间的矛盾。实质上，此种观点存在一定的不足，其否定了"房地关系"下宅基地使用权的独立财产价值。学术理论上抑或立法规定上，均承认宅基地使用权和房屋所有权是各自独立的物权，土地权利的存在与价值并不依附于地上房屋。此外，不同于城市的房地权利主体合一性，在农村存在房地权利主体的交错情形。城镇户籍子女可继承农村父母的房屋，假设父母以遗嘱形式将农村房屋交由大儿子（城镇户籍）一人继承，二儿子（农民集体成员）作为户内成员只享有宅基地使用权的共有权，但并不享有房屋产权的共有权。二儿子死亡之后，由其继承人继承其宅基地使用权份额，并可根据该份额取得相应的征地补

---

① 参见李祎恒、董云帆：《价值均衡视角下宅基地使用权继承纠纷的裁判规则构建》，载《河北经贸大学学报》2024 年第 3 期。
② 参见张淞纶：《房地分离：宅基地流转之钥——以宅基地使用权继承之困局为切入点》，载《浙江大学学报（人文社会科学版）》2022 年第 1 期。

偿款。一旦地上房屋倒塌或毁损,城镇户籍的大儿子丧失房屋所有权,但是宅基地使用权人不变,其仍可由继承人单独继承,并可在地上依法申请建造房屋。如果采取现行的因房屋倒塌而无法继承宅基地使用权规则,生活实践中必然出现大量的继承主体在倒塌之前赶建或强建房屋的情形,法律上此种规则必然形同虚设。

3. 宅基地使用权继承规则的优化

相较一般财产之继承,宅基地使用权的继承规则更为繁杂,其根由在于宅基地使用权并非纯粹的私法财产,其必须考量宅基地的居住保障功能。换言之,一方面,宅基地使用权为自然人的合法财产,可以适用《民法典》中物权编与继承编的一般规则;另一方面,宅基地使用权的行使须接受《土地管理法》等公法的干预与限制,如遵循"一户一宅"原则等。

首先,宅基地使用权属于自然人的个人财产,可以发生继承。宅基地使用权的初始取得主体系申请时户内的全体家庭成员,各家庭成员对所获得的宅基地使用权形成共同共有关系;但对每位家庭成员而言,宅基地使用权系其个人财产。一旦权利个体发生死亡,自然可以适用《民法典》的继承规则,对宅基地使用权的共有份额进行继承。

其次,继承人的范围不限于本农民集体成员。非农民集体成员的自然人亦可因继承而取得宅基地使用权,但其对宅基地的使用,可以由农民集体收取一定的土地使用费。而本农民集体成员因继承而取得宅基地使用权,继承人可以对其继承的财产份额进行多元化处理,如选择分割份额,可采取货币继承或实物继承,实物继承者可向其他继承人进行经济补偿;如不选择分割份额,则继承人可以继续保持对宅基地使用权的共有。

再次,根据私法自治原则,宅基地使用权人有权根据遗嘱处分宅基地使用权,或者以遗赠形式将宅基地使用权让与继承人以外的其他主体。[①] 倘若

---

① 参见谢潇:《继承取得的宅基地使用权及其规则构造——"纯粹用益物权继承取得说"之提倡》,载《法学》2024 年第 5 期。

宅基地使用权人并未在生前留有遗嘱,则宅基地使用权根据法定继承规则而在宅基地使用权人的家庭成员之间实现分配与归属。

最后,宅基地使用权继承亦可适用代位继承规则。宅基地使用权人兄弟姐妹的子女亦可代位继承宅基地使用权;代位继承亦受制于"一户一宅"原则,代位继承人不得根据继承规则取得两项及以上宅基地使用权。相同顺序法定继承人继承的宅基地使用权份额应当相等,依据共有之一般原理,应当将因继承所形成的宅基地使用权共有认定为共同共有。

4.建立非集体成员继承取得宅基地使用权的有偿退出机制

该宅基地退出补偿机制主要面向非农民集体成员因继承房屋而使用宅基地的情形,其目的在于避免该主体在继承之后怠于行使权利而导致宅基地及房屋的浪费,也通过提供退出路径确保宅基地的社会保障属性。[①] 具体而言,应明确补偿原则、制定详细的补偿标准、建立多元化的补偿方式、完善补偿程序和监督机制。明确补偿原则要求确保补偿机制公平、合理,既能保障农民的合法权益,又能促进土地资源的合理利用,并依据相关法律法规和政策,制定明确的补偿标准和程序。制定详细的补偿标准应当包括根据宅基地的面积、地理位置、市场价值等因素,制定合理的货币补偿标准;对于宅基地上的房屋,应根据其建筑面积、结构、使用年限等因素进行评估,并给予相应的补偿;对于宅基地上的其他附属设施,如围墙、水井、道路等,也应根据实际情况给予一定的补偿。建立多元化的补偿方式,可以采用货币补偿与安置补偿相结合的模式,除了给予非农民集体成员一定的货币补偿,还可以提供安置房或者优惠购房政策,确保其在退出宅基地后有合适的住所。完善补偿程序和监督机制,对补偿过程进行全程监督,确保申请、评估、公示、发放等环节的公开、透明与公正。

[①] 参见朱方林、朱大威:《江苏省盘活利用闲置宅基地的典型模式与实现路径》,载《农业经济》2021年第11期。

第四节 宅基地使用权的退出与收回

一、宅基地使用权的退出

共同富裕是社会主义的本质要求,是中国式现代化的重要特征。当前,我国作为"农业劳动者"的农民已少于2亿人,作为"农村人口"的农民减少到5.10亿人,而作为"户籍人口"的农民仍有7.71亿人。[①] 国家统计局数据显示,2022年全国农民工总量2.96亿人。[②] 可见,越来越多的农民从农村移转到城市,近3亿农民工长期留住城市且较大一部分会从农村移转至城市生活,对于社会上这一庞大群体,其留在农村的宅基地长期闲置,实有必要设计宅基地退出制度。宅基地使用权作为土地要素具有市场价值,将其拟制为一般性商品后需要配置退出制度。[③] 作为盘活利用宅基地的重要方式,使用权有偿退出制度作为宅基地改革的重要内容,将直接关系到农村土地资源利用效率、农民财产权益保障程度与农村可持续发展水平。

(一)宅基地使用权退出的改革试点实践

1. 各试点地区退出制度的规范性分析

《土地管理法》第62条第6款为统领性规定,其表述为"国家允许进城落户的农村村民依法自愿有偿退出宅基地",重在强调农民自愿,不得强制。

近年来,国内各宅基地制度改革试点地区主动探索宅基地使用权有偿退出路径。通过对各改革试点地区的文件梳理,可以发现以下规律(见图3-3)。

[①] 参见朱光磊、裴新伟:《中国农民规模问题的不同判断、认知误区与治理优化》,载《北京师范大学学报(社会科学版)》2021年第6期。

[②] 参见国家统计局:《2022年农民工监测调查报告》,载国家统计局,https://www.stats.gov.cn/sj/zxfb/202304/t20230427_1939124.html。

[③] 参见田静婷、朱彦:《进城落户农民宅基地退出的路径选择与权益保障——基于陕西省4个村的实证调研》,载《西北大学学报(哲学社会科学版)》2023年第6期。

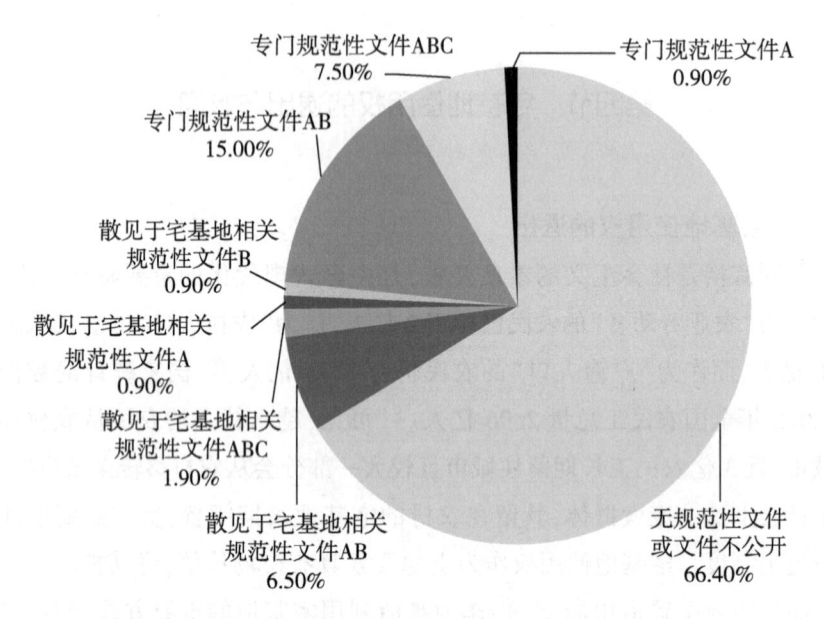

图 3-3　各试点地区宅基地使用权退出的规范性文件分析

注：A 表示退出方面，B 表示补偿方面，C 表示保障方面。

从形式上分析，目前国内 25 个改革试点地区和 4 个非试点地区制定了专门性规范文件，11 个试点地区的规范散见于宅基地相关规范性文件中，其余试点地区无规范性文件或规范性文件未公开。

从内容上分析，各地的使用权退出规范主要涉及三方面内容，包括退出、退出后的补偿，以及宅基地使用权人的权益保障。各地区的制度安排基本上包括如何退出，以及退出后如何补偿，少部分地区针对退出后原宅基地使用权人的各项权益保障措施和奖励方法作出规定。

2. 宅基地使用权退出改革的制度经验

其一，退出方式。退出方式主要区分为永久性退出与暂时性退出。前者乃宅基地使用权人同时丧失宅基地使用权与再次申请宅基地的权利；后者是宅基地使用权人仍然保留申请宅基地的权利，只是在一定期限内无法行使，而暂时性地丧失使用宅基地建房的权利。如广东省德庆县明确规定，暂时退出的期限原则上不低于 10 年，且不超过 30 年，在此期限内不能申请宅基地建房;永久退出的宅基地使用权人,在任何期限内均不能申请宅基地建房。[1] 也有部分试点地区将其分为部分退出和全部退出,其区别在于是否退出整宗宅基地,本质为宅基地退出面积的分割。如陕西省西安市高陵区明确划定农户可以退出整宗宅基地,也可以将原宅基地分割后部分退出。[2]

其二,退出的情形或条件。有的地区需要获得宅基地上其他用益物权人的同意,同时要求宅基地使用权人应当具有稳定收入和固定住所,以确保无须宅基地保障政策予以保障。[3] 尽管对退出条件的要求各地存在差异,但万变不离其宗,其实质条件是赋予无须受宅基地政策保障的使用权人以退出权(见表3-3)。

表3-3 典型地区宅基地使用权退出的条件对比

试点地区	立法角度	宅基地使用权退出的条件
广东省佛山市南海区	盘活闲置宅基地	(1)农村村民因进城落户自愿退出依法登记的农村宅基地的; (2)农村村民自愿退出登记发证后备注为超占部分的农村宅基地的; (3)农村村民因继承、受赠地上房屋等合法方式占有两处及以上农村宅基地,自愿退出依法登记的多宅部分的; (4)非农村村民自愿退出通过继承、受赠地上房屋等合法方式占用的依法登记的农村宅基地的; (5)自愿有偿退出的其他情形[1]
江苏省盱眙县	实用立场和满足当地政府土地规划政策实施需求	(1)危房户、砖泥房户; (2)已实施或已列入实施计划的农民群众住房条件改善户的老宅基地; (3)低收入户、低保户、分散供养特困人员和贫困残疾人家庭四类重点户; (4)高速、国、省、县干道两侧1000米范围内明显可视区域及各类景区、园区重点地段分散存在的零星村落以及破、旧、危、矮房、山区、高岗地等饮用水困难区域零散房屋; (5)实施"三道两区"沿线综合环境整治提升行动和列入迁退出的房屋; (6)107个村庄规划点内破、旧、危房户; (7)列入全域土地综合整治试点的区域按计划集中连片退出; (8)靠近污染源、水源地、生态红线、航道、油气管道、高速公路、化工企业、远离集镇等零散分布户; (9)其他因项目或专项工作,经县政府批准实施退出的地块[2]

---

[1] 参见《德庆县农村宅基地有偿退出暂行办法(征求意见稿)》第11条。
[2] 参见《西安市高陵区农村宅基地自愿有偿退出暂行办法(试行)》第2条。
[3] 参见《净月高新区农村宅基地使用权自愿有偿退出管理办法(试行)》第6条。

续表

试点地区	立法角度	宅基地使用权退出的条件
河南省巩义市	综合考虑角度	(1)已颁发农村集体土地使用权证或有其他合法来源手续的； (2)符合"一户一宅"建房条件的，并且有稳定收入和其他固定住所； (3)"一户多宅"的多宅部分，且有合法用地手续、符合当前村庄规划的，有退出意愿的可实行自愿有偿退出； (4)非本集体经济组织成员因继承、受赠、购买房屋或经依法批准的其他方式在农村占有和使用宅基地，自愿全部退出的，如涉及"多户一宅"的，在其他户都有退出意愿的情况下，原则上实行有偿退出； (5)长期闲置无人居住或全家均已进城落户自愿有偿退出宅基地的； (6)因实施建设规划或进行镇(街道)、村公共设施和公益事业建设需要占用宅基地的； (7)其他经本村集体经济组织认定，并经镇人民政府(街道办事处)审核同意有偿退出的，并签订退出宅基地协议[3]

[1]参见《佛山市南海区农村宅基地有序退出和盘活利用实施意见》第6条。
[2]参见《盱城街道2020年农村宅基地自愿有偿退出工作实施方案》第9条。
[3]参见《巩义市农村宅基地有偿退出管理办法(征求意见稿)》第6条。

其三，退出程序。宅基地使用权退出既要使行政权力和行政行为得以规范，又要保障宅基地使用权人合法权益，竭力达成权利与权力的平衡。退出程序涵盖形式审查和实质审查，一般分为申请、审核、备案、核验宅基地及地上附着物情况、签订退出协议、注销登记、处置地上附着物、公示等环节。值得关注的在于，不同地区的审核主体、环节设置、具体内容及环节顺序等均存在地方差异。初审权存在村集体经济组织和村民委员会之争，终审主体的层级亦未形成统一意见。退出协议的内容是否兼容补偿和保障方案，抑或另行设置，并未统一规定。核验程序在备案后抑或申请后，公示应在签订退出协议前抑或放置在最后，各地区亦未统一。上位法的缺失，导致退出程序失范现象严重。

其四，宅基地使用权退出的补偿范围与标准。宅基地使用权人有偿退出宅基地，将会丧失宅基地使用权及地上物的所有权。基于损害填补原理，一般补偿范围被广泛确定为宅基地及其地上物。但是，各试点地区也存在个别差异规定，如考虑到宅基地无偿给予农民使用，并不将宅基地使用权置入补偿范围中；①地上物的范围仅限于主要建筑物及构筑物，其他附属设施自行处理、不予补偿。②

---

① 参见《惠州市龙门县农村宅基地有偿使用、流转和退出暂行办法》第16条。
② 参见《定州市农村宅基地退出暂行办法》第4条。

宅基地的补偿标准在不同地区呈现出多样性。例如,依照宅基地基准价确定,①按照本镇上年度集体经营性建设用地或工业用地的入市交易平均价格确定,②按照当地土地征收补偿标准确定,在本集体内部通过竞价拍卖的方式确定或委托具有资质的第三方对宅基地使用权价格评估确定。③ 针对宅基地上的房屋及其他附着物的补偿价格,各地普遍主张由退出权人与集体经济组织协商或由具有资质的房地产评估机构评估确定。需要特别说明的是,不同退出方式下的补偿标准存在差异,有的地区主张暂时性退出的补偿标准等于永久性退出补偿标准乘以"退出年限"并除以 70 年。④ 不同身份主体的补偿标准亦不同,如具有农村户口的本地居民与非农村户口的外地居民,农户补偿标准要高于非农户补偿标准。⑤

其五,宅基地使用权退出的补偿方式与补偿来源。补偿方式主要以货币补偿为主,资金从宅基地有偿使用费、宅基地退出后流转收益、集体经营性建设用地入市收益等农村集体经济组织的集体收益中支出。为避免集体经济组织无力支付补偿费的情况出现,有的地区由农村集体经济组织先行向银行融资或引进社会资本进行补偿,后续通过盘活村集体资产进行偿还;⑥有的地区则统一设置专项退出基金,农村集体经济组织可申请预借专项基金实行退出,待获得集体资产收益和退出土地流转等收入时优先偿还基金。⑦

除货币补偿外,各地区积极探索多样化补偿方式,具体包括宅票置换、以地养老、入股分红、宅基地"换房"、退出后城镇购房补贴等。以退地房票补偿方式为例,农村集体经济组织以户为单位向退出宅基地使用权人发放一张退地房票,退出人凭借退地房票购买市区商品房可享受其上标注的价格优惠。⑧ 又如以地养老式补偿方式,其旨在保障无子女照顾或自愿进入养

---

① 参见《江山市农村宅基地自愿有偿退出指导意见》第 3 部分第 2 条第 1 款第 1 项。
② 参见《常州市武进区农村宅基地有偿使用、有偿退出管理办法(试行)》第 3 条第 1 款第 1 项。
③ 参见《净月高新区农村宅基地使用权自愿有偿退出管理办法(试行)(征求意见稿)》第 15 条。
④ 参见《海口市琼山区农村宅基地有偿退出管理办法(试行)》第 12 条。
⑤ 参见《松江区关于进一步统筹城乡高质量发展 推进农民相对集中居住的实施意见》第 2 部分第 3 条第 1 款。
⑥ 参见《文昌市农村宅基地有偿退出指导办法(试行)》第 17 条。
⑦ 参见《净月高新区农村宅基地使用权自愿有偿退出管理办法(试行)》第 19 条。
⑧ 参见《定州市农村宅基地资格权保障奖补暂行办法》第 6 条。

老机构的老人,宅基地使用权人可以根据自身情况选择进入镇乡人民政府建设的养老机构。① 对于入股分红式补偿,乃农村集体经济组织将退出宅基地入市获取收益,由退出权人与农村集体经济组织协商各自的分成,以退出权人所获取的分红代替补偿的方式,如海南省文昌市,以退出人占6至7成、农村集体经济组织占4至3成的比例进行分配。②

其六,宅基地使用权退出后的农民权益保障。宅基地使用权人自愿退出宅基地后,原有宅基地保障不再享有,甚至不得再次申请宅基地建房。然而,退出农民的其他辅助权益仍应保障(见图3-4)。实践中,为了鼓励农民退出而设计出诸多激励机制。如上海市松江区叶榭镇的5万元速签速搬奖励,③浙江省义乌市的旧房拆除奖励。④ 但在宅基地退出的激励制度中多体现为退出前以货币为核心的买断式置换,少有在退出之后彰显"售后服务"的后端保障类型。如宅基地退出后,原宅基地权利人可能面临的户籍、子女教育和就业等问题,缺少"售后保障"。

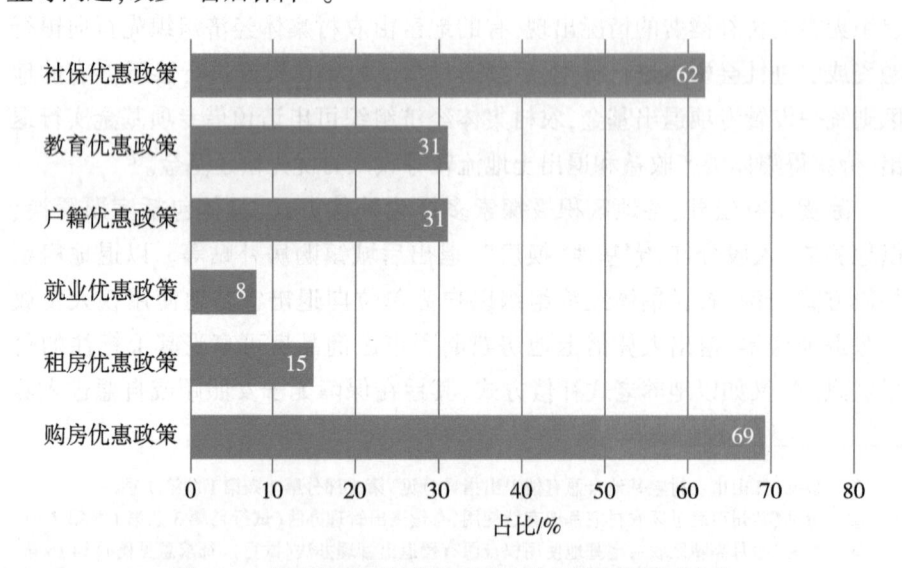

保障类型	占比/%
社保优惠政策	62
教育优惠政策	31
户籍优惠政策	31
就业优惠政策	8
租房优惠政策	15
购房优惠政策	69

图3-4 各试点地区规范性文件中的保障权益类型占比

---

① 参见《天津市蓟州区宅基地管理暂行办法》第25条。
② 参见《文昌市农村宅基地有偿退出指导办法(试行)》第15条。
③ 参见《叶榭镇关于进一步推进农民相对集中居住工作的实施意见》第2部分第3条第3款。
④ 参见浙江省义乌市《关于推进"宅基地换住房、异地奔小康"安置工作的若干意见》第3条。

(二)宅基地使用权退出的制度构建

当前有关宅基地使用权退出的法律规定过于笼统,各试点地区改革实践亦未形成可供复制的统一经验。汲取各试点地区的实践经验,应从退出的方式与条件和程序、退出后的补偿以及退出后的权益保障三方面,系统性设计退出法律制度。

1. 退出的方式与条件和程序

其一,坚持自愿退出原则和有偿退出原则。自愿退出乃首要原则,也是退出机制的底线准则。[1] 宅基地使用权是国家赋予宅基地使用权人的一项保障性和福利性用益物权,其基于身份或相关法律规定而取得,任何主体不得加以限制或剥夺。相关法律制度设计应当明确,集体成员和非集体成员均应按照自己的真实意愿退出宅基地。而有偿是自愿的基础,必须坚持有偿退出原则,鼓励宅基地使用权人积极主动退出宅基地。

其二,明确区分退出方式。宅基地使用权人是宅基地的使用者和权益主体,为在最大程度上尊重主体意愿并适应其多样化需求,法律上应明示多元的退出方式以供权利主体进行选择,如永久性退出和暂时性退出、全部退出和部分退出等。资格权和使用权均联合退出的永久性退出,代表宅基地使用权人身份的变化,意味着其再也无法享受任何与农村集体经济组织相关的福利和保障,需要农村集体成员审慎分析并加以选择。保留资格权而丧失使用权的暂时性退出,使得宅基地使用权人能够在一定期限内获得宅基地使用权所转化的财产性收益,但在此期限内宅基地使用权人不得再行利用宅基地建房。[2] 此外,对于全部退出与部分退出的退出,因其关系原权利主体是否享有宅基地使用权以及宅基地使用面积的大小,有意向退出的农民应仔细考量后作出抉择。借鉴各试点地区的经验,法律应当界定并区分暂时性退出和永久

---

[1] 参见吕军书:《中国农村宅基地退出立法问题研究》,法律出版社2019年版,第65页。

[2] 参见高圣平:《宅基地制度改革的实施效果与顶层设计——基于新一轮宅基地制度改革试点的观察与思考》,载《北京大学学报(哲学社会科学版)》2024年第1期。

性退出、全部退出与部分退出，并明确设定临时退出的时间限制和部分退出土地的面积标准。①

其三，立法上全面列举退出的情形。宅基地既可以有偿退出，也可以无偿退出，甚至可以由政府强制收回，各试点地区容易将有偿退出情形与无偿退出情形或强制收回情形交叉混用。② 鉴于此，立法上应列举有偿退出的全部情形，统一规定宅基地使用权有偿退出的情形和条件，对其作出不完全列举并授予地方立法机构有限的自由裁量权，与无偿退出和政府强制收回的适用情形作出明确区分。

其四，统一规范退出程序。推进农村宅基地有偿退出，需要规范有偿退出程序，③确立一套公正、透明且高效的操作标准，保障整个退出过程的有序性。具体而言：第一步应当由宅基地使用权人提出退出申请。第二步由集体经济组织对申请材料及宅基地情况进行形式审查，并针对宅基地面积大小、位置、地上建筑物情况等展开实地调查。基于节省人力和物力方面的考量，适宜在第三步时由集体经济组织与宅基地使用权人协商退出补偿方案。④ 达成一致意见后，在第四步集体经济组织应先将退出宅基地情况及退出补偿方案在本集体进行公示，以确保权属无争议，且在全集体实行公平的补偿标准等。第五步由集体经济组织报乡镇或街道办人民政府对宅基地退出情况及退出补偿方案进行终审，并表明是否予以批准。第六步由宅基地使用权人与集体经济组织签订退出协议、退出补偿协议、自愿退出承诺书等。第七步转向具体实施上述协议，宅基地使用权人腾退房屋或放弃地上物所有权，并注销相关权属登记；集体经济组织按照补偿方案的要求向宅基

---

① 参见刘恒科：《宅基地"三权分置"的政策意蕴与制度实现》，载《法学家》2021年第5期。
② 参见夏沁：《农户有偿退出宅基地的私法规范路径——以2015年来宅基地有偿退出改革试点为对象》，载《南京农业大学学报（社会科学版）》2023年第4期。
③ 参见张勇：《农村宅基地有偿退出的政策与实践——基于2015年以来试点地区的比较分析》，载《西北农林科技大学学报（社会科学版）》2019年第2期。
④ 参见李新仓、张梦园：《乡村振兴背景下农村闲置宅基地再利用问题研究》，载《农业经济》2024年第3期。

地使用权人发放地票、转汇资金等。待上述所有步骤完成后,由集体经济组织制定宅基地退出工作实施情况报告,连同上述文书一起报农业农村局备案(见图3-5)。

```
农村集体经济组织初审 ← 宅基地使用权人提出宅基地退出申请
    ↓
形式审查  实地调查
    ↓
宅基地使用权人与农村集体经济组织协商宅基地有偿退出补偿方案
    ↓
在本集体经济组织公示
    ↓
乡镇或街道办人民政府终审 → 签订协议(包括有偿退出协议、退出补偿方案协议、自愿退出承诺书等)
                              ↓
                          宅基地使用权人腾退或放弃房屋,并注销登记  农村集体经济组织实施补偿方案
                              ↓
                          报市农业农村局备案
```

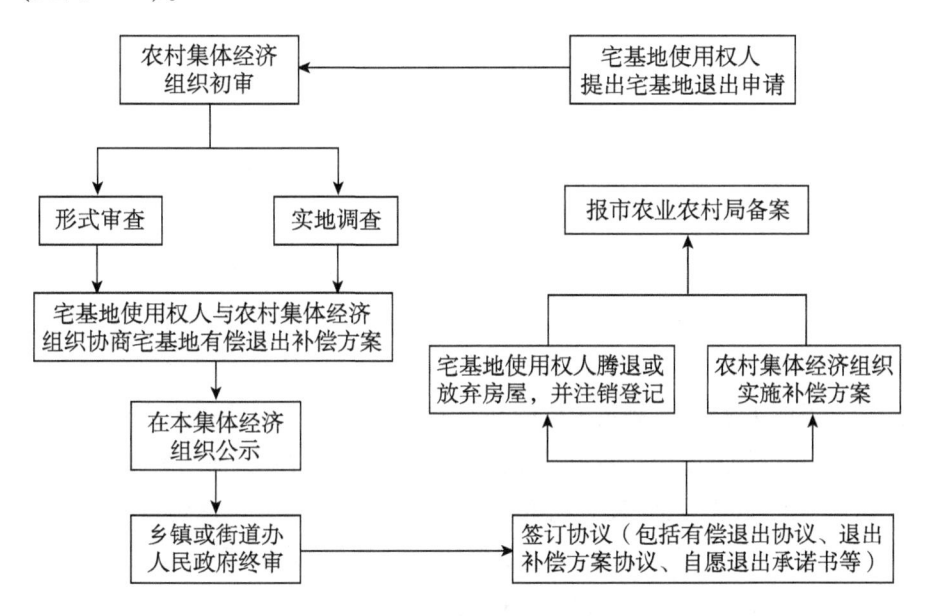

图3-5 宅基地使用权有偿退出的流程

2. 退出后的补偿

其一,确定合理且全面的补偿范围。宅基地是集体成员为生存居住而建造房屋的土地,与生产生活息息相关。[①] 宅基地使用权人在退出宅基地时,集体经济组织需要针对宅基地使用权人所遭受的损失进行补偿,包括宅基地使用、地上建筑物和构筑物的所有权。各试点地区有所忽略的是,权利主体因退出宅基地时所浪费的时间与金钱、短时间内的租赁成本、宅基地价值增值或流转收益等,亦应当纳入补偿范围考虑。因为宅基地退出补偿具有终局性和一次性,故需要综合考量多方面因素,既要核算当下的土地价值,也要考虑未来的增值潜力,同时兼顾地区发展水平差异,以及农民住房成本和土地发

---

① 参见韩松:《宅基地立法政策与宅基地使用权制度改革》,载《法学研究》2019年第6期。

展权等。

其二，建立科学且客观的补偿标准。建立宅基地退出价值评估机制，提高补偿标准的可视化，既能使宅基地使用权人正确认识可补偿价格，也便利于宅基地使用权人与集体经济组织协商达成一致意见。一方面，法律应当统一补偿标准，使得补偿价值核算结果在一定年限内具有普适性，避免评估"因人而设"；①另一方面，考虑到本地经济生活发展水平和农民集体财务承受能力，法律应当授予地方立法机关较大的自由裁量权。此外，评估机制应充分吸收社会公众意见，提高社会公众的参与度。在具体评估过程中，应当选取无利害关系主体实施价值评估工作，保证评估结果的科学性和客观性。

其三，在立法上规定灵活且多样的补偿方式。不同宅基地使用权人资产状况不同，其在退出宅基地后的补偿需求亦不同。立法机关应当充分听取民意，结合当地实际情况，制定多样的补偿方式，供宅基地使用权人自愿自主选择。立法者可借鉴改革实践中的经验，采取包括货币补偿、住房置换、宅票置换、以地养老、入股分红、政府优惠等多元化补偿方式。②宅基地使用权人经与集体经济组织协商，可按照自己的需求灵活性地选择一种补偿方式，或几种补偿方式的融合。退出宅基地的使用权人选择补偿方式后，遵循补偿价值不超过评估价值的准则，根据退出价值测算结果折算相应类型的政策补偿，确定符合农民差异化需求的补偿方案。③

其四，规划持续且充足的补偿来源。立法应当支持拓展宅基地退出补偿资金来源和融资渠道，建立以集体收益补偿为主、政府财政补贴为辅的补偿机制。④集体经济组织可以通过多途径来获取集体收益，如宅基地有偿使用制度、退出宅基地与土地"增减挂钩"相结合等，提高农村集体经济效益，为宅

---

① 参见朱道林、李瑶瑶、张立新：《论土地价格的本质及其来源》，载《中国土地科学》2021年第7期。

② 参见肖顺武、董鹏斌：《中国式现代化视域下宅基地退出中农民权益保障的制度回应》，载《西安财经大学学报》2023年第3期。

③ 参见卞吉：《松江区宅基地自愿有偿退出的政策现状及优化路径研究》，载《上海农村经济》2023年第6期。

④ 参见宋志红：《宅基地资格权：内涵、实践探索与制度构建》，载《法学评论》2021年第1期。

基地退出提供持续的补偿资金。[①] 引导社会资本和农民个体参与政府主导下的退出补偿,建立宅基地退出补偿基金,发展多元化的补偿资金来源和融资模式。同时,政府部门应强化对补偿资金使用情况的审核与监管,专款专用,避免挪用和滥用,以确保农民能按时足额拿到宅基地退出补偿金额。

3. 退出后的权益保障

宅基地是农民安居乐业的生存保障,不仅要进行财产性补偿,也要关注对其公共服务方面的长效保障。其一,应当加强对退出农民的住房政策保障,提供城镇房屋的购房补贴或优惠,与银行合作为进城落户农民的房屋贷款给予政策性利率优惠。其二,应当加强对退出农民的租房政策保障,给予租金减免的优惠,提供包括公租房在内的优质房源。其三,应当加强对退出农民的再就业保障,建立公平的就业环境,提供全面的就业信息,对农民进行劳动技能培训和就业指导。其四,加强对退出农民的户籍保障,积极安排退出权人落户到城镇,放宽落户城镇的条件限制。其五,加强对退出农民子女的教育保障,解决退出农民的子女上学问题,划定一部分优质教育资源作为进城安置农户的政策激励,满足退出农民对提高子女受教育水平的需求。其六,加强对退出农民的社会保障。针对进城落户的农民,为其提供与城镇居民相同水平的社会保险,包括医疗、养老、生育、失业等各个方面;针对仍然留在农村的退出农民,完善新型农村社会保障体系,提高其福利待遇水平。

二、宅基地退出后的再利用

宅基地退出后再利用的具体实践模式,目前鲜有学者梳理归纳。为解决现实障碍,只有以整体视角对差异化的宅基地类型进行系统归类,才能有效整合不同类型宅基地发展的差异化诉求,充分挖掘宅基地的财产价值。[②] 首先,受传统观念里宅基地居住保障功能属性的影响,目前宅基地的取得仍然

[①] 参见郎秀云:《"三权分置"制度下农民宅基地财产权益实现的多元路径》,载《学术界》2022年第2期。

[②] 参见佟彤:《论乡村振兴战略下农村闲置宅基地盘活制度的规范协同》,载《中国土地科学》2022年第9期。

侧重于无偿使用。对以无偿使用为原则以有偿使用为例外的取得模式，尚缺失具体规则。①其次，以户为单位的分配制度是目前我国农户取得宅基地的主要方式，"一户一宅"宅基地取得制度导致的土地资源浪费等现象，与维护宅基地社会保障功能的政策目的相矛盾。②鉴于此，立足于宅基地退出后再利用的整体性研究，对试点地区的具体实践模式进行归纳与总结，厘定参与主体，构建以集体经济组织、集体公司、信托公司为主体的宅基地退出后再利用的制度路径。但基本路径在具体实践过程中出现内外部环境冲突，故仍需从规制宅基地整合方法、分配方式、利用主体等各个角度补足制度缺陷，以期宅基地退出后再利用制度路径臻于完善。

（一）宅基地退出再利用的实践模式

1. 集体主导盘活宅基地

在宅基地制度改革过程中，村集体以主体身份主导，充分发挥宅基地的财产属性，对促进村集体经济增收、完善农户的居住环境和生活条件等福利保障具有不可替代的优势作用。首先，退出后的宅基地呈现出碎片化的状态，农户自主流转难以形成规模效益。反观之，集体可以凭借系统化的经营管理集约化整合宅基地，形成规模效应，宅基地对公司、个人等社会投资主体的吸引力也随之增强，宅基地的财产价值因外来活力的注入和新形式的创造而充分激活。其次，农户自组织的形式已显露弊端，诸如法律意识薄弱、知识储备匮乏，进而导致逐利上的短视和组织协调沟通能力的欠缺。相较而言，农村集体经济组织具备聚拢高学历、返乡创业人才的优势，能够实现宅基地的流转、经营、管理专业化，合同签订、市场交易实现规范化和秩序化，在此基础上以特别法人的身份主导宅基地退出后的再利用可以补足农户自组织形式的缺陷。社会投资经营者的合作经营和共同创收意愿也因此增强，进一步激活宅基地盘活市场。因此，农户自主流转模式向集体主导盘活利用模式的

---

① 参见夏沁：《农户有偿退出宅基地的私法规范路径——以 2015 年以来宅基地有偿退出改革试点为对象》，载《南京农业大学学报（社会科学版）》2023 年第 4 期。

② 参见吕萍、邱骏、宋澜：《多视角认识我国宅基地制度改革的逻辑》，载《中国土地科学》2023 年第 5 期。

转变逐步形成新的局面,实践中集体主导盘活宅基地的类型主要包括三类。

(1)委托代理型。委托代理型表现为不愿退出宅基地的农户将宅基地委托给集体,集体对宅基地整合后流转给经营开发商,经营开发商作为受让方取得宅基地经营权。在集体主导盘活宅基地领域,农户享有委托期间宅基地使用权,因而农户的退出意愿不在考虑范围之内,这是区分于下述两种模式的关键。在实际践行过程中,农户的意愿受诸多主客观因素影响,比如,乡土情结、传统的宅基地私有认知等主观因素;退出后的补偿、住房等社会保障机制不健全等客观因素。基于此,委托代理型刚好契合农户不愿退出宅基地的心理意愿,因而具有显著优势。委托代理型的具体流程如下,首先,农户向本村集体经济组织提出委托代理的申请,申请通过后共同签署《农房委托流转协议书》,宅基地的使用权委托给村集体。该流程可以通过参照浙江省嘉兴市秀洲区设立的农村产权交易平台来完成。其次,集体经济组织在接受农户的委托之后以自己的名义通过出租、入股、合作经营等方式实现宅基地入市流转,充分挖掘宅基地财产价值,实现村集体主导的宅基地规模化、组织化流转模式。最后,委托流转过程涉及委托流转协议和宅基地经营权流转协议。前者由集体与农户签订,内容需明确流转范围、协议期限、利益分配等;后者由集体与受让方签订,内容需明确流转期限、流转价款、经营范围等。农户则可以基于委托流转协议获得分红或者收取资金。

(2)转移回购型。转移回购型表现为在符合国土空间规划和用途管制的前提下,农户自愿退出的宅基地经集体统一规划后,可依法转为集体经营性建设用地,通过出让、租赁等方式入市流转,在约定期限内,农户享有宅基地的资格权及到期时的优先回购权。在集体主导盘活宅基地领域,约定期限内宅基地的"地性转换"是该种模式区分于另外两种模式的关键。"地性转换"是指村集体收回闲置宅基地后,经过申请、审批等法定的用途变更程序,转变为集体经营性建设用地。转移回购型区分于委托代理型的关键在于,其须建立在农户自愿退出的前提下。转移回购型的具体流程体现为,首先,具有退出宅基地意愿的农户自主退出宅基地。其次,集体收回宅基地后完成集约化整合及集体经营建设用地的"地性转换"。再次,集体以自己的名义与受让方合作完成集体经营建设用地使用权的出让等入市交易活动,并收取收益及增值收益。最后,在约定的宅基地经营权转移期限届满时,农户以其依旧保留的宅基地资格权从受让方手中收回宅基地,也可以采取由事先协议并发放的地票来回购宅基地的方式,或者由受让方提供集中的居住安置。该种模式可以四川省泸州市的"共建共享"模式为例,即社会主体与农户约定宅基地的流转,在流转期限内,社会主体基于集体经营建设用地使用权取得宅基地上的权利,流转期限届满后,农户基于其保留的宅基地资格权恢复取得宅基地使用权。相较于委托代理型,此种路径模式以其保留重新占有宅基地、恢复宅基地使用权资格而具有显著优势,大大增强了农户退出宅基地的意愿,免除其后顾之忧。

(3) 永久退出型。永久退出型表现为集体在农户自愿退出宅基地的前提下收回宅基地,并自主开展对宅基地的整合利用。在集体主导宅基地盘活利用领域,农户的永久退出是该模式区分于上述两种模式的关键。在永久退出模式中,农户不再享有宅基地资格权和宅基地使用权,宅基地的所有权归属于乡村集体,集体经济组织基于农户的永久退出实现对宅基地的流转与利用。集体经济组织可以其享有的宅基地经营权,在土地用途管制的范围内,通过该种模式直接实现对宅基地的流转与利用,具有简化程序而提高宅基地流转利用效率的显著优势。对于村庄内绝亡户、无主的宅基地,用途与批准不匹配的宅基地,非法转让的宅基地等特殊情形下的宅基地,集体也可以主动收回并通过以上方式盘活利用,但同时可能会面对农户自主退出宅基地意愿薄弱的境况。最后,宅基地经营权的流转以集体与受让方签订合同的形式进行,合同内容应包括宅基地经营权流转的期限、方式、价款。受让方在流转期限内有权对宅基地占有、使用、依法开展经营活动并收取增值收益,并享有流转宅基地经营权给第三人的权利,但需经集体经济组织的同意。该模式以三亚市农村盘活利用宅基地的办法最为典型。[①] 只有赋予宅基地退出后再利

---

① 参见罗亚文:《集体主导盘活闲置宅基地的实践路径及制度规范》,载《中国土地科学》2023年第 5 期。

用模式更多的灵活性,才能使宅基地的财产属性得到充分彰显,实现人口与土地耦合的新型城镇化。

2. 集体公司的租赁和合股经营模式

集体公司的运作模式体现为通过租赁和合股经营的方式主导宅基地退出后的盘活利用。具体表现为以下两种方式:其一,集体对退出后的宅基地进行整合后,由集体公司通过招商方式进行盘活利用。首先,由集体公司出资将退出后的宅基地翻修改造成商业经营性用房,形成规模效应。其次,集体公司可以自己的名义面向村内和村外的社会层面召开招商会进行招商引资。招商要综合评估宅基地的区位条件、基础设施和资源潜力,投标项目的实际投资实力以及项目团队的综合实力,以具有创意性、实效性、可持续性作为最终的项目选取标准。再次,针对基础设施完善、区位条件优异及资源开发潜力大的宅基地,集体公司可以挖掘其内部空间的资产价值,并以之作为固定资产对外招租。集体公司的开发经营项目多样,主要围绕文化休闲服务产业,比如本地特产餐饮、亲子农耕体验生活、乡村特色文化产业、民俗旅游、电商等。最后,集体公司以主体身份负责项目日常运行所需的管理、服务、经营事务,并通过积极举办创意活动等方式负责项目的宣传,以创造知名度、吸引客源,开拓市场。其二,集体公司将退出后闲置的宅基地的使用权打包,或者分别流转给具有开发意向的旅游企业,并合作经营。企业还应当在村庄的整体规划原则指导下对宅基地上房屋进行翻修改造。租金的计算采取以下方式:对于五年租期内的租金,企业可因对房屋改造的投资而免除,从第六年起按照合同约定收取资金;同时明确约定旅游企业需每年向农村集体经济组织成员缴纳的分红数额,分红金额随着签约年份和收入增长逐年递增;并约定按照固定标准给付综合协调管理费。合同约定期限届满后,集体公司可以自由选择是否续约。①

---

① 参见齐琪等:《乡村振兴背景下宅基地功能转型机理与模式研究——基于典型村庄的案例分析》,载《中国土地科学》2020年第6期。

3. 农户和信托方合作的运作模式

农户和信托方合作的运作模式具体体现为农户将宅基地使用权信托给信托公司，使之作为固有的信托财产独立运作，不受农户和信托公司的支配。农户是委托人，享有信托期间宅基地产生的收益，且宅基地的使用权在信托合约到期后由农户取得。信托公司是受托人，享有对信托财产的管理、处分权，负责宅基地的经营管理事务并依照合同约定取得报酬。受托人和受益人双重身份的叠加为农户自身权益提供切实保障，受托人以其自身的行业专业性包揽经营管理事务，精准增强宅基地资源的利用效能，消弭了集体经济组织的收益谈判力和统筹管理能力薄弱的不足。宅基地信托运作相应的法律规制具体可以从以下几个方面细化：第一，宅基地信托的当事人向不动产登记机构申请信托登记。第二，通过增设宅基地的流转条件，明确宅基地的用途管制等受托人应当履行的义务，使受托人于信托期间享有的宅基地上的权利受到适当约束，以避免损害委托人的利益。第三，依照相关法律规定和合同约定，受托人将其固有财产和信托财产与其他不同委托人的信托财产予以分别管理，并增设公平义务。第四，设置信托监察人，完善宅基地的信托监督机制。通过以上法律规则的确立实现宅基地信托模式的良性运作。此外，受托人应当依法承担相应的信托责任，主要体现在以下两个层面，首先，受托人应当履行合同义务，但无须为委托人是否从宅基地中获益的结果负责，因此不必以信托财产以外的财产对委托人承担责任。其次，受托人因其对宅基地的管理、处分而产生的对第三人的责任，仍在其信托财产限度内承担。信托管理在有效设立后，不因委托人或受托人任何一方的死亡、破产等原因中止，除非法律或信托文件中另有规定。[①] 在该种模式的运作下，受托人以其专业的经营管理技能充分挖掘信托财产的潜力，比如发展现代农业、生态旅游、传统工艺、民宿等新业态，有利于宅基地资源价值的充分发挥。

[①] 参见文杰：《"三权分置"下宅基地信托的运作模式与规则构建》，载《西北农林科技大学学报（社会科学版）》2023年第5期。

(二)宅基地退出再利用过程中存在的法律问题

1.退出后的宅基地具有差异性

退出后的宅基地呈现出差异化的特征,具体表现为宅基地所属乡村发展方向,与宅基地退出后再利用路径间互相牵制的复杂关系。从土地要素本身来看,区位条件、自然资源储备、经济发展基础、文化积淀和社会组织结构是影响宅基地利用的重要元素。从乡村角度来看,宅基地的功能转型、空间整合及权利配置受限于其发展方向,因此退出后的宅基地再利用模式与所属乡村之间的配置方式不具备普适性。本书综合以上因素将宅基地划分为资源优势宅基地、资源平庸宅基地、资源劣势宅基地。

资源优势宅基地依托其具有开发潜力的特色资源,在差异化的宅基地分类中具有突出的比较优势。其优势资源可区分为自然资源和社会资源,自然资源体现在区位条件、地形地貌景观、土壤条件、气候条件等;社会资源体现在历史底蕴、民族民俗、宗教信仰等。同时,依托其突出的区位优势,得益于中心城市的城市化和市场化辐射,在社会资本参与和政府引导等外生力量的推动下,该类型村庄原有的内生产业优势得以显现,乡村的发展方向因此趋向于非农化。基于特色资源产业发展的基础性优势,在市场的活跃因子作用下,实现要素优化配置和产业链的多维度拓展,是该类宅基地退出后再利用的发展方向。

资源平庸宅基地依托其相对匮乏的特色资源和初显的投资属性,基于对乡村发展规划的细化,探索更适于本村情境的发展路径。在现有发展境况下,该类宅基地当前的产业结构畸重于传统农业,利润丰厚、创造性强的非农产业相对弱化,二者对宅基地盘活的利用效益的差别尚未得到重视。[①] 此外,人才和资本聚拢力的相对弱势致使其错失非农业发展的机遇。受限于落后的农村观念及较低的城镇化水平,此类宅基地往往呈现出空间分布无章可循、面积恣意超标、"一户多宅"等现象。在乡村振兴战略导向的产业兴旺、生

---

① 参见姚树荣、景丽娟、吕含笑:《基于乡村异质性的宅基地发展权配置研究》,载《中国土地科学》2022年第1期。

态宜居等发展理念下,该类宅基地的盘活利用方向着力于住房质量、居住环境的改善需求。

资源劣势宅基地因受其资源绝对匮乏的限制,市场化盘活开发落后,发展方向因应转向农户生计和生态修复问题的解决。该类宅基地的弱势主要体现在生态环境脆弱、自然环境贫瘠、区位劣势、城乡要素双向流动性较弱等,乡村城市化和市场化活力因而随之削弱。就人才资源而言,农户收入水平和生活条件的低下使得该区域常处于人口净流出状态,人才资源的流失致使宅基地投资属性的彰显受阻。因此,该类宅基地的盘活利用应通过强化农户的保障型居住需求,进而挖掘宅基地的潜在价值。

2. 无偿分配制度实施困境

宅基地的无偿分配是我国农村土地法律制度中的特有概念,彰显了传统浓厚的资源分配属性,体现了我国宅基地分配维持居住保障的羁束功能,当前却成为宅基地退出后再利用制度运行的阻滞因素,其根由在于,宅基地的居住属性约束了市场优化配置路径。具体而言,首先,无偿分配制度虽然通过切断流通保障了集体成员住房宅基地的居住属性,但农民通过市场的平台交易宅基地的可能也因此受到阻断。而且,其以近乎零成本换取宅基地的无限期使用,无疑大大降低了宅基地存量的配置效率,进而导致土地资源浪费。[①] 其次,在新申请的宅基地可以交易、抵押方式创造经济收益的政策激励下,宅基地的申请数目激增。但基于兼顾耕地红线的坚守和宅基地资源配置效率持续提高的目的性约束,在宅基地总量制定限制指标的总体趋势下,可供分配的宅基地已濒临匮乏。[②] 最后,在个体农户单一逐利目标的驱动下,农民违法占用宅基地的道德问题日益凸显,农村人口向城市涌入的热潮致使宅基地大量闲置。综上所述,无偿分配制度导致大量耕地被占用,市场调节缺位的制度弊端加剧了宅基地需求与耕地保护的矛盾。概言之,实现土地资源

[①] 参见王艳西、谢永乐:《农村宅基地有偿使用市场化的经济分析与路径构建》,载《农村经济》2022 年第 2 期。

[②] 参见胡新艳、许金海、陈卓:《中国农村宅基地制度改革的演进逻辑与未来走向》,载《华中农业大学学报(社会科学版)》2021 年第 1 期。

的市场化配置与宅基地分配制度的有效耦合是解决无偿分配制度所面临困境的关键性举措。①

3."户有所居"缺乏制度保障

农户居住利益的保障与宅基地市场交易需求的满足之间的协调与平衡,是目前退出后宅基地整理利用的重要关切。在当下宅基地市场化配置需求强烈的背景下,传统的以户为单位的宅基地取得制度与市场发展趋势相悖。为有效应对以上挑战,"户有所居"的标准和实现方式亟待合法确认。亟待解决的问题主要体现在:其一,明确集体经济组织成员的认定标准是实现"户有所居"宅基地分配方式的前提。由于集体成员身份科学完善认定标准的缺位,致使宅基地取得过程乱象丛生。其二,"户"的认定标准和实现方式是以户为单位的宅基地分配的核心。为实现"户"内成员都能享有宅基地分配权,并能够行使宅基地资格权,"户"与集体经济组织成员的关系亟待澄清和释明。② 其三,厘清宅基地上的权利关系的合法性来源,构造以"人"为单位取得宅基地的基本制度。其四,由于集体经济组织成员的身份是取得宅基地的前提,农户取得宅基地不能采取流转的方式,集体经济组织成员之外的社会主体也无法通过买入、租入等方式取得宅基地,比如城市居民。简言之,宅基地的身份属性与宅基地要素资源的市场化配置之间的矛盾冲突日益加剧,"户有所居"的法源缺陷急需完善。

4.宅基地规模和布局失调

随着宅基地增值收益的外化与显现,农户宅基地财产利益诉求日益彰显,我国大量农村地区的宅基地规模随意扩张,布局严重失调,规划与重构宅基地的利用已成应然之势。目前潜在不利因素主要体现在以下方面:首先,村级土地利用缺乏长效规划,对宅基地的开发利用欠缺前瞻性,因而在实践中显露出诸多非合理性弊端。其次,我国目前土地用途管制工作相对单调,畸重用地规模分配,相对忽略宅基地资源价值的有序利用,因而导致宅基地

---

① 参见夏沁:《论宅基地制度有偿改革的基础权利构造》,载《农业经济问题》2023年第2期。
② 参见余永和、赵凤鸣:《农村"一户一宅"的改革探索、遗留问题与完善对策——基于江西省余江区宅基地试点改革的考察》,载《农村经济》2021年第12期。

利用的混乱无序。再次,违规建设宅基地的乱象丛生。随着经济的快速发展和家庭人口结构的变化,农户基于自身居住品质提升的需求自觉转向品质更优异的区域新建宅基地,以致出现了道路周边及耕地都存在建设新房的现象。① 最后,现有乡村建设规划方案不科学。在无章可循的情况下,宅基地规模以不经规制的秩序持续扩张,造成宅基地违规使用情况增多、社区活动空间被挤占、供水排水通道受阻、垃圾的后续处理不便等一系列社会管理的困境。总而言之,在现有政策和土地利用长效规划缺失的制度背景下,宅基地的规模和布局逐步走向失衡混乱,实际阻碍了宅基地退出后再利用,如何协调宅基地市场发育与宅基地有序开发、长效规划问题成为当务之急。

5. 集体经济组织的作用弱化

充分发挥集体经济组织在宅基地退出后再利用的主导作用,对提升宅基地利用效益、缓解用地矛盾具有不可比拟的优势。而在现实的实践过程中,较为重视个体农户对宅基地的收益诉求,忽视集体组织基于宅基地所有权享有的管理效益。② 其弊端主要体现在:第一,缺乏中央及地方政府的有效制度供给和制度创新。在农村集体经济组织成立初期,有效制度供给缺失,逐渐暴露出村集体经济组织框架的不完善和管理能力的匮乏。比如,自治职能的履行组织涣散、调控能力匮乏,导致针对违法占地、违规交易等乱象的管理疏忽。③ 与此同时,因地制宜的发展规划的缺失,更加不利于宅基地退出后再利用工作的顺利开展。第二,乡村高素质的人才缺口问题凸显。新型农村集体经济组织的行为逻辑是统筹分散的农户和零散的宅基地,这就需要充分发挥村集体组织领导的主动性和创造性,而目前的村集体组织中能对经济发展起到实质性推动作用的人才有限,随着城镇化水平的提高和工业化程度的迅猛发展,农村传统农业逐步向非农产业过渡,且农村人口也逐步向城镇转移,高

---

① 参见杨雨晴、张立恒:《乡村振兴视域下农村宅基地制度改革路径研究》,载《农业经济》2023年第9期。

② 参见徐丽姗、杜恒志:《全面推进乡村振兴视域下发展新型农村集体经济的困境、成因与对策分析》,载《云南财经大学学报》2023年第8期。

③ 参见杨庆媛等:《中国农村宅基地资产化研究进展与展望》,载《中国土地科学》2022年第7期。

校毕业生和返乡创业的人才大量外流,创新型人才的匮乏阻滞了新型农村经济的发展。第三,家庭联产承包责任制遗留的传统观念根深蒂固,集体经济意识淡薄致使组织基础的效能被弱化。① 而以农户为中心的盘活路径属于以个别分散的方式对土地利用实施边际调整,同时仍需承担居住保障功能。仅以挖掘其财产价值为导向呈现出单一性和依赖性,与乡村振兴战略导向的土地集约利用、生态宜居、产业兴旺等新发展理念相悖。②

(三)宅基地退出后再利用的规范路径

1.合理规制宅基地类型

基于上文对宅基地的分类,在保护耕地红线不受侵犯的总体要求下,通过控制建设用地指标管理,制定宅基地面积标准,充分挖掘宅基地资源的财产价值,满足乡村振兴战略的现实需求。其具体举措包括以下方面:其一,增强对农村土地资源中建设用地的指标管控。以宅基地呈现出的差异化特征为依据,分别规定用地限额和建设用地控制指标。其二,制定宅基地面积标准。各省、自治区、直辖市应在考察本地宅基地用地规模、建设用地需求等实际状况的前提下,因地制宜地提出宅基地面积标准,优化宅基地资源配置方案,避免土地资源的浪费。其三,严格遵循宅基地审批程序,全面落实确权颁证、房地一体审批发证。在掌握退出后宅基地的分布、权属、建筑结构、面积等底数,了解农户真实意向的基础上,制定科学的村镇规划,通过严格的法律程序全面清理"违建多占""一户多宅"等历史遗留问题。其四,控制不同宅基地类型的用途管制程度。依据不同种类宅基地差异化的发展阶段,逐步放松对宅基地的用途管制。其五,确定合同文本的基本内容。内容的确定应当坚持国家政策的引导,并同省级农业农村、城乡建设、自然资源及发展和改革委员会等部门一同研究协商确定。

---

① 参见张新文、杜永康:《共同富裕目标下新型农村集体经济发展:现状、困境及进路》,载《华中农业大学学报(社会科学版)》2023年第2期。

② 参见吴宇哲、于浩洋:《农村集体建设用地住宅用途入市的现实约束与赋能探索》,载《中国土地科学》2021年第5期。

2. 优化无偿分配制度

在宅基地居住保障功能与财产功能的矛盾冲突日益凸显的背景下，实施以无偿分配为原则，探索有偿使用的宅基地分配制度，是缓解矛盾的有效途径。现行的宅基地无偿分配制度，成为在宅基地市场化洪流中保留宅基地传统的居住保障功能的重要路径。因此，坚守无偿分配原则的底线，积极探索因地制宜的有偿取得制度，有助于在保障农户历史遗留的既得利益前提下，推进宅基地资源市场化配置进程。① 具体体现在以下诸方面：第一，规定宅基地面积限定标准。对于超过面积限定标准占用宅基地、传统问题遗留下的一户占用多处宅基地、本集体经济组织以外的成员以合法方式占用宅基地等情形，均需按照面积限定标准缴纳相应数额的费用。第二，对宅基地选位制定有偿标准。缴费村民可优先自主选择交通便利、自然环境优越等区位优势明显的宅基地；未缴费村民则随机获取。第三，超标使用费强制补缴。如若村民不补缴，则需退还超标占有的宅基地面积。但需要明确，有偿使用收费制度作为一项经济措施，其目的是倒逼农户退出超占宅基地，不能成为取得"超占部分"宅基地使用权的合法途径。

3. 创新"户有所居"的新型模式

将"户有所居"的新理念融入传统的"一户一宅"宅基地制度基础，兼顾挖掘宅基地的财产权益和保障农民居住权益的双重目标。首先，面对违反标准占有宅基地的农户，拆除成本高昂或阻力大，则暂不强制退出而以有偿使用为补充。② 有偿使用的收费标准应当在综合考虑家庭成员人口数量、宅基地面积大小、基准地价等因素下，针对不同类别的宅基地分别确定，并保证该价格可在一定范围内浮动。其次，关于"一户一居"，即以集中的住房安置聚集农户，但依旧须在"一户一居"的标准之内。"集中安置"的实现方式具体包括由村民主导的村民自主安置和由政府主导的政府集中安置两种类型。村民

---

① 参见唐丽霞、刘浩然：《农村闲置宅基地有效利用：动力基础与实现路径——基于昆明市乡村振兴试验区Y村的观察》，载《南京农业大学学报（社会科学版）》2023年第2期。

② 参见管洪彦：《农村宅基地分配制度：历史演变、运行困境与改革思路》，载《南京农业大学学报（社会科学版）》2022年第4期。

自主安置即村民自行出资建房,村委会充当协助的角色。[①] 该种模式是在筹集资金的刺激下自发形成的,但因其对经济条件及村民的积极性和自组织能力要求高,在实践中落实较少。相较而言,政府集中安置因具备村民自负成本较低的显著优势,在实际生活中比较常见。[②] 一般情形下,农村集体建设用地的规划工作必然由政府承担。在后续集体安置住房施工开始前后,关于施工项目资金的筹集、具体施工过程中的详细工作安排等涉及村民重大利益的事项须与村集体协商决定。在安置住房竣工后,鼓励引导村民自愿"退地换房",实现村民的有序安置,进而实现宅基地资源合理配置、提高土地利用效率之目的。

4. 遵循"面积限定"与"规划管控"的管制规则

遵循"面积限定""规划管控"的管制规则是解决宅基地规模随意扩张和布局混乱问题的关键制度性方案。首先,"面积限定"是指农户取得的宅基地不得超过依规限定的面积标准,无论合法与否,否则超过部分要有偿取得或者直接退出。对其具体管理立法应从以下层面予以完善:其一,明确规定"面积限定"的标准。各省级相关部门应综合考量本地实际的人口密度、产业构成、经济发展、宅基地类型等因素,在坚守耕地红线的原则下,分门别类地制定该标准。其二,严格把控审批管制,严防禁止审批通过的情形出现。例如,现有宅基地满足分配标准无须再予以调整,与本地宅基地面积控制标准不相符或者不在本地国土空间规划之内。其三,明确超标准面积的治理方式。可鼓励引导农户自愿有偿使用超标准的宅基地面积。其次,从"规划管控"的层面具体而言:其一,依据国土空间规划,严格管控宅基地的规模和布局,同时根据具体情况合理预留居住保障型宅基地。其二,严格职责分配,协同合作。对相关部门的职责权限进行明晰的界定和划分,并借助互联网平台实现信息

[①] 参见孙建伟:《"户有所居"的法律实现路径探究——以〈土地管理法〉第 62 条第 2 款为视角》,载《上海政法学院学报(法治论丛)》2024 年第 1 期。

[②] 参见韩松:《论乡村振兴背景下农民户有所居的住房保障》,载《法律科学(西北政法大学学报)》2022 年第 2 期。

资源共享及具体工作的协同合作。① 其三,加强监督和管控,完善宅基地面积的审核、公示和监督制度。

5. 发挥集体经济组织的治理作用

集体经济组织充分彰显其主体身份,在宅基地退出再利用过程中充分发挥协调引领作用,是开发潜在的宅基地资源,推动乡村振兴的重要引擎,强化集体组织作用的关键性制度举措;集体经济组织有助于实现集体组织在农户取得宅基地的审批程序中有法可依,彰显其法定代表行使主体的身份。具体而言,首先,村集体组织应当积极主动担当农户和上级领导组织之间沟通桥梁的角色,既要向农户做好宅基地退出相关政策和制度的解释工作,也要将农户的正当利益诉求和意见建议积极向上反映。其次,集体经济组织要明确界定各基层组织的治理边界和其主体责任,防止出现行政权力的行使蔓延至村集体经济组织,甚至全面包办、代替的现象。集体经济组织可以通过制定科学合理的自治组织章程来规范治理秩序,规避内部结构混乱、治理程序失范等弊端。再次,地方政府应当及时出台相关政策。比如,增加城乡建设用地交易指标,为退出宅基地后农户的集中安置提供资金和用地保障。最后,制定完善集体收益的法定分配规则。在规避被村干部或其他少数人操纵、侵占的现实风险下,综合衡量客观给付补偿、农户退出意愿、公益性和公共性等因素确定收益分配的给付顺序。

总之,宅基地退出后再利用制度路径存在上述集体主导盘活宅基地、集体公司的租赁和合股经营模式、农户和信托方合作等三种模式,本书通过揭示乡村发展异质性与宅基地退出后再利用整合方式间存在的内在逻辑,在此基础上对现有宅基地类型制作对比分析,寻求更为适配的制度路径构建的切入点。结合乡村振兴战略下产业用地市场化配置理念,以多种不同主体为落脚点,构建了宅基地退出后再利用的一般模式,从集体主导到集体公司统一盘活再到借助信托的运作模式,在保障宅基地居住属性的基础上,充分挖掘

---

① 参见陈昌玲、诸培新、许明军:《治理环境和治理结构如何影响宅基地有偿退出——基于江苏省阜宁县退出农户集中安置模式的案例比较》,载《中国农村经济》2023 年第 8 期。

宅基地的财产价值。同时,该三种模式既能消除农村自组织自主盘活宅基地非专业性的弊端,也能平衡宅基地盘活权利集中于集体经济组织,难以适应市场化配置的境况。在无偿分配、"一户一宅"等根深蒂固的传统制度观念的影响下,宅基地退出过程必然面临重重阻碍。为保障宅基地退出的顺利推进,通过整合差异化的宅基地类型、优化无偿分配制度与有偿分配制度的结合、创新"户有所居"的新形式、加强对宅基地的规划管控以及强化集体经济组织作用等举措,提升退出后宅基地盘活制度的体系效益,为宅基地的退出后再利用提出科学完善的依据和理论支撑。

三、宅基地使用权的收回

(一)宅基地使用权收回的困境

宅基地使用权收回是农村集体经济组织作为所有权主体依法定收回事由对其进行收回,对化解"空心村"、优化宅基地闲置率过高具有重要意义。但从法规范上分析,宅基地收回制度依然相对薄弱。基于法律规范的缺失,在司法实践的适用上存在模糊地带,从而导致在实际收回中极易发生纠纷。

1. 宅基地使用权收回的法规范缺失

宅基地使用权的收回是盘活利用宅基地的前置程序。收回权作为集体土地所有权的一项重要权能,具有彰显所有权的价值,但是在强化宅基地福利性和保障性的政策背景下,宅基地使用权的收回常被误解为对农民土地权益的一种侵犯。《民法典》采用转介性条款将宅基地流转交由其他法律规制,《土地管理法》第66条第1款规定了宅基地使用权收回的3种情形,而《农村宅基地管理暂行办法(征求意见稿)》第31条在此基础上扩充至7种情形,丰富了收回制度的类型,但立法回应仍有局限与缺漏。

在法律层面,宅基地收回的规范主要集中于《民法典》和《土地管理法》。《民法典》物权编对宅基地使用权予以专章规定,但仅仅罗列了4个条文。基于宅基地使用权的特殊性和未来改革需要的考量,《民法典》并未完整地对宅基地使用权的设立、效力等问题作出具体的规定。《土地管理法》第66条对土地使用权收回进行了规制,相较《民法典》,该条文规定的收回事由更为明确具体,但并非单独针对宅基地使用权收回问题而设。从类别上看,农村土地使用权是宅基地使用权的上位概念,对于宅基地的收回事由理应适用本条之规定。除此两部法律外,并没有其他法律予以规制。

宅基地收回作为一项重要的法律制度,因缺乏直接的法律规定,唯有从效力位阶低于法律的行政规章、部门规范性法律文件中去分析,国务院也相继出台了一些规范性文件来规范宅基地的收回,比如原国家土地管理局1995年就早已经明确对于空闲、坍塌、拆除两年以上未恢复使用的宅基地,可经批准后收回。除此之外,1997年出台的《中共中央、国务院关于进一步加强土地管理切实保护耕地的通知》第4条规定了对于农户多出的宅基地,要依法收归集体所有。该规定对于宅基地的收回事由进一步拓宽,以严格限制"一户一宅"的分配制度。但是因上述部门规章或文件年代久远且实际运行的阻力较大,导致在实践中宅基地使用权的收回往往被虚置。基于此,2022年年底农业农村部印发了关于《农村宅基地管理暂行办法(征求意见稿)》,该征求意见稿首次对于宅基地收回的事由以及程序进行规定,其对于宅基地收回制度的规范化与制度化具有重要意义。同时对比《土地管理法》的收回事由,《农村宅基地管理暂行办法(征求意见稿)》第31条将收回事由进行了细化和丰富(见表3-4)。虽然《农村宅基地管理暂行办法(征求意见稿)》首次将宅基地的收回条件予以明确,但甚为缺憾的是,该征求意见稿对宅基地收回制度的规定相对较少,仅仅规定了宅基地的收回事由,以及收回之后的注销,对于其他收回相关的配套程序均没有明确规定,在实际运转中可能发生收回不规范等风险。

表3-4　收回事由的对比

法律、部门规章文件名称	法条	收回事由
《土地管理法》	第66条	1. 公共设施、公益事业 2. 违反用途 3. 撤销、迁移停止使用

续表

法律、部门规章文件名称	法条	收回事由
《农村宅基地管理暂行办法(征求意见稿)》	第31条	1. 公共设施、公益事业 2. 异址新建、集中安置后需收回原宅基地的 3. 农户消亡且无人继承 4. 被继承住宅倒塌、依法拆除、鉴定为D级危房，继承人不符合条件的，有历史文化价值的建筑依规定处理 5. 批准后两年未开工建设，特殊情况除外 6. 不按照批准用途使用宅基地 7. 法律法规规定的其他情形

2. 宅基地使用权收回的司法困境

依托威科先行数据库，以2019年修订后的《土地管理法》为时间起点，在"本院认为"部分以"收回土地使用权""宅基地"，法律依据"《土地管理法》第66条"为关键词进行检索，共检索到了161件裁判案件，民事裁判48件，占比29%；行政裁判113件，占比79%。其中，一审裁判78件，二审裁判66件，再审裁判15件。通过对上述司法样本的分析，大致可以反映出宅基地使用权收回的法律运行逻辑。

首先，宅基地使用权收回的地域分布上存在明显差异。根据样本的统计，宅基地使用权收回的案例地域分布情况如表3-5所示。宅基地使用权收回的案件分布较为分散，主要集中在天津、山东、河南、河北、北京等区域。上述地区的裁判案例，与其当地的城镇化推进存在密切关联。根据案件的统计，各地区诉争的缘由存在差异，如天津市的城镇农民安置房建设，河南省部分地区的城中村改造，山东省新农村建设中的易地搬迁等，但争议的焦点却均集中在收回程序的合法性和合理性上。同时宅基地使用权的收回是增加城市土地供应的主要方式，收回制度本身存在的不足导致在实践中并没有极高的适用率。法律对于宅基地使用权收回制度的规定较为笼统且不够细化，使得纠纷主体很难对法院的裁判信服，因此，大量的宅基地使用权纠纷案件都经过了二审、再审诉讼程序。

表 3-5 宅基地使用权收回司法样本的地域分布情况

单位：件

数量	天津	山东	河南	北京	山西	河北	安徽	湖北	广西	江西	四川	重庆	辽宁	新疆	浙江
案件数	29	27	24	21	16	12	4	3	3	2	2	1	1	1	1

其次，不同法院对于收回纠纷的案件性质认定不一。司法实践中对于宅基地使用权收回的性质并未予以明确，从而导致在实践中出现民事和行政分流的情形。在裁判样本中，民事裁判相对较少，案件多为村委会作为原告请求村集体经济组织成员依法归还其决定收回的宅基地，大部分法院也以原告收回宅基地使用权的行为符合集体组织成员利益及法律规定，并报请了原批准用地的人民政府批准，程序合法，故对其诉求予以支持。[1] 但是，部分法院在审理相关案件时，以本案并非平等主体间民事纠纷，不属于人民法院民事案件受案范围，裁定驳回了原告的诉讼请求。[2] 在样本较多的行政案件中，政府对宅基地使用权收回的"批复"是否符合行政诉讼受案范围存在争议，如北京市高级人民法院认为，报经原批准用地的人民政府批准是农村集体经济组织收回土地使用权的法定义务和前置程序，被诉"批复"属于行政机关作出的不产生外部法律效力的行为，对被告合法权益明显不产生实际影响，故不属于行政诉讼受案范围。[3] 但是对于同样的"批复"，天津市高院在裁判中认为，"批复"已经直接对上诉人的权利义务产生了实际影响，上诉人对该"批复"提起诉讼，应当属于人民法院行政诉讼的受案范围。[4] 除此之外，有的法院则是直接基于司法解释"当事人对村民委员会依据法律的授权履行行政管理职责的行为不服提起诉讼的，以村民委员会为被告"之规定，认为村民委员会经法律的授权具有收回集体土地使用权的行政管理职责，可以作

---

[1] 参见山西省晋中市中级人民法院民事判决书，(2021) 晋 07 民终 266 号。
[2] 参见河北省保定市中级人民法院民事裁定书，(2020) 冀 06 民终 3578 号。
[3] 参见北京市高级人民法院行政裁定书，(2021) 京行终 4217 号。
[4] 参见天津市高级人民法院行政判决书，(2021) 津行终 343 号。

为行政诉讼适格被告。① 但该解释路径实则是承认了收回宅基地使用权本质上属于行政行为。综上,对于案件性质的认定上,不同法院的认定存在差异,甚至相互矛盾。

最后,样本中公益性收回比重占比较高。根据《土地管理法》第 66 条第 1 款的规定,宅基地使用权收回可分为公益性收回、惩罚性收回和身份丧失性收回。结合样本中的司法判例,对宅地基的收回事由予以归纳汇总(见表 3 - 6),实践中存在公益性收回比重较高,对于出现的旧村改造,异址新建、集中安置后需收回原宅基地的,法院的裁判依据是《土地管理法》第 66 条第 1 款第 1 项的规定:"为乡(镇)公共设施和公益事业建设……"根据文义解释,上述显然不属于公共设施,那么属于公益事业吗?山西省高院对此认为,旧村改造关涉村民集体福祉,较公共设施与公益事业的建设而言,公共利益属性更强,故本案中旧村改造行为应属上述规定本旨涵摄范围。② 按照此解释路径,法律上就须明晰何为公共利益。然而,事实上现行法律尚缺乏对"公共利益"的明确界定,更缺少决定"公共利益"的规范程序。个别地区甚至出现滥用收回权现象,借实现集体经济组织成员"公共利益"之名,混淆收回与征收的边界。比如在某地区法院的判决文书中就出现:"涉案土地所在地块正在进行征迁,被上诉人与征迁部门因征迁补偿存在争议,尚未达成征迁补偿协议。上诉人某区镇政府属于超越职权做出收回土地使用权决定。"③ 该法院对某区镇政府的行为作出否定性评价,认为其有失行政处罚的正当性、合理性。同时对于表 3 - 6 中新出现的情形,如"一户多宅"是否要纳入宅地基强制性收回的事由尚待商榷。部分学者认为,若强制性收回"超标"部分,不符合情理,具体实施的可能性也非常渺茫,对于此种情形纳入自愿退出则更具有实际操作的可能性。

---

① 参见山东省淄博市中级人民法院行政裁定书,(2021)鲁 03 行终 49 号。
② 参见山西省高级人民法院民事裁定书,(2021)晋民申 1121 号。
③ 湖北省襄阳市中级人民法院行政判决书,(2020)鄂 06 行终 238 号。

表 3-6　宅基地收回事由的情况及其法院支持率

收回事由	类型	数量/件	支持/件	支持率/%
为公共设施、公益事业（旧村改造、城中村改造、示范小城镇建设、集中安置）	公益性收回	94	79	84
不按照批准的用途使用宅基地（非法占用），因闲置收回宅基地	惩罚性收回	5	3	60
因迁移停止使用宅基地的，因非集体经济组织成员收回的	身份性收回	4	2	50
违反"一户一宅"收回的	其他	1	0	0

(二) 宅基地使用权收回的实践考察

合理的收回可以消解个人使用权的滥用而造成的集体所有权的虚化，以矫正土地权益分配的不足，并实现土地资源的集约利用。截至 2022 年，全国的闲置宅基地高达 1253.8 万宗，其中闲置废弃的宅基地就有 442.4 万宗。[①] 宅基地闲置的原因主要有农民在城镇有其他住房、宅基地损毁无法居住、村内有其他住房、家庭成员长期外出务工等。大部分传统村落以老年人口为主，年轻人口流失严重，大量宅基地闲置，这已经成为阻碍乡村振兴的关键因素。通过对闲置的宅基地进行收回，最大限度地唤醒沉睡的土地价值，提高土地利用效率，同时对宅基地进行重新的分配或开发，可更好地服务于全面乡村振兴战略。

1. 收回的法律性质亟待明晰

对于"收回"的性质如何界定，主要存在行政行为说和民事行为说。对于行政行为说，一种观点认为，宅基地的收回本质上是一种征收，国有土地和集体所有土地应当在制度上保持协调一致，既然国家对于国有土地上房屋的拆除被认定为拆除，作为对与之相对应的农村集体所有的房屋的拆除，没有理由不是征

---

① 参见陈雪原、孙梦洁、王洪雨：《中国农村集体经济发展报告（2022）》，社会科学文献出版社 2022 年版，第 39 页。

收。① 宅基地收回本质上属于一种行政行为,不属于村民自治的范畴,发生纠纷时归属于行政诉讼的受案范围。另一种观点认为,政府对于宅基地的收回应认定为一种行政许可。宅基地使用权流转的实际权力并不在农村集体手中,而在于批准用地的人民政府,宅基地的收回属于行政许可的撤销。②《确定土地所有权和使用权的若干规定》第52条规定:"空闲或房屋坍塌、拆除两年以上未恢复使用的宅基地,不确定土地使用权。已经确定使用权的,由集体报经县级人民政府批准,注销其土地登记,土地由集体收回。"若取得的宅基地房屋已倒塌,之后一直没有恢复使用,至今早已超过两年,依法应不确认土地使用权。③ 但上述规定属于行政机关的管理性规定,并非直接判断村民是否失去宅基地使用权的法律依据,行政机关没有经过任何程序,直接在确权程序中认定当事人失去宅基地使用权,属于适用法律错误。④ 对于民事行为说,有学者认为宅基地的收回本质上属于一种私法上的收回,当发生宅基地使用权的纠纷时,可以按照《民法典》合同编等法律规定请求承担违约责任并解除合同。⑤

2. 收回主体虚置

基于文义解释,宅基地使用权收回的主体应为集体经济组织,但现实中易产生解释和运转上的难度。《农村宅基地管理暂行办法(征求意见稿)》中虽然对收回权的主体进行了补充,对于农村集体经济组织不健全的,可由村委会或者村民小组来代为行使宅基地所有权,但是对于农村集体经济组织中的何人组成何种机构,依照何种程序、标准而决定收回宅基地使用权,未有明确规定。其一,地方法规或地方规范性文件中对于宅基地的收回主体规定不尽相同(见表3-7),在我国的不同省份、市辖区和县,宅基地收回权的主体并非一致,包括集体经济组织、村股份经济合作社、村民委员会、村民小组、土地所有

---

① 参见王沁:《宅基地"收回"的权力主体》,载《国家行政学院学报》2015年第5期。
② 参见高圣平:《〈民法典〉与农村土地权利体系:从归属到利用》,载《北京大学学报(哲学社会科学版)》2020年第6期。
③ 参见最高人民法院行政裁定书,(2017)最高法行申6432号。
④ 参见最高人民法院行政裁定书,(2018)最高法行申2353号。
⑤ 参见湛中乐:《我国土地使用权收回类型化研究》,载《中国法学》2012年第2期。

者、村理事会等。其二,实践中集体经济组织一己之身能否担此重任,尚待商榷。根据农业农村部的数据,截至 2020 年年底,我国的村集体经济组织已经达到 53.2 万个,所占比例高达 79%,但是,年收益超过 50 万元的村集体不到 9%,甚至仍有 45% 的村集体经济组织收益为 0 元或者小于 5 万元。① 农村集体经济发展存在严重的不均衡,如果对宅基地收回给予适当补偿,集体经济组织的补偿资金将从何而来?

表 3-7 不同地区对宅基地收回主体的规定

地区	地方规章	法条	收回主体
河北省	《河北省农村宅基地管理办法》(2002.5.27)	第 12 条第 1 款	村民委员会
贵州省	《贵州省乡村振兴促进条例》(2022.10.14)	第 62 条第 3 款	农村集体经济
湖南省株洲市	《株洲市农村村庄规划建设管理条例》(2022 年修正)	第 23 条第 2 款	村民委员会或者村民小组
广西壮族自治区贵港市覃塘区	《覃塘区人民政府关于印发覃塘区"一组两会"参与农村宅基地管理办法(试行)的通知》(2022.10.19)	第 9 条第 5 项	理事会制定本集体经济组织宅基地无偿收回办法,户主(代)会议决、村(居)委会审核,报乡政府备案理事会实施
浙江省湖州市德清县	《德清县农村宅基地管理办法》(2023.11.09)	第 14 条	村股份经济合作社

3. 收回程序缺乏强制性规范

程序是法治和恣意而治的分水岭。缺乏对宅基地使用权收回程序的规制,可能会导致收回制度的滥用,进而损害农民的利益。②《土地管理法》第 66 条对于收回的程序仅规定了需报经原批准用地的人民政府批准,地方法规、规章和政策对于宅基地的收回也是仅仅停留在报批环节,没有进一步的

---

① 参见魏建:《以新型集体经济促进农村共同富裕》,载《光明日报》2022 年 9 月 20 日,第 11 版。
② 参见宋志红:《宅基地征收向宅基地收回的"逃逸"及其规制》,载《东方法学》2024 年第 1 期。

细化,宅基地的收回对于收回主体来说具有规范和指引作用,因此需要一系列的流程来规范操作。因规定过于简单和牵扯农民的切身利益,集体经济组织并不会贸然行使收回权。在大量宅基地使用权纠纷的案件中,所存在的问题也更为明显,大多数为村集体收回其宅基地程序违法,未充分听取其陈述与申辩、没有有效地进行告知义务、未进行听证、在手续不齐全的情况下就将房屋非法拆迁、未上报乡(镇)政府批准就擅自收回等。收回程序的缺失给收回的运行留下权力扩张的空间,极易导致该制度走向虚置或滥用,收回主体也更易侵犯使用权人的合法权益。因此,有必要完善宅基地收回的程序,规范收回流程,为司法实践提供标准。

4. 宅基地收回的补偿机制欠缺

对于立法中宅基地使用权收回的补偿,《土地管理法》抑或《农村宅基地管理暂行办法(征求意见稿)》均将补偿的范围限缩为"为乡(镇)村公共设施和公益事业建设,需要收回宅基地使用权的"。对于宅基地使用权应当予以适当的补偿,但是法律对于补偿的情形、补偿主体、补偿方式等均未有详细规定,立法上对此是空白。在地区实践中,补偿方案一般由集体讨论决定,安置补偿的办法多为楼房安置、货币安置、货币补偿相结合,但是对于该补偿方案的制定是否符合法定的通过方式,是否经过县级以上政府的审批,均语焉不详,补偿条件模糊和补偿程序空白导致个别地区滥用宅基地收回权的现象时有发生。

(三)宅基地使用权收回的制度重构

宅基地使用权的收回关乎农民的生存权、居住权等基本保障问题,也关乎社会的公平正义。作为宅基地使用权的出口,除了自愿有偿退出宅基地,尚需宅基地的强制性收回予以配合。目前的宅基地使用权收回制度仍存在诸多问题,但是可以通过制度重构,不断地优化和补足强制性收回中的制度缺陷。

1. 改变宅基地使用权收回的管理模式

宅基地使用权收回的权利主体是宅基地所有人——农村集体经济组织,长期以来,在"批准"模式下的收回制度往往带有行政行为的色彩。如司法实践中，权利人取得集体土地使用权后，未按照批准的土地用途使用土地，造成宅基地空闲两年以上的，经村民会议讨论通过，报县级人民政府批准，集体经济组织有权收回宅基地使用权。① 对此要明晰政府的"批准权"和农村集体经济组织的"收回权"，明确原批准用地的人民政府的批准权只是收回权行使的生效或者程序要件，回归国家对具有土地管理职能的农村集体经济组织行使自治权能的监管和约束本位。我国的农村集体经济组织发展良莠不齐，而且部分地区的农村集体经济组织名存实亡。虽然农村集体经济组织享有收回权能，但是为保证该权利不被滥用，此时就需要发挥政府批准权的阀门作用，这可以在一定程度上避免收回权的滥用，但这并不意味着政府将其农村集体经济组织的收回权予以剥夺。对此，可以考虑将"批准"改为"备案"来更好地凸显真正的权利主体的地位，以更好地保障村集体经济组织的"自治性"，弱化其政府机关的"行政性"。

此外，要区分宅基地收回与相关行政主体对宅基地的征收行为，防止用收回之名来行征收之实，侵害农民的利益。目前，我国形成了"国有土地—集体土地"的二元模式。首先，若对集体土地进行转换，须先通过征收程序改变集体土地的性质，将其转变为国有土地。宅基地作为集体土地重要的一部分，征收直接改变了宅基地所有权的性质，将其转变为了国有土地，但是宅基地使用权的收回并未改变宅基地所有权的性质；相反，只是宅基地所有权的回归。其次，在补偿主体上，收回的补偿主体（限于公益性收回）为农村集体经济组织。征收的补偿主体为国家公权力机关，农村集体经济组织一般作为支付对象。当农村集体经济组织作为收回的补偿主体，补偿资金的来源缺乏国家专项资金和地方财政的支持，在对其补偿时将很难有充足的资金来达到农户的预期效果，这就为"假收回、真征收"埋下了腐败的空间。为此，必须要在程序上对收回进行制度设计，收回并非被收回主体和农村集体经济组织之间的双方关系，还涉及村集体其他成员的利益，通过程序规范来保证村集体其他成员的知情权和参与权。

---

① 参见最高人民法院行政裁定书，(2019)最高法行申 5101 号。

2.重塑农村集体经济组织收回主体的地位

应当将集体经济组织作为宅基地使用权收回的法定主体。农村集体经济组织对于激活农村的经济活力发挥着不可替代的作用,特别是中西部地区,更要充分利用当地的位置优势,因地制宜。国家应当加强对农村集体经济组织的扶持力度,提升农村集体经济组织的管理水平,以盘活农村集体经济组织的资源和潜力。集体经济组织应作为宅基地使用权收回的主体,具体理由如下:首先,从规范解释的角度分析,《宪法》中规定了集体经济组织有独立进行经济活动的自主权。宅基地使用权收回的本质是盘活农村地区的经济活力,充分利用闲置宅基地,故集体经济组织作为宅基地使用权收回的主体符合《宪法》赋予的权能。《民法典》第262条也明确了由集体经济组织代表集体行使所有权的规定。农民集体在行使所有权能时,在民事法律规范中的表现形式即农村集体经济组织。其次,从结构形式上看,集体经济组织属于"经济组织形式",其具备管理集体财产等经济职能。与之相对应,村委会以及村民小组则类似于"行政组织形式"。两者的职能分工不同,因此行使的职责也必然不同,宅基地使用权收回属于农村集体财产的流转,故交由村集体经济组织行使更具有合理性。再次,从私法的构造上分析,农村集体经济组织作为民法典规定的特别法人,享有民事主体地位,有其独立的意思表示和意思执行能力,故作为宅基地使用权的收回主体符合私法的制度设计。最后,从实际考证,农村集体经济组织对于促进农村地区的发展和提高农民的收入弥足重要。收回补偿需要资金的支持,将农村集体经济组织作为收回主体具有天然优势。在农村集体经济组织相对完善的东部地区,因为当地的农村集体经济组织有充足的资金来支持农村的发展,相应的宅基地的收回利用率也就较高。同时,要明确对于没有农村集体组织的地区行使收回权的一个衔接,规范村民委员会和村民小组作为宅基地使用权收回的权限,做到以农村集体经济组织为主,村民委员会和村民小组为补充,保证农民充分地参与收回的全过程,重视农民的意见,赋予其寻求司法救济的权利。

3. 统筹推进宅基地收回的程序性管理

对于宅基地使用权收回的程序性问题，《土地管理法》第66条并没有进行明确，但是在一些地方的规范性文件中，为了盘活宅基地的闲置资源，对收回的程序进行了细化。以三亚市为例，对于农村集体经济组织做出收回决定的表决程序、公示程序和异议程序都进行了详细规定。宅基地收回应当经农村集体经济组织成员大会三分之二以上成员同意，或由成员大会授权的成员代表大会三分之二成员同意。农村集体经济组织作出宅基地收回决议的，应当在本集体经济组织范围内公示15个工作日。收回程序的规范化可以提高收回制度的可操作性，同时也是对农民宅基地财产权益的重要保障。具体而言：第一，表决程序。农村宅基地不同于城镇建设用地，农村是基于"熟人社会"下运转的产物，乡土社会的这种人口流动性缓慢的特点使乡村生活很富于"地方性"特点，所以乡土社会是个熟人之间的社会。农民依法取得宅基地使用权，对其收回必须慎重。第二，公示程序。对于涉及农民重大利益的事项进行公示，是预防权力滥用的防腐剂，法律应当对宅基地使用权收回的流程进行公开，优化农民治理。第三，异议程序。农民作为利害关系人，其必然有相应的权利来表达意见看法，其中对于村集体经济组织或者村委会做出的决定不服的，可以依法向上级政府机关进行申诉或依法提起诉讼来维护自身合法的权益。同时，对于在宅基地使用权的行政监管程序上，应坚持形式审查原则。政府在进行批准决定时要重点对集体经济组织所申报的材料的真实性、完整性和合法性予以核实，重点审查宅基地的收回是否符合法律规定的情形，是否按照相应的比例进行表决，是否进行公示，是否进行签章等。同时，应当赋予当事人要求集体经济组织组织听证的权利，防止权力恣意而为。

农村集体经济组织依法收回宅基地时，应向宅基地使用人发出通知并催告，宅基地使用权人仍拒绝交出土地的，现行法律并未规定进行下一步主张权利的途径。宅基地使用权归根结底是一种用益物权，即他物权。除宅基地使用权外，按照法律规定，还存在宅基地所有权，即集体土地所有权。因宅基地使用权的取得具有无偿性且具有福利性，则该土地所有权人有权根据需要依法收回。鉴于此，宅基地使用权人拒不交出宅基地的，可以参照适用《土地管理法实施条例》第 62 条的规定向人民法院申请强制执行。

4.完善宅基地使用权收回的补偿机制

补偿机制是收回制度不可或缺的一部分,其通过财产给付的方式对农民的居住权益进行救济。宅基地收回之后的再利用与分配,本质上是一种资源的分配再利用,不同的地区要根据实际情况实现收回与分配的有效衔接。其一,扩宽补偿情形。现行立法仅对于为乡(镇)村公共设施和公益事业建设而收回宅基地的依法予以补偿,对于其他收回事由暂未规定。实质上,对于集中安置,实现"户有所居",需要收回原宅基地的,亦应给予补偿。基于农民理性"经济人"的理论假设,如果不进行补偿或者补偿费用过低,会严重地降低农村居民搬迁的积极性。反之,对于农户存在过错、违规或者超标准使用宅基地而被农村集体经济组织收回的,则不应予以补偿,否则将放纵违法行为,造成更多宅基地资源的浪费和不合理使用。其二,明确补偿的主体。宅基地使用权的收回补偿不等同于政府的征收补偿。宅基地收回的补偿具有民事性,理应遵循"谁获益,谁补偿"原则。宅基地使用权收回集体后,获益主体为全部集体成员,所以应当优先用村集体的财产来进行补偿,不足部分由本集体农民平摊。但是,实践中集体经济组织除少数富裕地区外,大部分收入并不宽裕,让农户承担该补偿责任更是不符合实际。建议在集体经济尚未壮大与完备的情形下,可借助政府的财政补助资金、改革试点资金等予以扶持。同时,可适当地引入社会资本,结合地方的特色,依托现代特色农业建设示范区和美丽乡村建设,以农村老宅为载体引入资本合作,进行开发改造,为宅基地改革提供资金支持。此外,还可以将宅基地和集体经营性建设用地入市两项改革有机关联,充分利用土地入市的增值收益部分来填平补偿资金的缺失。其三,制定补偿标准。收回的补偿标准受当地经济的发展水平和地理区位因素的影响而呈现差异化,有的地方虽未制定收回的补偿标准,但对于退出制定了相应的标准,强制性收回和自愿性退出后收回本质上均属于一种制度的两种形式,故可考虑参考适用。换言之,可采用货币补偿或者实物安置的方式来保障被收回主体的合法权益,甚至可以将收回后的补偿与养老相结合,如江西萍乡武功山就规定"三权"资产可以置换"养老金"。

5. 实现宅基地收回与重新分配之间的有效衔接

在宅基地使用权被集体经济组织收回之后，如何实现收回与盘活再利用之间的衔接是一个值得关注的问题。目前，对于收回土地的盘活利用主要存在以下模式：根据村庄规划，将收回的宅基地予以再分配，满足村民建房的实际需求；收回的宅基地用于村内集体设施或公共设施的建设，以改善农村公共环境；对于不宜再分配的宅基地则进行复垦或复绿，形成结余指标以便于建设用地指标交易；对收回的宅基地和农房进行开发经营，发展乡村旅游、农家乐和精品民宿等。宅基地的收回再利用应采取"因地制宜"和"因地施策"方略，以实现收回与分配的有效衔接。其一，对于经济发达的地区可充分考量商业开发与利用。以浙江省绍兴市柯桥区为例，其成功打造出全域激活闲置农房的"柯桥经验"。柯桥区为盘活闲置农房，通过"回购"或"入股"等方式来进行开发利用，形成了"民宿+"产业体系，既能满足本村的养老需求，又可以带动农村创收，并缓解就业压力。其二，对于偏远地区无法流转出去的宅基地可采取复垦和复绿的举措。通过种植适合当地发展的农作物和开展规模化经营，来促进农民增收。其三，将宅基地复垦后产生的新增建设用地指标出售或用于集体经营性建设用地入市。将有偿收回的闲置宅基地，转变为乡（镇）村企业、公共设施、公益事业用地和集体经营性建设用地。

总之，宅基地使用权收回要强化集体经济组织的"自治性"，弱化政府机关的"行政性"。建议将政府对收回权的批准改为备案；明确宅基地收回权的法定主体为农村集体经济组织，更好地发挥其在乡村振兴、共同富裕中的担当和使命作用；细化宅基地使用权收回的表决程序、公示程序和异议程序，防止权力的滥用，以增强收回制度的可操作性；完善宅基地使用权收回的补偿机制，拓宽补偿范围，明确补偿主体和补偿方式，因地制宜采用回购、入股、复垦、复绿、闲置宅基地收回、整备转为集体经营性建设用地、统一招商和入市等方式来衔接收回制度。

第四章　宅基地使用权的实现

前文分析了宅基地使用权运行的基本样态,并厘清其私权逻辑与法律机理,进而设计出具体的权利运行规则。本部分重点阐释宅基地使用权在实现过程中面临的三大障碍:房地关系处理、价值评估和增值收益分配。鉴于此,探索解决"房地异主"情形下的土地权源问题,以及通过法定租赁权的制度构造缓和房地权利冲突;构建科学的价值评估制度,如将社会保障、风貌遗址、景观旅游、复垦为耕地等非市场价值亦纳入评估范围;探索建立兼顾农民集体、农民和第三方等各方利益主体的土地收益分配制度等。

宅基地使用权的实现,存在农民"失地"和"失房"的社会风险。根据人本主义理论,为保障农民的居住权与生存权益,应构建农民多元化住房保障制度,如实行集中统建、多户联建和城乡共建,建设农民公寓和住宅小区,建立农房使用制度和跨村有偿的宅基地调配等。以人为本是私法的元理念,宅基地财产化的关键在于以地为利和还权于民。

根据政府适度干预理论,公权力可适度介入宅基地权利的实现。宅基地使用权的实现应以符合村庄规划、用途管制等公法规制为前置条件。为激发宅基地的财产功能,一方面,乡村的刚性规划变更为包容性规划。促进农村土地要素的流动和高效配置成为规划法治改革的方向。从管控具体的土地利用行为转向合理布局的空间结构,并根据乡村发展实际需求适时予以调适。另一方面,僵化的用途管制应更迭为缓和性用途管制。从立法上对宅基地使用权的用途予以拓展,即在一定条件下可以用于经营或非居住。允许宅基地的复合利用既是盘活闲置宅基地和提高资源利用效率的需要,也是增加农民财产性收入的重要方式,农民可以获得更高的宅基地使用价值和交换价值。

此外，现行法仍维持着宅基地僵化的管制屏障，尚未建立起不同类型土地之间的相互转换道。宅基地使用权在符合条件时可以与集体建设用地使用权相互转化。在坚守宅基地使用权的保障功能这一价值预设的前提之下，当具体情境溢出保障功能的边界时，适宜将宅基地使用权转化为集体建设用地使用权。从政府适度干预的角度考量，政府应该为打开二者的转换通道提供规则供给，将转换的实质条件与正当程序等纳入规制范畴。

第一节　房地关系的处理

传统的土地物权观念中，地上定着物本应是附属于土地，一般的规则是定着于土地上之物成为土地的一部分。① 从所有之视角，建筑或种植物均属于土地所有权人。土地的"吸收力"是不受限制的。正如法律格言："附于土地者，为土地之部分。"后世因房屋等附着物价值较大，为使其不被土地所有权吸收，土地使用权的概念应运而生，其在土地所有权与地上房屋等附着物所有权之间构筑起屏障，成为支撑房屋等附着物的土地物权。土地等地上定着物在观念上就不再与土地（土地所有权）合二为一，而是与土地使用权合二为一。②

在司法实践中，出卖房屋时将占用范围内的宅基地一并出卖，如滕某某等诉湖北省吉首市人民政府土地确认复议案，房地一体转移是房地产交易的一般原则，即房屋所有权转让时，该房屋占用范围内的土地使用权亦同时转让，当事人主张"卖房不卖地"，但未能提供证据予以证实。按照"房地一体"

---

① 参见孙宪忠：《中国物权法总论》（第2版），法律出版社2009年版，第218页。
② See Kevin Gray & Susan Francis Gray, *Elements of Land Law*, 4th edition, Oxford University Press, p.66.

原则,行政机关经确权认定当事人出卖住房亦包括将宅基地一并出卖。[①]

对于宅基地使用权流转时应遵循"房地一体"原则,抑或适用"房地分离"原则,学术界尚存在重大分歧。[②] 对于"房地分离"原则下如何处理房屋与土地的权利主体冲突问题,主流的观点提出法定租赁权的解决方案,但对于该权利的具体制度设计却语焉不详。

通过明晰房屋与宅基地的房地关系处理原则,具体设计法定租赁权的法律构造,破解城镇化进程中宅基地使用权流转阻滞的僵局。在"房地分离"原则下以土地上叠加权利的方式设计法定租赁权制度,可解决"房地异主"情形下房屋的土地权源问题。在宅基地"三权分置"及其有限流转的现实语境下,应从权利的主体与客体、法定期限、法律效力、利益分配等多维度建构法定租赁权制度。出租人为宅基地使用权人,房屋买受人为承租人,客体为宅基地本身;法律推定租赁期限为20年,之后依据租赁合同相关条款进行续租;租金应在不低于租赁基准价格的前提下由双方协商确定。租金的分配主体为农民与农村集体经济组织,分配方案须经农民集体民主议定程序。法律上可区分法定租赁权的典型形态与非典型形态,并释明其成立条件、法律效力与消灭事由。

一、"房地异主"下的房地关系冲突

(一)宅基地使用权转让领域

城镇居民购买宅基地上房屋所引发的房屋买卖合同效力认定,是司法实践中的重大疑难问题。针对此类诉讼,法理上主要存在三种处理路径:其一,基于该合同违反法律、行政法规的强制性规定而认定买卖合同无效;其二,基于意思自治以及诚实信用原则认定该合同有效;其三,基于合同履行现状承

---

① 参见最高人民法院行政裁定书,(2020)最高法行申 1125 号;湖南省高级人民法院行政判决书,(2019)湘行终 1096 号。
② 参见曲颂、仲鹭勍、郭君平:《宅基地制度改革的关键问题:实践解析与理论探释》,载《中国农村经济》2022 年第 12 期。

认购房人对房屋享有继续占有、居住和使用的权利,对合同效力暂不表态。①目前司法实践中较为常见的处理方式是第一种方式,典型案件如"北京画家村李某兰案"。宋庄是北京郊区名声中外的画家村,2002 年画家李某兰以 45,000 元价格购买了农民马某涛的房屋,并对房屋重新进行修缮。2007 年宋庄被北京市列入整体规划而土地随之升值 5 倍,马某涛之妻董某梅起诉画家李某兰,以法律规定宅基地不能自由流转,农民不能出售宅基地给城市居民为由,要求法院确认原来的房屋买卖合同无效,收回自家的宅子。这种处理方式的最大问题在于,以城镇居民对农村宅基地使用权的所有无合法权利来源来否认其对地上房屋的一系列合法权利。房屋买卖合同被认定无效后,在经济利益驱动下产生多米诺骨牌效应,诚实信用原则与契约精神被摒弃,类似房屋买卖合同纠纷集中爆发,大量画家败诉失房,艺术人才集体流失,对当地的经济社会发展造成一定的负面效应。假设不采用"一刀切"的方式直接认定合同无效,而在房地关系的处理中采取"房地分离"原则,对地上房屋及地下宅基地使用权分别进行法律评价,并在法律上推定权利冲突时购房者享有对宅基地的长期租赁法律关系,亦能在维护现行法律秩序和尊重合同自由之间实现衡平。

(二)宅基地使用权抵押领域

既往的司法实践中,司法机关大部分仍按照禁止宅基地使用权抵押的思路处理案件,直接适用"房地一体"原则以宅基地使用权抵押缺乏制度规范为由,连带确认房屋抵押合同无效。试点中理论探讨与改革实践的新尝试并未被法官纳入案件裁决的考量范围,仅少数案件中,法院支持抵押合同有效,最终实现了宅基地使用权的抵押权。农村房屋抵押合同纠纷同案不同判现象的存在,究其根由是对"房地一体"原则的盲目适用。在房地关系的处理上应秉持"房随地走"原则,还是"地随房走"原则?抑或采纳地上权或法定租赁权?试点实践中仍未有定论,亦欠缺统一规范的做法。

---

① 参见彭诚信、龚思涵:《宅基地房屋买卖的困境破解:以占有保护为核心》,载《东岳论丛》2022 年第 10 期。

(三) 宅基地使用权继承领域

宅基地上所建房屋作为法律保护的私有财产可以继承,但对于宅基地使用权可否继承的问题,《民法典》与《土地管理法》均未回应。[①] 司法实践中,宅基地使用权是否可单独继承、非本集体成员能否继承宅基地使用权等问题均未形成统一裁判规则,相对立的判决结果同时存在。[②] 目前一般的处理规则是,单独的宅基地使用权不可继承,宅基地使用权因房屋所有权的可继承性而带动其继承,二者联动的枢纽为"房地一体"原则,该做法实乃宅基地制度改革市场化程度不高情境下的权宜之策。若依照该思路处理宅基地使用权继承问题,必将衍生出再继承政策模糊、继承后房屋修缮程度不明和"一宅多继"等后续问题。

二、"房地分离"原则适用的证成

对于土地与房屋之间的关系,古罗马法基于添附原则认为房屋的所有权归于土地所有权人,房屋是土地的构成。随着社会的发展与法律的变更,二者不可分离的状态逐渐演变为"一元主义"和"二元主义"两种处理方式。"一元主义"亦称结合主义,以德国为典型,《德国民法典》第 94 条继承了古罗马法的添附原则,其认为房屋为土地的一部分,不构成独立的不动产。[③] 但社会实践中产生一个法理悖论:如果在他人土地上建造房屋,建设者将因为没有土地所有权而无法取得作为附合物的地上房屋所有权。为弥补该法律漏洞,保护非土地所有人在他人土地上的房屋所有权,德国制定了《地上权条例》,并将土地上的房屋视为地上权的组成部分。"二元主义"亦称分离主义,以法国为典型,依据《法国民法典》第 518 条,房屋并不是土地的一部分,二者可以分离流转。对于上述两种处理方式,"一元主义"简化房地法律关系,有利于

---

① 参见惠建利:《乡村振兴背景下农村闲置宅基地和闲置住宅盘活利用的实践考察及立法回应》,载《北京联合大学学报(人文社会科学版)》2022 年第 2 期。

② 参见高海:《宅基地使用权继承:案例解析与立法构造》,载《东方法学》2018 年第 5 期。

③ 参见朱晓喆:《房、地分离抵押的法律效果——〈物权法〉第 182 条的法律教义学分析》,载《华东政法大学学报》2010 年第 1 期。

物权公示，然而却遮掩了房屋与土地各自的真实价值，更不利于房屋与土地的自由交易；"二元主义"尊重权利人的意思自治，凸显房地各自的财产价值，但是多层权利构造复杂，极易衍生纠纷。①

实践中最高人民法院的相关司法判例承认基地上房屋虽已坍塌，但行政机关仍应当基于当事人合法享有的宅基地使用权对其予以补偿安置。陈某作为河南省信阳市平桥区刘洼村陈庙组村民，户籍一直未变动，应当依法享有该村集体经济组织成员的各项权利，包括宅基地使用权。陈某结婚后，其随迁入户的丈夫和所生子女亦均依法享有该村集体经济组织成员的各项权利。虽然其家庭长期在外居住生活，但并不因此丧失该村集体经济组织成员资格和宅基地使用权。尽管陈某等四人在未经批准的情况下建造房屋，所建房屋被认定为违法建筑并已被强制拆除，但仍享有宅基地使用权利，政府相关部门应当基于陈某等四人合法享有的宅基地使用权对其予以补偿安置。政府相关部门仅以陈某等四人所建房屋属于违法建筑、原住房已坍塌为由，拒绝给予陈某等四人补偿安置的主张不能成立。②

宅基地使用权上所承载的管理属性与房屋所有权上所承载的私权属性存在内在的矛盾，"房地一体"原则将本该泾渭分明的二者强行捆绑，阻滞了当下宅基地使用权流转的改革进程。申请者是否可以无偿获得宅基地的关键在于其是否拥有集体成员资格，与申请者自身有无居住地无关，这与为没有居住地的符合一定要求的人提供城市经济适用房使用权的审核标准大相径庭。其一，"房地一体"原则的适用范围为建设用地及其地上建筑物的物权利用关系，而对于宅基地及其上房屋的关系，立法并未作出明确规定。我国城乡二元结构之下，农村土地与城镇土地分别适用不同的土地法律规范。基于宅基地的身份性和福利性，不应盲目地适用"房地一体"原则。其二，我国采取"房地分离"的二元主义立法模式，房屋和土地各为独立的权利客体，适用"房地一体"原则与分离主义模式的法理相悖。其三，适用"房地一体"原则

---

① 参见胡建、段旭蕊：《新型城镇化下宅基地房地关系僵局破解之匙——基于法定租赁权的规范构造视角》，载《浙江理工大学学报（社会科学）》2025 年第 1 期。
② 参见最高人民法院行政裁定书，(2020) 最高法行申 13515 号。

将阻滞宅基地财产价值显化。采用"房地分离"原则可以规避宅基地使用权与其上房屋流转范围不一致的困境,当涉及非集体组织成员参与到宅基地使用权流转中时容易形成相对灵活的应对方案。在农村土地市场化转型尚未完成的当下,"房地分离"原则允许房屋与宅基地使用权分别处分,能最大限度地激发房屋和宅基地的经济价值。①

三、"房地分离"原则下法定租赁权的构造

"房地异主"时房屋的土地权源为何?大致有三种域外立法例可供参考。第一类是法定租赁权的设计,法律直接规定房屋所有权人取得相应宅基地的租赁权,②第二类是在土地所有权和宅基地使用权之上设定法定地上权,③第三类为在房屋与宅基地之间设定不动产地役权。④ 上述共通之处在于,在土地权利之上叠加权利,利用多层权利结构来解决土地权源问题。但是,法定租赁权的制度方案,更为符合我国农村土地流转的实际,其通过设定债权的方式回避宅基地流转中的身份限制。⑤

(一)法定租赁权的主体与客体

出租人为宅基地使用权人,房屋买受人为承租人,法定租赁权的客体为宅基地本身。房屋买受人作为承租人无异议,但是出租人为农民集体或宅基地使用权人,学界尚存争论。⑥ 一般情形下应将宅基地使用权人作为出租人,若农民集体为出租人,有违宅基地使用权的权能设计和法定租赁权的设置初

---

① 参见胡建、段旭蕊:《新型城镇化下宅基地房地关系僵局破解之匙——基于法定租赁权的规范构造视角》,载《浙江理工大学学报(社会科学)》2025年第1期。
② 参见陈小君:《我国涉农民事权利人民法典物权编之思考》,载《广东社会科学》2018年第1期。
③ 参见席志国:《论宅基地"三权分置"的法理基础及权利配置——以乡村矛盾预防与纠纷化解为视角》,载《行政管理改革》2022年第3期。
④ 参见周江梅:《农村宅基地"三权分置"制度改革探索与深化路径》,载《现代经济探讨》2019年第11期。
⑤ 参见宋志红:《乡村振兴背景下的宅基地权利制度重构》,载《法学研究》2019年第3期。
⑥ 参见丁关良:《宅基地之新的权利体系构建研究——以宅基地"三权分置"改革为视野》,载《贵州社会科学》2021年第7期。

衷，也容易引发农民集体管理人员的逐利行为。在特殊情形下农民集体可以成为出租人，如宅基地使用权人死亡后，地上房屋被继承，但宅基地使用权回归至农民集体，此刻的出租人应为农民集体。法定租赁关系的客体为宅基地本身，而非宅基地使用权。

(二)法定租赁的期限

法律推定租赁期限为20年，之后依据租赁合同相关条款进行续租。这与《民法典》合同编租赁合同的相关规定保持一致，有助于法律的统一与稳定。在租赁期间，能否对房屋进行重建或改造？各试点地区大部分禁止重建、改造或翻新，仅允许简单的加固。在宅基地制度市场化改革尚未完备之前，对于全面允许重建或改造应持审慎态度，须从自然资源主管部门严格审核、集体经济组织全方位监督，以及遵循"一户一宅"政策等方面进行管控，避免出现利用农村宅基地建大院或盖会馆的乱象。

(三)租金的确定与分配

租金应在不低于租赁基准价格的前提下，由当事人自由协商确定，租金的分配主体为农民与农民集体，具体分配比例在向宅基地使用权人倾斜的原则下由双方协商确定，分配方案需经农民集体民主议定程序。租赁基准价格应考虑宅基地的开发潜力、位置、期限、地上建筑物、成本等方面综合判断。各地的租赁基准价格应上报政府部门进行审核和平衡，并适时根据市场行情定期修订，以确保其基础参考价值。对于租金的分配方案，程序设计上可以参照《村民委员会组织法》《土地管理法》须经农民集体成员大会的三分之二以上成员或者三分之二以上的成员代表同意，并报乡(镇)人民政府和县级人民政府农业农村主管部门备案的规定。作为公共服务的提供者，政府不能直接参与法定租赁租金的直接分配，但可在二次分配中基于税收参与收益分配。①

---

① 参见胡建、段旭蕊：《新型城镇化下宅基地房地关系僵局破解之匙——基于法定租赁权的规范构造视角》，载《浙江理工大学学报(社会科学)》2025年第1期。

（四）法定租赁权的设定、变更与消灭

法律上可区分法定租赁权的典型形态与非典型形态（非本集体成员通过遗赠、继承等途径获得农房所有权等特殊情形），并释明法定租赁权的成立条件、法律效力与消灭事由。宅基地法定租赁权的成立须同时具备以下两个条件：其一，以转让、抵押、继承等方式转移房屋所有权，房屋所有权与宅基地使用权的权利主体发生分离。其二，宅基地之上的房屋需具备一定经济价值，有通过法定租赁权制度来实现房屋经济价值之必要。若房屋的经济价值微不足道或构成农村危房，实无设定之必要。法定租赁权的内容由于多数为法律直接规定不会发生重大变化，但出现下列任一情形时，法定租赁权应归于消灭：(1)房屋自然灭失；(2)宅基地灭失或被国家征收、征用；(3)宅基地使用权人再次取得房屋所有权；(4)房屋买受人抛弃房屋所有权；(5)合同因无效或被撤销或被解除而归于消灭。[①]

第二节 科学的价值评估制度

一、农村土地权利的价值评估体系

农村土地权利的价值评估，特指农村土地经营权、宅基地使用权和集体建设用地使用权在权利流转或运行中，对其价值所进行的评估。上述农村土地权利作为一种财产性权利，可以被量化。农村土地资本化的关键在于创设农村土地资产评估机构和体系，使包括宅基地使用权等土地权利资产能被纳入规范的价值表述体系。在农村土地权利流转过程中，若土地权利价值由谁评估、如何评估、参照标准、公正监督等事项欠缺，土地权利价值评估差异明显，其公允性难以为农村土地权利主体和第三方所接受，势必影响土地权利的正常流转。

---

① 参见胡建、段旭蕊：《新型城镇化下宅基地房地关系僵局破解之匙——基于法定租赁权的规范构造视角》，载《浙江理工大学学报（社会科学）》2025年第1期。

（一）评估机构分级制度

可考虑设立独立的农村土地权利价值评估中介组织，专业评估组织的资质由政府主管部门予以严格把关，以确保其权威性和公信力。对农村土地权利价格的评估机构划分为A级、B级和C级，对于不同类型的评估机构的设立标准和从业范围予以严格限定，制定独立的市场准入标准，规范评估资质和评估行为。

（二）评估人员的资格认证制度

对农村土地权利价值评估实行专家责任制，评估人员须通过资格考试，合格后经注册方可从事评估工作。

（三）土地分等定级估价

我国已经形成较为成熟的城镇土地价格评估的理论与规范体系，如《城镇土地估价规程》，该规程对于城镇土地分类、基准地价、宗地地价评估等皆作出详细规定，但是目前尚缺失各项农村土地的分等、定级和评估规程，仅存在针对农用地的分等定级和评估规程。[1] 由农村土地权利价值的评估机构评定土地的自然属性与经济属性，且将结果等级化。在此基础之上，按照地产质量、等级及其收益状况、土地利用方式与政策、土地预期收益等，综合评定出某一块土地在某一种权利状态下某一时点的价值。如韩国颁布了《价格法》和《关于公示地价与土地等级的评价法律》，并在其《国土利用管理法》中规定了基准地价的实施领域。[2]

（四）基准地价和最低保护价

基准地价是政府对于一定时期各级别土地或均质地域分别评估确定的法定最高使用年限土地使用权的平均价格，基准地价的确定有利于开展农村

---

[1] 参见郭洁：《集体建设用地使用权流转市场法律规制的实证研究》，法律出版社2013年版，第189页。

[2] 参见汪秀莲：《韩国土地管理法律制度》，载《中国土地科学》2003年第3期。

土地权利的转让、出租和融资担保等有偿使用制度。[1] 农村土地权利流转的基准地价有别于农村土地征收、征用的补偿标准,更有别于国有土地使用权出让的基准地价。农村土地征收、征用均采用非市场化的适当补偿标准,而农村土地权利流转是等价有偿的民事行为,其性质区别于强制性的公共征收或征用行为。农村土地使用权的流转尚处在探索发展阶段,各地的市场发展条件不同、权利的法律保护程度不同,使得权利蕴含的价格亦存在一定差异,农村土地权利的价值不能简单地比照国有土地使用权。此外,基准地价应建立周期性更新制度。对基准地价进行周期性公示,随着经济发展和土地利用政策的变动,基准地价须对农村土地权利的价值评估发挥价格信号的引导作用。

最低保护价制度,乃政府根据正常市场情况下地块应当达到的地价水平而确定的某一宗地土地权利流转时的最低控制价格。最低保护价可以避免部分土地权利主体为了短期或个别利益采取不正当竞争方式任意压低土地权利价格,损害农民或其他权利主体的利益。

二、宅基地使用权的价值评估

(一)评估的基准日

实际评估工作中,为使得评估具有可操作性,同时保证评估结果可验证,必须假设市场条件、资产状况固定在某一时点,即评估基准日。评估基准日是确定农村土地权利价值的一个特定的时点,为评估提供时间基准。评估基准日一般采用下列方式予以确定:其一为委托第三方独立评估机构的时间为评估基准日,其二为宅基地使用权流转合同生效的时间为评估基准日,其三为土地资产核查或调查之前的某一时间点,或者土地资产核查或调查期间的某一时间点。为确保法律关系的稳定,以及减少市场波动对土地资产价值的影响,适宜以宅基地使用权流转合同生效的时间为评估基准日。

---

[1] 参见曹笑辉、曹克奇:《告别"权利的贫困"——农村集体建设用地流转法律问题研究》,法律出版社2012年版,第251页。

与评估基准日密切相关的另一个时间点为"评估报告日",即评估工作结束之后,需要时间编制评估报告,且书面的评估报告需要一定的审核机制,经审核后方最终形成评估报告的时点。一般评估报告日距离评估基准日的时间不宜过长。

(二)评估方法

1. 市场法

市场法亦称比较法,对比被评估的宅基地使用权与最近流转的类似权利资产的异同,并通过土地地租、物价系数对类似农村土地权利的资产价格予以调整,从而最终确定被评估资产的价值。运用市场法进行评估,需要一个充分发育的农村土地产权交易市场。假设形成一定成熟度的宅基地使用权流转市场,流转交易形成规模,与被评估宅基地使用权类似资产的价格则更容易获取。对于农村土地产权交易较为成熟的地区,适宜采用市场法进行评估。

2. 收益法

收益法系通过评估农村土地权利资产未来预期收益并折算成现值,借以确定被评估农村土地产权价值的一种资产评估方法。该方法适用的前提,乃农村土地权利资产可以带来连续性的可预测收益。假设被评估的土地权利资产无法持续性获得相对稳定的收益,则不适宜采取收益法。故而,收益法适用于具备生产性特点的农村土地经营权的价值评估,宅基地使用权和集体建设用地使用权一般不采取此种方法。

3. 成本法

依据被评估农村土地权利资产的现时重置成本扣减各项损耗价值,计算得出其最终价值的评估方法。所谓重置成本,系在当前市场环境下重新获得被评估农村土地权利资产所需的全部成本费用。由于农村土地权利附着于土地,加之土地的稀缺性和不可再生性,土地作为一种特殊的不动产较难确定其重置成本,实务中可以考虑以下因素以确定土地权利本身的价值:土地的区位、面积和形状,土地使用权的权利类型和使用期限,道路通行的类型及其特点,后续的开发费用等。

可见,市场法侧重于对被评估农村土地权利资产现实市场可实现价值的体现,成本法侧重于基于资产历史成本角度的考量,而收益法则更多地建立在以现有条件为起点,对评估资产未来预测的基础之上。我国内地宅基地使用权的价值评估尚处于起步阶段,域外国家或地区的农村土地评估制度已经成熟。以美国为例,美国采用市场价值衡量方法,且形成专门的农村土地价值评估方案。再如,《国际评估准则》采用市场价值的方法。①

综上,宅基地使用权的价值评估适宜采取市场法,但对于市场条件不够成熟的地区,则可以考虑采取成本法进行评估。评估宅基地使用权之价值,本质上为权利价值的估计,除须先了解其权利关系之特性外,还应考察影响拟估价标的物价格的所有因素,如地理位置、土地使用、交通运输、公共设施、社会发展及权利流转市场等。通过各种调查与研判,掌握合理的土地市场价格或土地租金,并尽可能地收集与拟估价权利性质相同(如集体建设用地使用权)之权利交易实例等,以求得可引用来推估标的权利价值的重要依据。一般宅基地使用权价值的估计,除参考土地正常市价或土地租金以外,权利存续期间之长短也与权利价值大小有密切关系,因为权利主体所能把握者,乃是由取得权利之日起至该权利存续期间届满前所反映的权利价值。总之,宅基地使用权的权利价值(总额)应等于估价基准日至存续期间届满之年期内,所有该标的权利各年权利价值反映于估价基准日之总金额。

(三)建立科学的宅基地使用权价值评估标准

宅基地使用权的价值评估标准必须包括宅基地的市场价值和非市场价值,理应充分考量宅基地的特殊性,如将社会保障、风貌遗址、景观旅游、复垦为耕地等非市场价值亦纳入评估范围。健全对于宅基地使用权的价值评判体系,公平有效地对宅基地使用权的应有价值进行核算。宅基地使用权的价值包含市场价值和非市场价值。我国农村宅基地的评估体系在现有市场经济条件的环境下已经取得了较大范围的改善和发展,但对宅基地使用权价值

---

① 参见李晶维、何元斌:《城中村改造的土地发展权价值评估研究——以金刀营城中村改造为例》,载《中国资产评估》2022年第11期。

的评判主要基于其市场价值,非市场价值长期游离于宅基地评估市场机制之外。宅基地的非市场价值包含宅基地自身所蕴含的社会保障、社会稳定、风貌遗址,以及馈赠继承等价值,其考量了宅基地的住房保障、出租、副业生产、景观旅游、复垦为耕地等功能。换言之,价值评估应在综合考量宅基地的成本、位置、开发潜力、地上建筑物、期限等因素,并权衡宅基地的非市场价值后,合理地确定其评估价值。

建立宅基地基准地价制度。为保障农民的生存权,规避农民土地收益流失,可考虑建立宅基地基准地价制度,并要求宅基地使用权评估价值不得低于政府公布的基准地价。为逐步有序实现宅基地有偿使用,应加强农村宅基地的地价管理。宅基地基准地价在地价系统中占据核心地位,是法定的价格基准,各地宅基地的基准地价应上报上级政府部门进行审核和平衡,并根据市场行情定期修订,确保宅基地基准地价的基础参考价值。同时,为防止宅基地使用权流转市场压价竞争和避免农民土地收益流失,可要求协议出让价最低价不得低于出让地块所在地区的基准地价,以促进宅基地资源利用效率的提高。[1]

综上,现有的宅基地使用权价值评估,以国有建设用地使用权的评估为基础或参照,其将宅基地使用权价值作为一种附属。宅基地使用权的价值评估不能完全采用或参照国有建设用地使用权的价值评估体系。内生性的市场失灵导致部分城市国有建设用地使用权的评估价值偏高,而宅基地具有稀缺性和极大价值,在占有、使用、收益或处分方面皆不同于一般财产,其权利主体具有身份性,且宅基地使用具有严格的限定性,实践中其评估价值普遍偏低。[2]

其一,专业化的评估机构供给不足,宅基地使用权的价值难以准确认定,亟待设置专门的价值评估机构,并对其设立标准和从业范围予以严格限定,

---

[1] 参见庄开明等:《农村闲置宅基地有偿退出与优化利用——基于四川省农地改革与探索的实践》,人民出版社2017年版,第233页。

[2] 参见朱道林、李瑶瑶、张立新:《论土地价格的本质及其来源》,载《中国土地科学》2021年第7期。

制定独立的市场准入标准,规范评估资质和评估行为。实行评估人员的资格认证制,评估人员须通过资格考试,合格后经注册方可从事评估工作,评估人员对评估结果承担民事上的专家责任。同时,建立评估机构的档案备查体系和信用评价机制,通过市场选择构建规范的宅基地使用权价值评估市场。

其二,以流转合同生效时间为评估基准日,实行基准地价和最低保护价政策。为确保法律关系的稳定,消除市场波动对宅基地资产价值的负面影响,可将评估基准日确定为流转合同生效的时间。

其三,评估方法上一般采取市场法,但对于市场条件不够成熟却有潜在收益的宅基地,可采取成本法评估。如实现市场化流转的宅基地,可以获得充分的市场交易信息,一般采取市场法的评估方法最为合适,但对于市场条件不够成熟的地区,则可以考虑采取成本法进行评估。

其四,应将宅基地使用权的非市场价值亦纳入评估范围。宅基地的价值包含市场价值和非市场价值,前者乃其作为土地资源直接货币化的价值,后者体现其所蕴含的社会保障、社会稳定、风貌遗址、景观旅游、复垦为耕地等价值功能。长期以来,非市场价值游离于宅基地评估市场机制之外,宅基地价值被严重低估,唯有将宅基地的非市场价值亦纳入评估范围,才能客观显现其在城乡一体化市场下所应具有的真实市场价值。

第三节 宅基地增值收益的分配

作为农民最为重要的一项土地财产,持续并深入推进宅基地制度改革,是实现农民农村共同富裕的必由之路。宅基地制度改革势必影响宅基地增值收益分配,且宅基地增值收益分配直接影响宅基地改革绩效。如何彰显宅基地的财产属性,适度放活"宅基地使用权"并确保其增值收益得以公平有效的分配,是共同富裕对宅基地制度改革提出的新要求。

一、宅基地增值收益分配的试点实践

近年来,中央一号文件中多次提出"建立兼顾国家、集体和个人的土地增值收益分配机制,合理提高个人收益"的改革目标。2023年3月自然资源部进一步强调建立分类别、有级差的入市土地增值收益分配机制,[1]2023年8月农业农村部在有关答复中提出要建构公平合理的宅基地退出补偿机制。[2]学术界就宅基地增值收益分配问题,在研究类型上广泛涉及宅基地整理、宅基地入市、宅基地退出、宅基地流转以及城乡建设用地增减挂钩等不同场域下的宅基地增值收益。围绕宅基地增值收益如何分配,主要有"土地发展权共享论"[3]、"要素贡献论"[4]及"公私法视角区分"[5]等路径,并得出了农民与集体参与初次分配、政府参与二次分配的相似性结论。但"土地发展权共享论"的场合运用有限,无法囊括"三权分置"体系下权利流转而产生的宅基地增值收益,"要素贡献论"存在贡献要素难以量化以及仅靠贡献难以调节收益分配鸿沟的弊端,"公私法视角区分"忽略了宅基地增值收益公私融合的情景,故仍不周延。国内各试点地区的宅基地制度改革正在有序且稳步推进中,改革的任务之一是建立宅基地增值收益的分配与管理机制。通过对各地规范性文件中宅基地增值收益分配方案的梳理与总结,可以发现当前的增值收益分配仍存在制度缺漏。

宅基地增值收益实属利益之外化与显现,收益分配实则是利益的博弈与较量,分配体系最终仍回归为利益之落实,只有精准把握好各利益主体之间错综复杂的关系脉络,有效耦合差异化的利益诉求,才能充分消除当前宅基

---

[1] 参见《自然资源部办公厅深化农村集体经营性建设用地入市试点工作方案》。
[2] 参见《农业农村部对十四届全国人大一次会议第6088号建议的答复摘要》。
[3] 参见李谦:《共同富裕视域下农村宅基地增值收益分配法律制度——以土地发展权共享论为分析框架》,载《河南社会科学》2024年第1期。
[4] 参见杨丽霞、苑韶峰、李胜男:《共享发展视野下农村宅基地入市增值收益的均衡分配》,载《理论探索》2018年第1期。
[5] 参见李谦:《中国农村宅基地增值收益分配:归正与重置》,载《现代经济探讨》2023年第2期。

地增值收益分配中存在的政府与农民之间、农民与集体之间各种利益失衡现象。① 基于此,本书立足于宅基地增值收益整体性研究,尝试对试点地区的实践困境进行归纳与总结,从权源基础上剖析宅基地增值收益的法律性质,厘定各参与分配的主体,在畅通这两大窒碍后引入利益分配视角,试图在厘清利益分配关系的基础上构建以利益格局为中心的宅基地增值收益分配基本路径,推动各利益要素实现正确归位。但宅基地增值收益分配的基本路径在实践中易遭遇内外部环境不适配性阻碍,因此仍需通过私权主体间利益实现、宅基地权利体系利益保障与区域性、村域性利益调节这三大环节进行利益衡平制度设计,以期宅基地增值收益分配基本路径臻于完善,为宅基地增值收益分配机制提供借鉴(见表4-1)。

表4-1 典型试点地区有关宅基地增值收益分配的规定

地区	宅基地增值收益	分配主体	分配比例
文昌市[1]	有偿退出、流转收益	农民、集体	有偿退出的,6∶4
五原县[2]	有偿使用、出租、入股、增减挂钩等收益	农民、集体及政府(税费)	合理确定分配比例
三坊乡[3]	增减挂钩、有偿使用、流转、出租、抵押融资、对外投资等收益	农民、集体	7∶3,集体原则上不高于30%
水南村[4]	有偿使用、择位竞价、流转、出租、抵押融资等收益	农民、集体	集体原则上不高于70%
定州市[5]	增减挂钩、有偿使用、流转、抵押融资、对外投资等收益	农民、集体	合理确定分配比例
信丰县[6]	有偿使用、有偿退出、流转后集体取得收益部分	农民、集体	通过村规民约、民主协商等有效形式制定分配方案
平泉市[7]	集体建设用地指标收益(包括和入市结合起来的收益)、有偿使用、流转等收益	农民、集体	集体原则上不高于35%

---

① 参见吕萍、邱骏、宋澜:《多视角认识我国宅基地制度改革的逻辑》,载《中国土地科学》2023年第5期。

续表

地区	宅基地增值收益	分配主体	分配比例
鹰潭市[8]	征收、流转、退出、经营收益	农民、集体	主要由农民获得
蓟州区[9]	有偿使用、有偿退出等收益	农民、集体	须经村民会议或者村民代表会议通过

〔1〕参见《文昌市农村集体经济组织宅基地管理示范规程(试行)》。
〔2〕参见《五原县农村宅基地收益分配指导意见(暂行)》。
〔3〕参见《三坊乡农村宅基地增值收益收取、分配、管理和监督指导意见的通知》。
〔4〕参见《水南村土围里组农村宅基地收益分配暂行办法》。
〔5〕参见《定州市农村宅基地增值收益分配指导意见(试行)》。
〔6〕参见《信丰县农村宅基地制度改革试点和规范管理三年行动方案(2022—2024年)》。
〔7〕参见《平泉市农村宅基地收益分配管理办法(试行)》。
〔8〕参见《鹰潭市人民政府办公室关于全域深化农村宅基地制度改革与规范管理工作的实施意见》。
〔9〕参见《蓟州区宅基地管理暂行办法》。

考察典型试点地区宅基地增值收益分配实践的基础上,可以发现当前仍存在增值收益未明晰、分配主体模糊化和分配比例差异化等问题。

(一)增值收益未明晰

各地区并未明确界定宅基地增值收益,而采取列举的方式阐明了增值收益所涵盖范围,且为不完全列举。有的地区甚至对宅基地增值收益范围只字未提,把重心归置于村集体经济组织的内部权力运行机制。除了概念缺位,宅基地增值收益范围还呈现出多元化和矛盾性的特征。宅基地有偿退出、有偿使用、土地增减挂钩、流转、集体经营性建设用地入市等收益被许多试点地区纳入增值收益范围。由此可见其增值收益来源广泛,具有多渠道和多元化的显著特征。但采取不完全列举的方式,使得增值收益范围终究具有模糊性,因而在收益范围上自相抵牾。如江西省鹰潭市将征收所得纳入增值收益范围,但除此之外,鲜有类似做法。而有的地区如江西省信丰县,又仅仅将集体所得收益部分作为宅基地增值收益,与大多数地区对增值收益内涵的理解大相径庭。究其原因,各试点地区对增值收益范围的规定千差万别,实乃对增值收益未作清晰判定所致。基于此,唯有对宅基地增值收益进行深入剖析,明确界定其范畴与法律性质,才能对其增值收益进行科学分配。

（二）分配主体模糊化

各地区大多将农民和集体列为收益分配过程中的两大主体，政府仅承担收益分配的管理、监督与审核等配套工作。简言之，政府基本被视为辅助主体而非收益分配主体。但是，有的地区则规定政府有权收取相关税费，如内蒙古五原县，以此作为政府有权参与增值收益分配的依据。目前政府作为分配主体是否正当充分，仍欠缺明确规定，因为在有关文件中政府收取税费这一内容仅一笔带过，此后再无笔墨。忽视或模糊政府的参与分配地位，可能是宅基地增值收益分配属村集体内部自治事项的传统观念所导致的，有关部门在制定相关文件时也拘囿于此种观念，亦即相关文件规范的是农民和集体之间的收益分配，政府作为外部主体，其收益权利暂被搁置。此外，"农民"和"集体"作为分配主体的界分并非清晰而明确。各试点地区因地制宜地制定了各类不同称谓的政策性文件，在出现以"集体"命名的文件中，集体是收益分配主体是应有之义，但观之众多文件，分配主体更加侧重于"集体"而非"农民"，农民作为利益分配主体的地位与权益保障问题被忽视。概言之，因各试点地区对分配主体的模糊化规定和基于自身需求的侧重点不同，究竟何可为分配主体、各主体间权利义务如何具体安排等均待澄清与释明。

（三）分配比例差异化

首先，增值收益分配的覆盖面存有区别。大部分地区对增值收益的各种来源进行了总括式的比例分配，也有的地区仅规定了在宅基地自愿有偿退出时的分配比例，如海南省文昌市，故具体分配比例并没有在宅基地增值收益各领域实现全方位覆盖。其次，具体分配比例不等。总体上，各试点地区在坚持3∶7的分配比例上出现反复跳跃。如江西省永丰县三坊乡规定集体分配比例最高可占3成，但江西省大余县水南村则将集体的分配比例提高至7成。有的地区在3∶7的分配比例上结合实际情况进行了创新，如河北省平泉市把集体收取的分配比例降至35%。而浙江省义乌市"集地券"模式下，测算出政府、集体与农民的分配比例为40∶11∶49。最后，个别地区分配比例模糊化或仅作原则性规定。如江西省鹰潭市遵循"收益主要由农民获得"的基本原则，河北省定州市则提出了"合理分配"的要求，而天津市蓟州区将制定具体分配比例的权力交由基层群众自治组织，江西省信丰县则认可了通过村规民约等制定分配方案的效力。综上，各试点地区的分配比例并未达成一致，且在分配占比上存有大跨度的跳跃，集体和农民的分配地位在个别地区出现了反向逆转，同时有的地方仅有指导性原则，具体分配比例在村集体内部具有自由裁量空间。实质上，分配比例问题是宅基地增值收益分配的核心问题，其直接决定着各方分配主体据以获得的收益，收益的占比又直接折射出各方利益的考量。唯有精准把握收益占比，方能平衡协调分配主体之间的利益。因此，即使考虑因地制宜的因素，亦应有一个统领全局的指导性分配比例，而当前的指导性原则如"科学合理"并未涉及其利益分配的实质性内容，"收益主要由农民获得"又将政府和集体的利益束之高阁，两者皆不能满足利益分配之实际需求。

二、宅基地增值收益的性质与分配主体

（一）宅基地增值收益的性质

"三权分置"下，宅基地权利体系进行了赋能和重构，宅基地所有权、使用权、资格权凸显出财产价值功能，在通过引入市场机制实现资源配置的过程中产生了巨大的增值空间，另外依据试点实践，亦应承认土地发展权该种事实产权的存在，其所带来的增值收益已然形成一定规模。[①] 鉴于此，本书将围绕宅基地权利体系，阐释权利变动下的增值收益，以清晰界定其法律性质。

1. 基于宅基地使用权而产生的增值收益

宅基地使用权在民法典中是农民基于身份属性而对土地享有占有和使用权利的一种法权表达，用益物权的各项权能受限于维系居住保障功能的法

---

① 参见夏沁:《宅基地增值收益分配体系的规范构建》，载《华南农业大学学报（社会科学版）》2023年第4期。

律定位。"三权分置"政策语境下,宅基地使用权内涵溢出居住保障功能,分置出新型宅基地使用权,该类宅基地使用权蜕化了集体成员的身份外衣,可与本集体经济组织以外的社会成员进行产权流转和交易,从而充分显化并提升宅基地价值,产生了蔚为可观的增值收益。① 在试点实践中,宅基地使用权的差异化利用形成了各具特色的增值收益,可分为权利转移、权利负担、权利实现三大类型。宅基地使用权的权利转移交易中,增值收益表现为因发生权利转移的法律效果而取得的一笔合法出让收益,除了从原宅基地使用权人处继受取得的转让途径,各试点地区还探索出有偿选位、有偿调剂、竞价区位等方式利用市场交易机制从宅基地所有权人中依法取得宅基地使用权的多元化渠道,有偿或竞拍所得收益纳入集体资产管理。宅基地使用权的权利负担是指在权利之上设定用益物权或担保物权,其中以出租为主要交易形式,宅基地使用权人通过设立租赁权的方式获得了相应的土地租金,另外还可以抵押、入股等方式积极发挥物权价值流转功能,获取融资和收益分红。宅基地使用权的权利实现,不同于宅基地使用权初始取得阶段,其属于取得宅基地使用权后的保有阶段,主要是针对"一户多宅""超标准宅基地""非本集体经济组织成员通过继承或其他合法方式占用宅基地"的情形,回应宅基地有偿使用制度改革的要求,解决历史遗留的不合理的宅基地使用权配置架构,去除权利瑕疵恢复圆满状态,此时增值收益体现为向集体缴纳的宅基地使用权对价。

2. 基于土地发展权而产生的增值收益

对于土地发展权的性质学界众说纷纭,但一般意义上可归纳为变更土地用途或性质以谋求自身发展的一种权利。与"三权分置"下静态利用的权利体系不同,宅基地领域的土地发展权呈现出宅基地利用的动态过程,并形成了政府主导型和市场自发型两种主要交易模式。② 政府主导型往往涉及宅基

---

① 参见高圣平:《宅基地制度改革的实施效果与顶层设计——基于新一轮宅基地制度改革试点的观察与思考》,载《北京大学学报(哲学社会科学版)》2024年第1期。

② 参见鄂施璇、王兆林:《三权分置下宅基地发展权的权利结构与实现形式》,载《资源科学》2021年第7期。

地性质的改变，典型表现形式为宅基地征收为国有建设用地，在此过程中土地用途结构重新配置，周边要素组合进行空间置换，土地发展权价值显现为现有用途价值扣除原宅基地价值的增值收益，但在宅基地复垦为农用地的过程中产生的增值收益则主要依靠节余的建设用地指标市场化交易实现。在市场自发型中，增值收益主要表现为宅基地经营性用途收益，试点实践中依权利内部结构的迥异可划分为两类：在权利主体指向农民，权利客体为宅基地的用途拓展的场合下，一般通过发展农家乐、餐饮民宿、乡村旅游等新型乡村产业盘活闲置宅基地。在权利主体指向集体，权利客体为宅基地的性质改变和用途拓展的场合下，集体往往将宅基地转为集体经营性建设用地入市，融合发展农产品冷链、初加工、仓储等一、二、三产业以获得增值收益。

3. 基于宅基地资格权或所有权而产生的增值收益

宅基地资格权是"三权分置"政策施行下产生的新术语，在立法表达上可选择集体成员权在宅基地领域的特殊形态作为实现路径，属于团体法视角下调整集体内部法律关系和构造的宅基地私法权利。[①] 宅基地资格权的取得和丧失在满足一定条件的前提下皆会产生增值收益，如在有偿退出的路径下，通过资格权指标化或期权化的方式对农民予以补偿，其实质为宅基地住房保障功能价值、生产功能价值与期权价值的总和。在有偿选位、有偿调剂、竞价区位等方式下，除了宅基地使用权的转让费用，增值收益还可包括宅基地资格权权益成交的市场价。基于宅基地所有权而产生的增值收益，主要以落实宅基地所有权主体为手段，明晰集体内部产权关系，利用各种资源要素发展集体经济，带动各项宅基地财产权利的增值。

(二) 参与分配主体的确定

宅基地增值收益涉及农民、集体、政府以及社会不特定第三人等多方主

---

① 参见夏沁：《农户有偿退出宅基地的私法规范路径——以2015年以来宅基地有偿退出改革试点为对象》，载《南京农业大学学报（社会科学版）》2023年第4期。

体的利益分配,社会不特定第三人往往基于用益物权或者债权取得收益,[①]农民与集体的分配主体地位已毋庸置疑。溯本求源,农民与集体为土地产权人,土地产权为土地终极所有权及其衍生出的一系列权利,如占有权、使用权、收益权、处分权。土地终极所有权是土地产权的核心,也即法律意义上的所有权,它是土地产权各项权能得以分离的"母体",在各项权能中占据最重要的地位。集体是农村土地的所有权人,进一步讲是土地产权理论中的终极所有权人,那么应当赋予集体完整的终极所有权权能,包括参与宅基地增值收益分配的权利,从而使得土地终极所有权在经济上得以实现。集体作为土地终极所有权人,还将宅基地占有、使用的权能让渡给了农民,农民成为宅基地使用权人。农民作为土地终极所有权权能分离后的经济主体,基于所占据权能的用益物权属性享有宅基地的增值收益。

不同于农民与集体,对于政府的分配主体地位时有纷争。在学界,多数学者以增值贡献理论来为政府参与分配证成,但也有学者表示政府的地位特殊,政府既是主导者又是受益者的双重角色,将引发难以遏制的"圈地运动"。[②] 此外,有的学者认为在初次分配中应当尊重私权主体之间的自治,政府可在二次分配阶段以税收形式共享收益。[③] 理应肯定政府的收益分配权,至于在何种阶段以何种形式只是其权利实现的不同维度。政府是农村土地利用规划的决策者、农村周边环境改善和基础设施投入的主要贡献者,致使宅基地产生用途性增值和外部投资辐射性增值,促成并理应占有部分级差地租。[④] 另外,以利益平衡角度观之,若在实践中完全抹杀政府的利益,不仅

[①] 参见李谦:《中国农村宅基地增值收益分配:归正与重置》,载《现代经济探讨》2023年第2期。
[②] 参见林津、吴群、刘向南:《宅基地"三权分置"制度改革的潜在风险及其管控》,载《华中农业大学学报(社会科学版)》2022年第1期。
[③] 参见许恒周、牛坤在:《城乡土地融合发展:概念内涵、历史演进与机制设计》,载《南京农业大学学报(社会科学版)》2023年第5期。
[④] 用途性增值乃因土地用途转变而导致单位价格上涨而带来的增值。外投资辐射性增值为宗地外基础设施投资影响该宗地的外部环境从而引起的增值。级差地租是指因土地区位、肥力、环境等差别而形成土地优劣之分并在此基础上加之资本投入而产生的结果。

与学理相悖,同时还可能引发各种利益失衡问题。首先,政府的利益失衡。政府乃宅基地增值的主要贡献者,若政府不能参与收益分配,那么其推动农村建设的积极性将降低,即使有学者认为投入基础设施建设乃政府之责任,但除了基础设施建设外,由政府实际主导的宅基地改革措施将难以推行,如在"三权分置"下滥用权力,阻滞宅基地使用权的流转。其次,不同区位的利益主体之间的失衡。在土地征收中因区位因素存有差别而带来了明显的利益"分层"现象,如"土地食利阶层"的出现,这便引发了不同区位的土地权利人之间利益分配的失衡。若政府参与到增值收益分配中,则可通过税收、转移支付、农村基础设施投入等手段对增值收益分配进行矫正,从而实现不同主体之间的利益平衡。

综上,农民、集体及政府均享有参与收益分配的主体地位。农民和集体以产权人身份参与其中,理应保障其收益分配权利。政府因其在级差地租和土地增值中的突出贡献,其分配主体地位亦不容置喙。

三、宅基地增值收益分配的基本路径

宅基地增值收益分配的本质是产权内外部主体利益的较量和博弈的过程。[①] 农民作为宅基地使用权人,围绕用益物权的绝对私有化形成利益场域,渴求直接支配利益,实现利益排他性。集体乃宅基地所有权人,其以社会主义公有制为利益嵌入点,主张共有产权利益以维持公共资源治理机制的正常运转。政府为公权力主体,基于统筹兼顾效率与公平之要义,介入土地产权进行利益社会化共享。

我国地广物博,各个地区在自然地理环境、经济发展水平、产权交易市场发育程度、传统人文观念等因素上迥异,形成了不同的宅基地产权治理结构,因此利益博弈主体之间的张力受到个体性、区域性、地域性等影响,折射出差别化的利益诉求,加速并促成利益分配关系分野。利益分配关系的外核为增

---

① 参见李国强:《权利主体规范逻辑中的农民集体、农村集体经济组织》,载《求索》2022年第3期。

值收益分配,故由表及里,只有探寻试点改革地区的产权运作逻辑并挖掘增值收益背后深层次的利益分配关系,才能对症下药,祛除分配不均的顽疾,建构起以利益分配关系为擎架的利益格局。在试点地区中,依政府的作用不同,可将宅基地产权运作形式分为政府主导型与政府非主导型两大类,在此基础上释明不同主体的阶段性分配利益关系,完成利益主体在初次分配与二次分配阶段的再分化。而各主体之间的利益拉扯和角力则导向厘定分配比例的利益格局构建,政府主导型以三角式利益格局为基础,政府非主导型以位阶式利益格局为原则,以此作为宅基地增值收益分配的基本路径(见图4-1)。

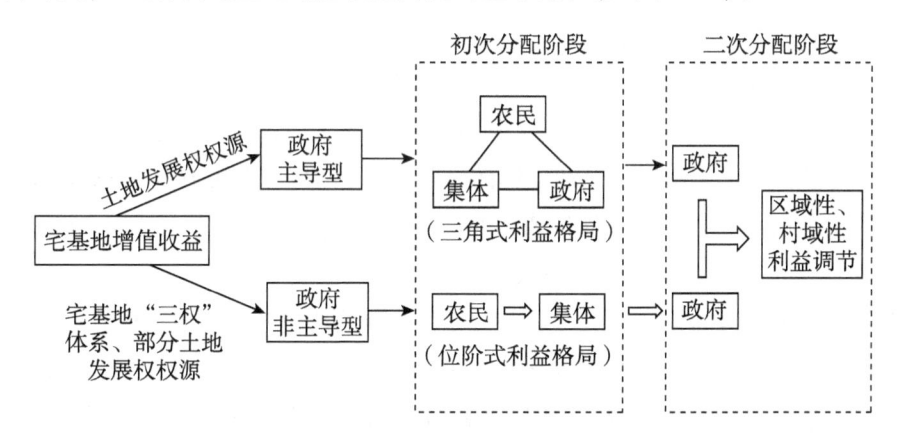

图4-1 宅基地增值收益分配基本路径

(一)政府主导型:三角式利益格局

政府主导型是指在宅基地产权治理中,政府是宅基地增值的启动者和主导者,几乎参与了宅基地增值的全过程,并提供项目审批、资金支持、指标平台交易与社会保障等服务。其以土地发展权为权利基础,往往涉及宅基地用途转换性增值收益,如宅基地转为国有建设用地、复垦为耕地。宅基地类型一般集中于我国西部等经济欠发达地区以及非农化程度较低的村域,宅基地的潜在价值较低,利用方式单一。在该类型下,利益分配关系与政府投入规划等要素挂钩,依要素贡献原则可于初次分配中占有较高的分成比例,如在浙江省义乌市"集地券"模式下,测算得出政府、集体与农民的增值收益分配比例为40∶11∶49。

因此在政府主导型中,农民、集体和政府均参与初次分配,这是基于"谁贡献,谁受益"原则所决定的,并依托要素贡献额度确定收益占比,由此呈现出三角式的利益格局。在该利益格局下,三角关系的每一方都互为变量,以要素贡献进行利益博弈并相互制衡,使得利益分配倚向此消彼长的动态平衡,形成了稳固的"铁三角"。此外,政府在初次分配后还应当参与二次分配,以消弭要素贡献原则极端分配倾向的弊端。确定要素贡献原则后,具体的测算方式可以价值丧失和资本投入来衡量。

1. 农民和集体的要素贡献

政府主导型往往以农民和集体丧失宅基地部分或全部价值为基础展开产权治理,价值丧失在增值收益中可转换为资本要素投入,故可依据宅基地价值的损失程度来衡量农民和集体的贡献。具体而言,农民放弃了附着于宅基地使用权之上的居住保障价值、副业生产价值、经济财产价值和土地发展权价值,集体作为宅基地所有权人放弃了蕴含机会成本损失的土地发展权价值和管理宅基地的投资损失,基于产权主体身份地位的平等性,土地发展权价值在农民与集体间均分。参照现有研究方法,宅基地居住保障价值、副业生产价值、经济财产价值和土地发展权价值可分别用公租房住房补贴、人均养老保险逅缴金额、宅基地区位补偿价以及土地用途转换前后的价格差扣除各类开发成本费用来衡量,集体管理宅基地的投资损失则可依照地区有关政策标准执行,如《重庆市关于调整地票价款分配及拨付标准的通知》就规定了宅基地复垦的管理成本。

2. 政府的要素贡献

政府主导型中,政府是宅基地产权治理的主导者,支出资金投入大量的人力、物力、技术等进行宅基地制度改革,激活土地要素资本,其在宅基地财产价值开发的前期、中期和后期均需投入大量成本推进项目的顺利实施以及提供社会保障和管理等服务。以宅基地复垦为耕地形成建设用地指标的增减挂钩项目为例,政府的要素贡献按资金投入计算,可包括拆旧区的拆迁补偿费用及建新区的土地征用费、土地复垦费用、基础设施费用等各种土地取得和开发费用。

(二)政府非主导型:位阶式利益格局

政府非主导型,指由农民和集体自发秩序形成的宅基地产权实践,政府并不干预私权主体之间的自治,一般只提供项目许可等政策性支持,其以"三权分置"下的宅基地所有权、使用权和资格权以及部分土地发展权作为增值收益的法理支撑,典型的表现形式为宅基地使用权流转(如租赁、入股、抵押),宅基地所有权人组织实施的有偿使用、有偿选位等。此种产权交易模式往往出现于宅基地产权交易市场较为发达地区,农民和集体流转宅基地的主观愿望强烈,对于所持宅基地拥有较高的资产利用意识和利益预期。在利益分配关系上,因政府对增值收益的生成作用较小,故并不参与初次分配,主要由农民和集体自主决议分配比例。

厘清政府非主导型的利益分配关系后,在此基础上构造以农民、集体、政府这三个主体依次由高至低的利益阶梯,明确收益占比呈现梯度性安排。之所以采位阶式利益格局,是因为政府非主导型的宅基地产权实践多以价值流转为典型,原权利人并未产生根本性的价值丧失,或者价值丧失后收益分配具有单向性(如资格权有偿退出),故难以用价值测算方法估计各主体的要素贡献额度。在私法视角下,政府非主导型的初次利益分配又体现为农民和集体的自治性事务,但为了防止集体内部盲目非理性地自主决断,应遵循一定的利益位阶以保障分配得当。

1. 第一位阶:农民

农民应当位于利益分配的第一位阶,这首先是鉴于农民和宅基地之间的"血肉关系"决定的。宅基地乃农民最重要的生活保障,农民世世代代扎根于宅基地上进行衣食起居,已形成了加之于宅基地上的强烈的祖业观念。以农民利益为首要,符合其生存权和发展权的人权保障理念,亦与当前国家所倡导的保护农民土地权益的理念相吻合。优化土地收益分配结构,并向农民倾斜,赋予农民更加充分的财产权益,让农民更多地享受改革红利。

2. 第二位阶:集体

窥探集体之于农民和政府在宅基地利益分配中的相对关系,应将其置于第二利益位阶。于农民，集体的利益与之内在勾连而又自成一脉，以所有权主体地位操纵着增值收益的全过程且拥有"特权"，如浙江省义乌市规定，农村宅基地使用权转让须集体同意并赋予其同等条件下的优先回购权。集体利益实乃农民利益之化身，但局限于其不可控的人为利益空间，将其置于农民利益位阶之下有助于消弭集体利益冗余之势。于政府，集体又乃农民利益之代表，基于倾向农民利益保护之策，政府利益让位于集体利益是应然之举。

3. 第三位阶：政府

政府基于利益所持之特殊身份，处于第三位阶最为妥当。首先，政府实乃宅基地之外来人，虽有贡献于宅基地增值但在法权视角下并非权利主体，其以公权身份介入私权主体内部的利益分配，或有越权之嫌。其次，在所持利益本身的合法性模棱两可的情形下，存有公权对私权吞噬与凌弱之危险，政府依赖公权的天然优势攫取超额利益的现象屡见不鲜，这不符合比例原则"强势利益与弱势利益的平衡"之法理精神。因此，政府应当落座于最后位阶。

由前述可知，政府主导型和政府非主导型在初次分配阶段划分出不同的利益分配层次，政府唯有在其主导型中可参与初次分配，遵循按资本、管理、数据等各种生产要素的边际贡献决定分配比例。但初次分配因其固有弊端，易导致收益两极分化，引发利益天平失衡。宅基地财产价值受区位影响显著，东部地区、距离城市较近的宅基地与中西部地区、远郊宅基地之间的价值悬殊，宅基地价值显化为增值收益，因而在初次分配中呈现出区域性与村域性的利益分配失衡局面。故政府可在二次分配中采取行政手段消除初次分配的市场机制弊端，以兼顾效率与公平原则实现区位利益的空间转移，调节畸高或畸低的宅基地增值收益，规范增值收益分配秩序。此外，政府还应当建立健全社会保障机制、社会救助机制以及定点帮扶机制等，对于宅基地产权交易市场发展较为落后的地区予以帮扶，通过财政转移支付、农村基础设施投入等手段，加快集体经济和农业现代化步伐，推进城乡融合发展，使宅基地增值收益惠及各类利益主体，最终实现共同富裕。

四、宅基地增值收益分配的利益衡平

建立在厘清利益分配关系基础上的利益格局构造是宅基地增值收益分配的理想路径,但学理性构思在转为产权具体实践的过程中,若不加以利益衡平的制度设计予以保驾护航,将会窒碍难行。在涉及利益分配的自治性事务时,农民和集体之间易出现"一言堂"现象使得利益内部分配趋向不透明化、模糊化,偏离了利益分配公允的价值取向,难以维系利益平衡状态。宅基地增值收益以产权为轴心,产权存在的价值就在于把权利转化为经济利益,占有、使用、处分等权能不过是实现收益权的手段,但当前宅基地的权利体系并未健全完善,以致各主体的利益分配产生法源缺陷和外部性侵害。政府于二次分配阶段进行区域性、村域性利益的空间调节,但采用何种形式、建立何种制度仍需具体考量,防止政府僭越自身位置凌驾于他人利益。是故,利益平衡制度从以下三个层次设计(见图4-2):其一,农民与集体间利益如何实现的程序性规范,主要为利益分配和管理事项的自治规则;其二,各主体利益实现的权利保障,以完善宅基地权利体系为手段;其三,区域性、村域性利益的空间调节,通过税收制度设计予以规范。

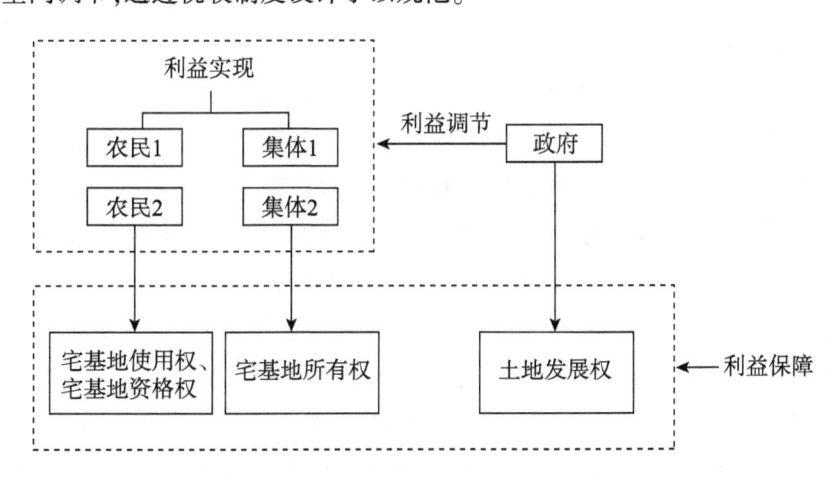

图4-2 宅基地增值收益之利益平衡制度设计

(一)利益实现：建立健全利益分配和管理的自治规则

利益分配程序开始前，需保证集体内外部治理机制的健康运作，这是农民与集体之间利益分配得当的关键。农村集体经济组织是集体所有权的行权主体，应以章程形式明确集体经济组织的职权、议事规则和决策程序等，规定理事会成员、监事会成员和主要经营管理人员在增值收益管理上的义务和禁止行为，并通过财务会计制度、财务公开制度和财务报告制度方便成员随时监督增值收益的分配、管理和使用情况。在外部治理结构中，应建立增值收益资金专项审计并完善资金监管等监督制度，利用信息网络搭建起资金监管平台，联动相关部门严格资金责任，将贪污腐败的行为与民事责任、行政责任和刑事责任相衔接。由此通过内部权力架构的设计与外部监督机制的运行，从利益分配的源头上防止利益截留并遏制内部腐败。

利益进入分配阶段的程序性要求可参照《农村集体经济组织示范章程（试行）》的有关规定进行决议，宅基地增值收益分配属重大事项，因此必须有三分之二以上的成员参加并经到会成员表决权总数的三分之二以上同意方可通过宅基地增值收益分配方案。宅基地增值收益分配方案应当包括增值收益分配的具体形式、分配比例、使用用途等，但由于集体经济组织成员在资产管理方面的专业素养较为欠缺以及基于强化集体经济的需要，应遵循自治与管制相结合的原则，对有关自治事项进行一定的立法干预，规定"硬性的最低提存比例"与"软性的分配指导比例"。"硬性的最低提存比例"即明确禁止将全部所得收益分配给集体成员，《农村集体经济组织示范章程（试行）》第45条就规定了应提取公积公益金用于集体经济实力的壮大和发挥福利保障作用。提取公积公益金的比例由各个地区结合自身条件自主制定，如龙港市规定公积公益金比例不低于30%；而中山市则规定公积公益金比例村级集体经济组织不低于20%，组级集体经济组织不低于10%。"软性的分配指导比例"可在区分增值收益的类型上辨明利益格局，若为政府主导型，应以三角式利益格局为基准，制定宅基地有关价值测算的标准与方法，明晰农民与集体的要素贡献后确定具体分配比例；若为政府非主导型，应遵循位阶式利益格局，在农民利益大于集体利益的基础上自主决议分配比例。此外，为了防止集体产权虚化,成为个人敛财的工具,需规范集体经济组织所取得的增值收益使用用途,其用途应当与取得增值收益的权利基础相契合,用于提升宅基地的财产价值和推动集体经济发展。

(二)利益保障:完善宅基地权利体系

宅基地"三权分置"是脱离传统"两权分离"实在法体系的政策语言表达,该权利体系下的宅基地所有权、使用权与资格权加之实际存在的土地发展权,为盘活宅基地私益财产属性、创造巨量增值收益开辟了多元化通道。但在试点改革中,政策安排与执行的不确定性对产权交易主体的安全感知以及行为预期产生影响,仅用政策语言难以形成有效激励和私益保护。因此,急需在立法技术上将事实产权转为法律产权,构建相关配套制度,完善宅基地权利体系。

1. 宅基地使用权权能的完整化

基于宅基地使用权承载着浓厚的社会保障属性,其凸显财产功能的收益权能在物权法体系中长期处于缺失状态。在"三权分置"新形势下,宅基地使用权的物权性流转和债权性流转,于农民而言虽事实上取得收益,但若以法权视角观之,物权性流转收取的对价乃处分权能范畴毋庸赘述,债权性流转收益却处于因收益权能缺失而于法无据的尴尬状态。故此,农民在宅基地增值收益分配中作为私权主体无法与公权力形成分庭抗礼之势,易在实践中遭受诸多阻碍,不利于农民对自身合法利益的享有与分配。为了平衡农民利益,可从法律层面明确宅基地使用权的用益物权属性,明确并丰富其收益权能,在收益权能的多种实现途径如出租、入股、抵押、经营性利用等方面明确收益权能的具体归属和农民的利益分配地位。但从法权构造路径无法解决宅基地无偿性与使用权收益性之间的权利失衡冲突,为此可尝试宅基地使用权经营资格、流转资格有偿化改革以作为收益权能的有力支撑。此外,宅基地使用权作为一种私权利,存在因公权力的滥用而遭受侵害的风险,应建构遏制公权的相关法律制度,同时明晰公权侵害私益的法律责任,以充分保障其物权的完整性。

2. 宅基地所有权权能的实质化

宅基地所有权中的占有权能和使用权能作为基础性权能,在实践中已基本得以落实,而处分权能和收益权能仍处于不稳定的陷落状态。因所有权主体虚置加之长期以来对行权主体的利益忽视,收益权能已被严重侵蚀。法律上,宅基地所有权的处分权能被公权力所限制,实质上亦对收益权能的实现造成一定的影响。平衡集体利益,以明确集体之私法上的行权主体从而保障收益权能为首要,应将集体所有权置于传统民法体系下审视,即以集体经济组织为所有权行权主体。但考虑部分地区集体经济及社会资本较弱的现实境况,应允许村委会、村民小组等相关主体作为过渡代行相应职能。在处分权能层面,应避免国家公权力对集体经济组织私权利的过度侵害或干涉,给予集体经济组织自主处分的权利。集体经济组织应强化作为宅基地所有权人的主体地位,通过构建以宅基地所有权人为权利中心的宅基地收回制度、回购制度、使用权流转同意制度等,实现自身实力之壮大。

3. 宅基地资格权的配置市场化

宅基地资格权应属集体成员权,是保障基本居住的身份福祉性权利,可适用《民法典》物权编关于集体成员权利的一般性规定。但宅基地资格权尚属新兴的权利形态,作为增值收益的权源基础之一,其权利内容除了可以基于成员身份申请宅基地外,还应当赋予其一定程度的财产属性,其交易形式、使用期限、实现方式等可以依地区市场开放程度而灵活调节。特别是在经济产权主导型的地区,资格权的行使更多是依靠市场化治理手段,若仍固守身份属性,则会引发大量违法违规问题。如义乌市是典型的经济产权主导型地区,商业氛围浓厚,外来人口大量涌入,其探索出有偿调剂、跨村竞拍、抵押贷款等不同资格权实现形式有效地提高了资源配置效率,增加了农民财产性收益。但资格权的行使仍应坚持底线思维,在不对社会产权(基本居住保障)产生冲击的情况下,开展资格权市场优化配置。

4. 土地发展权的相对物权化

土地发展权虽未被纳入我国法律体系,但已然广泛存在于宅基地制度改革试点实践中,成为一种事实产权。[1] 土地发展权应被界定为一种新型用益物权以使得依托土地发展权的交易和利用行为合理和合法化,起到充分保障当事人利益的作用。[2] 权利人可对宅基地进行自主的管理控制(改变宅基地的用途和性质),排除他人的干涉,此乃用益物权绝对性、支配性、排他性的体现。因而此种物权与典型物权在整体上表现出相当的共性,但特殊之处在于其需承担更多的社会义务以及蕴含公益性特征。基于社会整体利益的考量,由国家公权力介入私权,对基于宅基地所衍生出来的各项私权利进行重新的权利义务安排,借助于多种限制性手段,实现了从绝对物权到相对物权的过渡。同时正是基于土地发展权的公私融合属性,享有土地发展性利益的主体也分化出不同层次。在改变宅基地性质和用途的场合,以公权力主体直接支配利益为主;在仅拓展宅基地用途的场合,则由私权主体享有发展性利益。

(三)利益调节:采用税收手段

政府在二次分配阶段中应承担起公法赋予之责任,对初次分配阶段的宅基地增值收益进行再调节,实现利益的空间转移,促成区域性、村域性的利益平衡。理论研究中,对于政府以何种形式参与收益分配主要有两种观点,一是借鉴集体经营性建设用地入市模式收取20%至50%的土地增值收益调节金,二是采用税收形式。但若仔细辨析前者之性质,其实质为建立税收制度前的一种形式过渡,已具备了税收强制性、无偿性及固定性的内在表征。由此可知,土地增值收益调节金与税收是同一主体在不同阶段的表现形式,两者的本质是以"税"入利益分配之局,采税收形式更符合当前农村宅基地制度改革的形势。且若以"调节金"之称谓,易与在部分试点实践中集体收取的宅基地增值收益调节金相混淆,引发同一外观下的不同结果,增加解释负担。而在以税收为前提的公法视角下,政府以公主体的面貌参与利益分配,再以公主体的身份回馈社会,将所得专款用于农村建设,提升农村的公共服务质

---

[1] 参见屈茂辉、张媞:《三权分置下宅基地发展权的法权结构与实现路向》,载《河北学刊》2022年第5期。
[2] 参见姚树荣、赵茜宇、曹文强:《乡村振兴绩效的地权解释——基于土地发展权配置视角》,载《中国农村经济》2022年第6期。

量和完善区位环境，同时发挥利益调节机制，平衡各方主体利益，对于促进社会公正、稳定社会秩序具有重要意义。

明确以税收形式参与利益分配后，政府可通过税种、税基与税率的变化动态调整不同区域、不同村域的利益份额，实现宅基地制度改革红利共享。在具体实现形式上，可对宅基地权利人征收宅基地增值税，并按照宅基地增值的差异分税基征收超率累进税。当有社会外部主体介入利益分配时，政府还可在涉及宅基地使用权转让的情景下征收相应契税。除了对利益溢出的地区实行征税外，为了维持利益整体性平衡，还可在利益缺乏的地区实行税收减免等优惠政策，减少利益支出和损耗，做到统筹兼顾区域性、村域性的利益公平。

新一轮的宅基地制度试点中，存在增值收益性质未明晰、分配主体模糊化、分配比例差异化等现实困境。在进行宅基地增值收益分配基本路径构建前，应当明确宅基地增值收益的法律性质和参与分配主体。利益分配关系厘清后的利益格局构建是宅基地增值收益分配的基本路径，具体表现为在区分政府主导型与政府非主导型的基础上展开不同分配策略。在宅基地增值收益基本路径实现过程中，还需进行利益平衡制度设计，通过利益实现、利益保障和利益调节，破除利益流动的障碍性因素。以此，通过宅基地增值收益分配基本路径的利益安排，实现了农民与集体之间、公权力与私权主体之间、不同区位权利人之间的利益平衡，为规范化制度化宅基地增值收益分配机制提供了一条可行路径，有助于各主体积极利用和流转宅基地产权，促进土地要素城乡流动，进一步加快城乡融合发展，全面推进乡村振兴。

综上，宅基地增值收益的权源基础为宅基地所有权、使用权、资格权以及土地发展权，农民和集体基于产权理论、政府基于利益平衡原则均有权参与分配，利益分配关系的厘清与利益格局的构建是宅基地增值收益的基本路径。宅基地产权运作形式分为政府主导型和政府非主导型，政府主导型中利益分配关系与要素贡献挂钩，农民、集体和政府皆参与初次分配，并形成三角式利益格局；政府非主导型中利益分配关系以私法自治为主，仅农民和集体参与初次分配，并呈现位阶式利益格局。初次分配依不同场域进行利益主体再分化,但政府均需参与二次分配进行区域性、村域性的利益调节,以矫正利益失衡现象。宅基地增值收益分配基本路径在实践中还易遭遇内外部环境不相适配的掣肘,导致利益分配各环节难以自洽,故而需进行利益平衡制度设计,在利益实现端建立健全利益分配和管理的自治规则,在利益保障端完善宅基地权利体系,在利益调节端采税收制度予以规范,从而破除宅基地增值收益分配的枷锁,实现宅基地增值收益的科学合理分配。

第四节 构建农民多元化住房保障制度

一、"户有所居"下农村住房制度的改革实践

(一) 以人为本理论:保障农民住房居住权益

改革犹如一枚硬币的两面,在带来正向作用的同时,也会随之产生负效应。在激发宅基地使用权财产价值的同时,需对改革进程中可能导致的农民"失地"和"失房"情形有所应对。根据人本主义理论,为保障农民的居住权与生存权益,应构建农民多元化住房保障制度,以消弭宅基地财产化改革所产生的社会风险。

居住需求是人的生存需求,故而居住权益亦是人的生存利益。"耕者有其田,居者有其屋"是中国农民的理想生活状态。"一户一宅"的本质意义并非一户一处宅基地,而是保障农户的居住权。[1] 宅基地制度改革的趋向,乃建立既能节约集约使用土地,又能保障农民基本住房用地的新制度。2020年启动的第二轮宅基地改革试点,在保障农民生存利益的基础上,正历经土地保障到居住保障、再到权益保障的转变。[2] 故此,宅基地"三权分置"改革之后,凸显以经济利用为重心的实践面向;在"一户一宅"基础上增加了"户有所居"

---

[1] 参见李凤章:《宅基地资格权的判定和实现——以上海实践为基础的考察》,载《广东社会科学》2019年第1期。
[2] 参见杨璐璐:《宅基地"三权分置"改革下的农村住房保障:制度框架与实现路径》,载《山东社会科学》2023年第12期。

这一新的保障制度。① 农民居住权保障的实现方式已不再限于分配"一块土地",而是由"供地"向"供居"发展转变。"户有所居"的多元化住房保障方式为实现农民的基本居住权益提供了新路径。

居住功能是宅基地制度的首要功能,应遵循"户有所居"的多元化方式,实现农民住房居住权益的需求,改变既往以"地"为保障的方式,采取对人进行精细化分类,转向因"人"精准保障的方式。综合考虑土地资源禀赋的差异性、城镇化进程的阶段特征以及村组布局的具体状况,各地因地制宜地推出了多样化住房保障措施,如实行集中统建、多户联建和城乡共建等。此外,还应考虑当地的未来人口增长趋势,制定合理的宅基地分配、供应和住房供给计划,为未来增长人口预留合理的住宅资源,尽可能避免陷入人多地少、农民居住权益与生存利益无法得到保障的循环之中。总之,构建满足农民多层次住房需求的农村住房供应体系,逐步构建城乡一体化的土地和住房制度,实现城乡土地和住房权益的平等,保障城乡土地要素的自由流通。

(二)农民住房保障的基本模式

1.基本供给型:"一户一宅"与村民自建

在宅基地资源仍可满足农民"一户一宅"的情形下,即在宅基地预留空间充足地区仍坚持"一户一宅"原则,并实行面积法定原则和无偿分配宅基地,由农民自建房屋,满足其基本居住需求,保障农民的权益公平。此外,在基本供给保障的基础上,从保障农民的基本居住权益与生存利益出发,应当依据实际情况,重点保障无房户、住房困难户等群体的基本居住权益,确保该弱势群体在公平原则下享有同等的建房权利。② 若该类农民自愿退出宅基地或放弃宅基地资格权的,以资格权置换安置,应当将其无偿安置在集体所有的农房或镇村养老院、福利院,所需日常基本生活费用由政府和集体承担,退出的宅基地和农房由集体收回。

---

① 参见孙建伟:《"户有所居"的法律实现路径探究———以〈土地管理法〉第62条第2款为视角》,载《上海政法学院学报(法治论丛)》2024年第1期。
② 参见吕萍、于淼、于璐源:《适应乡村振兴战略的新型农村住房制度构建设想》,载《农业经济问题》2020年第1期。

2. 改造更新型：拆旧建新与危旧房改造

改造更新型住房保障，乃针对具有住房保障福利资格、对改造住房有较高意愿以及对居住环境有更高需求的农民，侧重于在不大幅度改变现有宅基地布局的前提下，更多地聚焦于"住房功能"的完善与提升，对现有宅基地或房屋进行品质提升。[1] 旨在实现农村居住环境的整体改善与居民生活品质的显著提升，建造生态宜居的和美乡村。

3. 集中建设型：集中统建、多户联建、建设农民公寓和住宅小区

农村传统居住模式就是一家一户的村落散居模式，农民的分散居住难以实现宅基地的集约节约利用。同时，分散各户对宅基地地表的事实控制和支配，制约农民集体对宅基地空间进行开发利用，造成空间资源的极大浪费。[2]

集中建设型主要是在人少地多、宅基地闲置较多、农村"空心化"或自然环境已不适宜居住等地区，通过集中建设，将整村迁向中心地带集中新建。首先，针对已完全空心化或因自然因素不宜居住的村庄，经过法定程序的严格评估，规划现代居住村落，统一建设新型农村社区。其次，为鼓励农民合理利用宅基地资源，可允许农民通过有偿退出方式获取重建房屋资金；或者以宅基地置换方式，在城市规划区内获得集中安置的住房。最后，对于新分户的农民，为满足其居住需求，应鼓励其通过自建或购买的方式申请集中居住点的住宅，以促进农村居住环境的整体改善和提升。如对于满足宅基地审批条件的农民，采取以成本价购买住宅楼的方式，确保农民的居住需求得到满足。

4. 需求提升型：跨村有偿的宅基地调配、功能性公寓或住宅

需求提升型依赖于他处选址或跨集体申请宅基地，一般通过异地安置、跨村组或村建房的形式实现供给，规划新的居民生活区，以满足农户对住房

---

[1] 参见李韩非：《农村危房改造现存问题与破解之策》，载《产业与科技论坛》2020年第12期。
[2] 参见韩松：《论乡村振兴背景下农民户有所居的住房保障》，载《法律科学（西北政法大学学报）》2022年第2期。

的刚性需求。① 首先，实施跨村有偿的宅基地调配，如允许跨村的土地转让、采取竞价投标方式的跨村宅基地有偿使用方式。在县域内农村集体建设用地总量不变的前提下，通过跨村指标调配破解宅基地资源的空间错配问题。其次，以增减挂钩方式，整合超标占用或闲置的宅基地，通过指标流转形式，集中建设新的农民小区。最后，为了满足农民多元化和差异化的居住需求，可以引入功能性公寓的建设。依照农民需求设计多功能住房，如分别设计老年公寓和青年社区等。

5. 闲置盘活型：有偿退出、城乡共建与宅基地整治入市

有偿退出模式主要面向农民进城务工或经商后，具有城镇买房或居住需求的群体，其宅基地处于闲置状态，且无法获取宅基地财产性收益。换言之，宅基地的财产功能和居住保障功能皆处于冻结状态。此类可采取自愿有偿退出的方式，既为农民进城购房或置业获取原始资本，又盘活利用闲置的宅基地。在试点实践中，具体操作方式多样，如资产置换方式，旨在通过等价资产进行交换，如天津市宅基地换房模式；指标置换方式，侧重于以宅基地指标进行等价置换，如重庆市、四川省成都市、浙江省诸暨市的地票制度，浙江省温岭市的房票制度；以及货币补偿方式，即直接以货币形式对退出者进行补偿，如浙江省义乌市的集地券模式。②

城乡共建模式具体包括农房流转型③、个体合作型④和成片开发型⑤三类，在"三权分置"之下，宅基地资格权归属农民，宅基地"使用权"可为合建方

---

① 参见杨璐璐、王立徽：《试点地区农村住房保障实践探索与推进路径——基于根植性框架的多案例研究》，载《经济问题》2023 年第 11 期。

② 参见吕萍、林馨：《从农民住房权益视角审视农村宅基地和住房制度》，载《农业现代化研究》2022 年第 2 期。

③ 合建方只参与地面农房的建设与投资，受制于"房地一体"原则，合建方只能以租赁方式建设房屋，获得房屋所有权、使用权，但不能获得宅基地使用权，无法办理不动产权证。

④ 农民将宅基地使用权流转给合建方，合建方投资建设房屋并允许在流转期限内享有部分宅基地使用权，可以用于自住、商业经营等各种活动开发，并办理不动产权证。

⑤ 农民将宅基地使用权以委托或入股方式流转给农民集体，再由农民集体与社会资本合作开发，集体要保障农民宅基地资格权实现以及宅基地使用权流转收益，此进程中存在双重委托——代理关系。

提供较为完整的产权权能。该模式的关键问题在于可否实现城乡土地要素自由流动,能否为合建方提供稳定的产权保护。在试点实践中,具体存在以下方式:其一,宅基地使用权转换为集体建设用地使用权,以规避内部流转的身份性限制,以成都"联建房"为典型。[1] 其二,合建房屋可以办理房屋使用权证书,并允许合建方将房屋对外转让,如河北滦平桑园村"伴山集"项目。其三,在宅基地"三权分置"改革基础上,为合建方办理宅基地使用权的不动产权证书。其四,双方只签订合作协议,但合建方没有任何产权证书,如江西永丰易溪村"多户联建"。[2]

此外,试点实践中还包括出租闲置宅基地或房屋、农民集体有偿方式收回,以及宅基地使用权转化为集体经营性建设用地入市,如贵州省遵义市湄潭县、四川省泸县宅基地共建共享模式,皆旨在突破传统集体成员身份的限制,推动宅基地使用权在遵循有偿和有期限原则下进行市场化利用,从而拓宽宅基地产权结构的开放性。通过与市场主体的深度合作,致力于建立畅通的宅基地使用权运行渠道,以充分彰显宅基地的财产价值。

二、农民多元化住房保障制度的设计

对于农民住房的基本保障,"一户一宅"采取由农民集体为集体成员自己建造住房提供宅基地方式,"户有所居"采取由个人、集体或者国家为农民提供住房或居住权益的多元化方式。新型农民多元化住房保障制度的建立,不仅有利于解决农村的住房保障问题,也有利于实现农民住房的财产权。

(一)由物及人:由"供地"的实物保障转向"供居"的权益保障

宅基地制度从归属中心主义向利用中心主义转变,在"三权分置"的改革背景下,通过放活宅基地使用权并促使其有序流转,以此激活宅基地财产属

---

[1] 由当地灾区的农民个体提供宅基地使用权,"联建"方向农民个体提供相应的资金,双方主体共建房屋,对建成后的房屋经营管理与增值利益一并分配,宅基地的土地增值利益由农民个体与联建方共享,具体分配方式与比例由双方协议确定,实质上属于农民与联建方共享宅基地使用权。

[2] 参见林超:《"三权分置"视角下城乡合作建房实践观察与理论模式构建》,载《中国土地科学》2023年第4期。

性和经济功能。与之相呼应，对农民的住房保障，从原有的"地+屋"实物体系逐渐演化为"生存权+发展权"的权益价值体系，达成由物及人的发展路径。宅基地制度施行之初，农民的居住保障以"地+屋"的实物形态表现，农民集体向农民无偿分配宅基地，农民在宅基地之上自建房屋；"三权分置"之后，"使用权"被去除身份性要求后而具有更大范围内的流通性，宅基地制度的居住保障功能，从"供地"实物保障向"供居"权益保障发展，并产生多元化的住房保障方式，如农民住宅小区、农民公寓、村民共建、集中统建、城乡合建、养老公寓、商住功能住房等。

(二) 区分不同主体予以精准保障

坚持以人为本的价值理念，关键在于以人为标准进行合理区分，按照不同主体的实际情况进行精准保障。逐步改变以宅基地分配为主的单一住房保障模式，针对农民的不同群体情况实施多元化的住房保障，并适时进行动态调整。首先，充分保障"本集体成员"的普惠性土地和住房供给。实行"一户一宅、限定面积"，自主进行住房建设。在人多地少且建设用地较少地区，可以集中统建方式保障基本居住权。政府主要进行宅基地分配规则制定和建房行为监管。其次，对于本农民集体中的弱势群体给予特殊保障，实现"弱有所扶"。对于本集体组织中的经济困难农户，包括五保户、低保户、低保边缘户等弱势人群优先给予住房保障，设立专项资金提供建房帮扶。最后，保障非农民集体成员的居住权益。如外嫁女、入赘男、离婚女及其子女、混合户等跟随户主享有居住权益，应当保障其基本的居住权益。而对于非本集体成员的流入人员（如外来务工人员、下乡创业人员），因其不具有宅基地资格权，其住房保障可以通过有偿使用的方式实现。

(三) 建立农房使用制度

现有农房多限于自建自住，农村房屋使用制度并未真正建立起来。有限市场范围内的自由流转和放松用途约束，才能真正实现农村房屋的经济价值。其一，完善农房租赁制度。一方面，强化租赁主体的权能效力，设立宅基地租赁使用权。租赁使用权虽不同于不动产物权但具有部分物权效力，允许用于抵押融资和再次租赁等。另一方面,增强合作建房主体的居住权。为合作方设立农房居住权,提供强于租赁权的住房保障,同时也可显化农房财产属性。其二,农村住房可用于经营或商业。农村住房用途本身不限于居住,其具有复合利用的多用途性质。乡村振兴战略实施后,农房成为发展民宿、创意办公、电子商务等新兴产业的最佳载体。[1] 给予农房与商业用房等同的登记发证权,支持各类商事主体(企业、农民专业合作社、个体工商户)利用农房发展新产业和新业态。

(四)允许设置经营型居住权

经营型居住权并非保障农民基本居住条件的居住权,但其可满足农民对宅基地和房屋进行经济利用的需求,并增加农民的财产性收益,从物质上提高农民的保障水平与经济能力。经营型居住权是从房屋所有权中派生出的用益物权。以农民集体的同意权和收益分配权落实集体所有权通过农民的资格权协调宅基地的身份性与经济性的关系,通过经营型居住权放活宅基地和房屋的使用权。[2] 经营型居住权属于房屋使用权,权利主体可以占有和使用房屋,也可以转让、抵押、租赁等方式行使处分权并获取收益。[3] 在宅基地"三权分置"的基础上,被放活的房屋使用权不具有身份性,故经营型居住权亦不受身份性的限制,城镇居民亦可取得宅基地上房屋的经营型居住权。如四川省泸县在城乡共建房屋之后,建成的房屋按照约定由宅基地使用权人与合建方共享,且可以将房屋用于经营。

(五)建立政府主导型的最低住房保障制度

农民最低住房保障应属于政府提供的公共服务范畴,发挥政府住房保障主导作用,在国家层面建立城乡统一的最低住房保障制度。其一,在集体建

---

[1] 参见王玉庭、董渤、李哲敏、李国祥:《共同富裕目标下农村住房制度框架展望——基于制度变迁视角》,载《中国农村观察》2024年第1期。

[2] 参见綦磊:《宅基地"三权分置"政策的经营型居住权实现路径》,载《江汉论坛》2022年第12期。

[3] 参见刘守英、熊雪锋:《产权与管制———中国宅基地制度演进与改革》,载《中国经济问题》2019年第6期。

设用地上集中建设公共租赁住房,并以低租金的方式租赁给农村住房困难、低收入、征地拆迁或因抵押而失去房屋的家庭,以保障上述特殊人群的最低住房需求。① 其二,将农民自愿有偿退出或农民集体收回的宅基地作为保障性住房用地,由地方政府和农民集体出资建设保障性住房。资金来源上可采取双向筹集的方式,农民集体可以从集体土地的流转收益中按照一定比例提取农村住房保障资金;同时,当地政府部门从每年度的财政预算中拨付一定比例的城乡保障房建设资金。

(六)农民"户有所居"的规划制度

农村建设住宅必须取得乡村建设规划许可,并依照规划建设。传统的农村住宅建设以户为单位独自开发建设,且欠缺宅基地之上的空间资源利用。农民住宅建设用地具有宅基地的住房保障性质,但不限于地表平面和低层空间的利用,应以集约式立体空间利用建造农民住宅。在符合规划的前提下,所建设的农民公寓式住房或农民小区,在法律上构成区分建筑物。农民享有自己房屋的所有权、地下宅基地的使用权以及公共区域的共有权,换言之,在"户有所居"原则的指导下,农村住宅建设的规划不应仅限于宗地的地表规划,更应考量空间的规划利用。此外,在保障本农民集体成员的居住权益前提下,可以规划建造租赁性住房,为外来务工人员等群体提供租赁服务以获取收益;还可以将农民住宅小区或公寓与乡村产业项目一体规划,如乡村旅游的酒店项目,以及适宜在住宅区开发的工业项目等。

第五节 包容性规划与用途管制缓和

根据政府适度干预理论,公权力可适度介入宅基地权利的实现。宅基地使用权制度的实施以村庄规划、用途管制等公法规制为前置条件。规划与用

---

① 参见孟存鸽:《农房抵押强制执行与农民基本居住权的实现》,载《甘肃社会科学》2019年第4期。

途管制均属于土地开发权的基本内容,其由政府公权力行使。① 土地开发权决定土地资源的初始配置,是土地资源市场配置的基础。土地开发权归属于国家,作为所有权主体的农民集体不能行使土地开发权,否则会导致利用其争相逐利的"公地悲剧"。

囿于土地资源的不可再生性和稀缺性,土地利用需要国家管制,包括土地用途管制和规划管理,其主要由《土地管理法》《城乡规划法》等所包含的公法规范调整。② 土地所有权人在土地开发权确定的权限范围内行使所有权,而由土地所有权衍生出的宅基地使用权等用益物权,自然也只能在土地规划与用途管制的范围内行使权利。简言之,宅基地使用权的行使必须符合用途管制和规划管理等公法规范的要求,在其所确定的权限范围内实现私法自治。

促进农村土地要素自由流通和土地资源高效配置是未来制度改革的趋向。一方面,乡村的刚性规划变更为包容性规划。从管控具体的土地利用行为转向合理布局的空间结构,并根据乡村发展实际需求适时予以调适。另一方面,僵化的用途管制应更迭为缓和性用途管制。从立法上对宅基地使用权的用途予以拓展,即在一定条件下可以用于经营或非居住。此外,现行法律规定仍维持着宅基地僵化的管制屏障,尚未建立起不同类型土地之间的相互转换通道。从政府适度干预的角度,政府应该为打开宅基地使用权与集体建设用地使用权之间的地性转换通道提供规则供给,将转换的实质条件与正当程序等纳入规制范畴。

一、包容性规划制度

(一)域外的土地使用规划与管制

在国际上,许可制和区划制是土地使用规划的两种主要方式。在采取许可制的国家或地区,在国家或地区层面通过规划委员会等机构事先拟定总体

---

① 土地开发权,乃通过改变土地用途和提高土地利用强度对土地进行利用的权利,土地用途管制和规划管理的权力就是土地开发权。土地开发权是土地利用的基础,改变土地用途和提高土地利用强度的土地资源的初始配置(一级配置)由土地开发权决定,而不是由市场决定。

② 参见崔文星:《土地开发增值收益分配制度的法理基础》,载《政治与法律》2021年第4期。

农村土地开发利用蓝图,同时允许实际土地利用者对不合时宜的农地用途行使变更申请权,其后由规划委员会等机构许可是否允许变更。而采取区划制的国家或地区,实行分区管制,地类的确定与用途限制更具灵活性,其典型特征是通过协商确定土地利用的性质、开发强度等指标。

1. 美国土地使用规划与管制

美国在国家层级并没有所谓的国土计划来规范管理土地使用事务,只有一些环境法案规范着州和地方的行动,但它们都不具有指导土地使用规划的功能,州和地方土地使用规划依据的是美国宪法或州和地方相关的立法。[①]

"二战"之前,美国规划采取分区管制计划,在土地使用分区管制下,土地开发权也赋予了土地所有权人。"二战"结束后,随着人口快速增长和城镇迅猛发展,加之1954年《美国住宅法》(Housing Act)的实施,美国规划采取综合发展计划,地方政府若想要获得联邦政府对城镇更新、住宅或其他方案的补助,就必须准备综合发展计划,计划内容包括:(1)土地使用计划:住宅使用、商业使用、工业使用、运输及公共设施区位;(2)运输设施计划;(3)公共设施计划;(4)社区设施计划;(5)再开发计划;(6)控制与指导开发之行政策略和管制策略。《美国住宅法》有催生综合发展计划的作用,加速了土地开发权的赋予。综合规划也是在土地使用分区的基础上进行的,在城乡规范方面作了比较具有广泛性的规范,显示美国政府在综合规划时期对于土地使用的介入有强化的趋势。

1950年之后,受环境规划运动影响,土地使用设计计划、土地分类计划、政策计划、开发管理计划四种土地使用计划被规划单位广泛应用。(1)土地使用设计计划除了包括实质规划内容外,亦包含环境规划内容,所以在土地使用分区的种类中将限制发展的农业区、林业区、保护区等均涵盖在内。土地使用设计计划的存续和环境规划的融入,代表着政府部门在土地使用方面的介入更为深化。(2)土地分类计划在性质上比较着重环境保护,它的土地使用图亦可称为发展优先次序图,隐含着开发时序的意涵。例如,发展地区

---

① See Klosterman R., *Arguments for and Against Planning*, Town Planning Review, p.5 (1985).

划设为开放空间、乡村区、保留区或环境敏感区,不同类型土地的划设在开发时序、允许开发强度、基础设施服务情形、鼓励或限制条件等都有不同政策意义。(3)政策计划是以描述方式代替土地使用计划图,大部分包含在土地使用设计计划、土地使用分区、土地分类计划及开发管理计划内,它比较不涉及详细的空间区位描述,有时称为策略计划,比较具有弹性是其特点,特别适合用于层级比较高的计划例如州计划。(4)开发管理计划是对土地使用分区有关开发事项更为详细的描述。它特别强调执行策略,其内涵包括开发条件陈述、开发过程、行动方案和各类图表等。

1990年之后,以市场为导向的思潮深刻影响着规划理念,即无须规划管制市场,而是规划服务、培育和促进市场。[1] 自此以后的规划处于多元规划发展阶段,它结合了设计、政策、管理与开发于一体的土地使用规划形态,亦即它可以同时包括土地使用各种分区的设计、允许开发与限制开发之土地使用分类和开发许可各种标准及社区之管理计划在一起,但是在策略上的应用更具弹性。

综观美国土地使用规划与管制的变迁,可以发现其规划范围渐趋扩大,管制工具日趋多样;计划强调开发管理,规划重视协商程序;规划的问题逐渐复杂,规划的角色亦更多元。规划范围由建成环境扩大到自然环境,反映出政府对于土地资源管理范围有扩大趋势;政策由实质层面的土地使用、交通运输和公共设施计划,扩大包含社会计划、经济计划和环境计划之非实质层面,体现出政府对于环境社经事务管理有深化的趋势;时间规划由长期(50年)到短期(5~10年),代表着政府配合市场波动有调整的趋势;管制工具的应用也由分区管制、细分管制增加到绩效标准、阶段成长方案、地理开发界线的指定和开发率的控制,反映出政府配合着市场的需要有多元的趋势。[2] 土地使用规划应该具备创新性,不是一成不变的。计划强调开发管理,规划重

---

[1] See Mantysalo R., *Learning from the UK:Towards Market-oriented Land-use Planning in Finland Housing*,Throry and Society,p.1151(1999).

[2] See Kelly B., *Expanding the American Dream:Building and Rebuilding Levittown*,State University of New York Press,1993,p.18.

视协商程序。面对社会经济快速的变迁与环境意识的抬头,土地使用规划渐由长期性的规范变成短期性的管理。由传统静态土地使用结果的展示转变成现代动态土地开发的控管,它不仅重视结果更强调过程,不仅扩大参与更注入协商。[1]

规划所面临的问题日益复杂,规划的角色应更多元化。面对经济发展与环境永续的冲突、全球化竞争、政府财政的拮据,以及私有财产权保护等问题,土地使用规划问题会越来越复杂。在复杂的环境下,规划须具备规范(normative)、创新(innovative)、政治(political)、谈判(transactive)以及社会学习(social learning)五种特性。而规划师的角色应该是更专业、具谈判技巧、有政治敏感度和有财务分析能力,以因应市场变迁的需要。

2. 英国土地使用规划与管制

英国的土地使用管制历史久远,最早可追溯至1540年伊丽莎白女王一世宣布伦敦城门三英里范围内禁止新建行为,1884年又颁布《公共卫生法》(Public Health Act)管制住宅排水与卫生设备。1909年为确保土地本身及邻近土地获得适当的卫生、宁适与便利性而颁布《住宅规划法》(The Housing Town Planning Act)并实施土地使用分区管制制度,内容包括有容积率、高度和开放空间等规定。[2]

1947年《城乡规划法》中实行规划许可制度,改变了英国的财产权配置,在土地开发权国有化的前提下,规划机关被赋予了比较大的自由裁量权,对于土地开发申请案可以拒绝或有条件的许可开发,地方政府具有充分的自由裁量权。1991年《规划及补偿法》实施后,要求地方机构要制定明确的计划,行政机构的自由裁量权被发展计划所取代。目前,英国的土地使用规划系统主要包括发展规划(development planning)、开发管制(development control),以及有别于规划管制的精简规划分区(simplified planning zones)。

其一,发展规划。发展规划在英国城市区和非城市区的层次上是有些区

---

[1] See Forster J., *Planning in the Face of Conflict: Negotiation and Mediation Strategies in Local Land Use Regulation*, Journal of the American Planning Association, p.315(1987).

[2] See Telling M. & Duxbury R., *Planning Law and Procedure*, Butterworths, 1993.

别的,在非城市地区有属于策略层级(strategic level)的结构计划(structure plan)和属于地方层级(local level)的地区计划(local plan)之分。(1)结构计划。结构计划是由郡议会(county council)准备,计划时间10年至15年,每5年要检讨修正,由郡议会自行核准。结构计划主要包括政策文件和关键主题,政策文件除了一般土地开发和土地使用事项的陈述外,尚包括自然景观和宁适的保护、实质环境的改善以及交通管理方案等特别政策;关键主题则有新建住宅、乡村经济、土地开垦和再利用,以及休闲游憩;与土地使用和开发有关的经济议题和社会议题也须纳入考量。英国结构计划的内涵在永续发展和多样性物种保护的旗帜下,限制发展土地政策呈现日趋普及的现象,例如绿带、国家公园、自然风景优美区、优等农田、环境敏感区、特别科学利益区等限制发展的划设。[1] (2)地区计划。地区计划是结构计划的下位计划,因此不可以与结构计划抵触,它是在结构计划的指导下作更详细的土地使用政策的描述。地区计划有两种类型,一个为区计划(district plan)或一般计划(general plan),计划范围涵盖全区或一个区的部分,是提供开发管制的基础,而且每一个地方机构必须准备一个区计划;另一个为主题计划(subject plan),系以特别的政策议题为对象所作的计划。地区计划最后是由区议会决定,但国务大臣也保留有修正及核准权。

英国在土地使用规划上虽然有结构计划和发展计划,但在国家层级上并没有统一的国土计划,近年来英国就是否需要国家层级的国土空间规划也有所讨论。英国对于国家空间规划的需要是为了解决两个问题,一个是地方政府的决策与国家利益相冲突的时候应该如何处理;另一个是国家重大决策对于区域与地方长期和短期的利益是否有帮助。[2] 简言之,英国希望借由国家层级的国土计划来调和中央与地方政府的施政方向,避免政府间的冲突,同时兼顾不同层级的利益以达到互利的结果。

---

[1] See Corkindale J. , *Land Development in the United Kingdom:Private Property Rights and Public Objectives*,Environment and Planning Association,Vol. 3,p. 31(1999).

[2] See Townroe P. , *Rising Real Incomes and Enough Jobs the Contribution of a British National Spatial Planning Framework*,Town Planning Review,p. 312(1999).

其二,开发管制。开发管制是由区议会和地方规划机构在发展计划指导下面向个别开发基地,通过规定和协商给予特别回应的管制方式。开发行为包括建筑、工程、采矿或有关土地和建筑实质使用的改变,均需事先向区议会的地方规划机构(local planning authority)提出申请规划许可(planning permission)。规划申请者提出后在规划委员会(planning committee)作成决定前,必须有公告周知、向相关单位咨询、协商以及受国务大臣电召的程序。公告周知以申请者所在地的邻居为主,当然亦包括刊登报纸;相关单位的咨询和申请许可事项有关,例如属于危险设备的申请必须咨询健康安全行政部门(Health and Safety Executive);某些开发申请案需要环境影响说明(environmental impact assessment)。规划许可的申请决定其不必然是拒绝或接受,有条件许可也是可能的决定之一。申诉是开发管制的重要机制,一旦规划许可的申请被拒绝,或者被加诸不合理的条件时,申请者就有权向国务大臣提起申诉。申诉方式可以采取书面表示(written representation),也可以由地方法庭(local tribunal)执行公共征询,申请案最后的决定可以有驳回、准许和改变条件三种情形。

其三,精简规划分区。在1986年《住宅及规划法》(Housing and Planning Act)下,所计划地区针对开发行为有别于个别规划许可之申请,类似分区管制直接赋予许可的一种管制方式。精简规划分区主要有两种作用,第一是将国家的管制移除使得经济活动有更大的自由度;第二是国家对于地方层级的决策减少管制。即便如此,并不意味政府完全不干预,它只是减少对开发者的开发管制。精简规划分区的适用地区包括外城地区、乡村地区、经济活跃地区。[①]

综上,英国土地使用规划系统在土地价值国有化和土地征收取得、地方机构开发以及新市镇开发公司等相关政策的支撑下,可以说属于一种积极的手段,同时扮演着前卫的角色,去解决土地开发权利问题、土地可利用性问题以及提供适当的代理开发机构,以达到在适当的时间、适当的地点选择正确

---

① See Webster C., *Gated Cities Tomorrow*, Town Planning Review, p.149(2001).

的土地开发方式之目标。配合这些土地开发目标,辅助的相关政策有乡野自然景观区的保护、历史建筑和历史遗迹的保存、产业用地的适当分布、农地和林地的保护等,其中农地还被视为国家重要资产。

(二)我国村庄包容性规划的制度建设

我国土地利用规划制度以计划性规划为底色,凸显刚性管制思维,应建立包容性的村庄规划制度。其一,传统村庄规划较为落后,土地空间规划布局不合理。诸多地方存在违规建造、未批先建、新旧并存的现象,囿于地方财政有限,滞后的村庄规划难以适时进行调适,更难以有效提升农村土地资源利用效率。其二,现行规划制度实行无差异管制,忽略不同地类层级的价值位序。《土地管理法》确定了按照既定用途利用土地的管制原则,并未展示其差序性。一体管制的刚性规范滞后于产业用地的合理需求。其三,现行规划的刚性管制是传统权力决策形态的显现。一方面,现行规划中的地类及其种类,皆由行政权力的单方性决策而产生,作为土地所有者的农民集体在地类界定和具体种类类型化上并未享有相应话语权;另一方面,目前的规划制度对于地类重置用途具有单一性,宅基地使用权的权能行使受到一定抑制。地类的界定及其划分,乃农村土地开发权的初始界定,其中应考量尊重农民集体的主体地位,刚性规划管制向包容性规划转变,彰显农村集体土地财产权。

1. 村庄规划由刚性规划转向包容性规划

伴随城乡一体化发展和统一建设用地市场的建设,城乡土地要素双向流动和实现农村土地资源有效配置,是土地利用规划法制改革的方向。在坚持"三条红线"基础上,村庄规划应由刚性规划转向包容性规划。刚性规划的技术规范和管制制度源于形式法治观,其认为法律具有规范性和精准性,适用法律必须恪守技术理性,遵照法律规定的字面解释严格执行。包容性规划源于实质法治观,其强调法律来自社会实践,在维护法律秩序价值的同时,应竭力探求法律规范背后的立法目的与法律原意,尊重法律主体的意志自由,实现各方主体的利益衡平。在实质法治观的影响与作用下,衍生出包容性规划的技术方法,即规划思路、指标体系和指标值等在面对具体问题时具备灵活性与适应性,将土地使用权的自治性和土地利用的多元化选择纳入考量范围。

总之，在农村集体土地利用场域，"三条红线"的要求在规划期内具有约束性的特征且不得突破，而在"三条红线"确定之后的微观管制层面具有指导性的特征，该微观管制层面皆属于包容性规划的适用范围。

其一，从管控具体的土地利用行为转向合理布局的空间结构，规划制度的管控需从具体地块的刚性规范转向释放市场动能的柔性规范。规划的管制方式区分为底线约束性管制和指导性管制两类，生态保护红线、永久基本农田和城镇开发边界的三条控制线为宅基地的村庄规划提供底线规则，其属于约束性管制的范畴，承载着社会公共利益；除"三条红线"之外的微观管制层面，多属于指导性管制范畴。

其二，国土空间规划要求差异管控而非全面管控。从规划层次上分析，农村宅基地已经不仅限于单一的居住用途，其已经拓展至居住、经营和生产等复合性用途。在村庄的空间规划上，应设置不同的功能分区，以及同一功能区内部不同子功能的配置。村庄的空间规划，应赋予集体土地所有权人更多的自主性和选择性，而非既往刚性的全面管控。

其三，包容性规划界定同类土地用途更具灵活性。是否属于同类土地的用途，主要考察功能上相似性、彼此兼容性，以及利用行为是否对周边环境产生相似的影响。如宅基地、集体经营性建设用地和集体公益性建设用地，均归于集体建设用地二级地类项下分类，上述三类土地均可实施地上的建设行为，其在性质上乃规划意义上的同质行为，故而三者之间的地性转换符合包容性规划的要求。

2.建立涵括"线内"与"线外"的村庄规划

编制科学的村庄规划，未经法定程序不可修改。其一，"线外"（城镇开发边界外）规划变更管控过度。《城乡规划法》未规定变更村庄规划的实体性条件，有关详细性控制规划变更的法律依据亦不足，土地现状可能并不符合规划的用途，现行规划难以回应地类变化的需求。其二，"线内"（城镇开发边界范围内）规划变更失据。"线内"土地处于将来国家征收"备用"区域，而《城乡规划法》并未作出强制要求，地方政府亦因其被纳入城市规划范围而放弃规划投入。"线内"农村集体土地欠缺规划的布局和引领，无法激发其活力。

鉴于此,应建立涵括"线内"与"线外"的村庄规划,结合村庄的定位及其发展目标,确立属地独立的村庄规划制度,优先编制"线内"村庄规划,并将其规划周期与城镇规划周期同步。

3. 柔性适用宅基地用途管制规则

适用宅基地用途管制规则,必须考虑两个层面:其一,是否符合村庄规划的公法规范,如《土地管理法》《城乡规划法》等。其二,私法层面是否破坏相邻关系。就前者而言,实践中宅基地存在复合利用的现实,宅基地除了居住功能兼具经营用途,甚至导致功能"超载"。复合性用途使得宅基地的财产性和居住性发生重叠。基于盘活利用闲置宅基地的考量,实践中宅基地被广泛运用于观光旅游、电子商务、民宿、餐饮等产业发展。宅基地变更为乡村产业用地,按照法律逻辑必然发生土地用途的调整,但国家政策和试点实践中皆将其视为宅基地用途的拓展,而无须刚性适用土地规划相关规范。鉴于此,在私法领域中,应柔性适用《民法典》第362条和《土地管理法》第4条有关用途管制的规则,对其作出扩张性解释,现行法律并未明确禁止宅基地的经营性用途,宅基地存在合理的经营性利用。宅基地使用权向复合性用途或经营性用途发展,乃激发宅基地财产功能之必然要求。

二、用途管制的缓和

(一)宅基地用途管制的改革实践

为盘活利用宅基地,国家政策以及各地区相关规范性文件每年都在根据实践的需要,进行政策性修改和创新,以适应农村实际的发展需要。相关政策与规范性文件皆因支持盘活宅基地而改变宅基地的用途,以更好地发挥宅基地的财产性功能。如允许发展农家乐和与农民合建房屋;[1]发展民宿、乡村旅游,以及租赁农房开展经营活动;[2]通过自营、出租、入股、合作等多种方式,

---

[1] 2016年《国务院办公厅关于支持返乡下乡人员创业创新促进农村一二三产业融合发展的意见》。

[2] 2019年《中央农村工作领导小组办公室、农业农村部关于进一步加强农村宅基地管理的通知》。

发展休闲农业、餐饮民宿、文化体验、电子商务等乡村产业;①对宅基地进行复合利用,发展农产品初加工、电子商务等农村产业;②将农村住宅用作经营、公共服务和人员密集场所;③农村住房可通过出租、入股、合作等方式盘活利用。④

从国内各试点地区的实践观之,农村闲置的宅基地和住宅被广泛运用于观光旅游、电子商务、民宿、酒店和农家乐等乡村产业用途,实质上已经超越宅基地制度的设计初衷——居住保障功能的涵摄范围。宅基地的用途被拓展至农村产业用地或经营性质的开发利用行为,如广西壮族自治区贵港市提出盘活利用乡村存量房产、土地资源,用于发展农产品生产、加工、观光旅游、电子商务等项目。再如浙江省台州市进行闲置宅基地及房屋的成片开发利用,引入社会资本开办养老院、老年公寓等。⑤

具体如何赋予宅基地一定的经营性用途,国内各试点地区因地制宜探索宅基地新的利用模式,开发宅基地的潜在经济价值,其操作模式不尽相同,但大致可以梳理为以下几种模式。

其一,旅游产业模式。该模式将乡村区域内的闲置宅基地及房屋连同其他集体土地,成片开发为旅游区,以旅游资源招揽游客就地消费,同时通过旅游产业带动上下游相关产业的发展。如浙江省丽水市实行"企业+村集体+农民"发展模式,农民入股共同发展,将承包土地有效利用与闲置宅基地盘活有机结合,推动旧房翻新、荒地重耕、产业重塑,实现整村经营,发展当地特色旅游项目。

其二,特色产业模式。该模式需要各地结合自身实际情况开发利用闲置宅基地,将特色农产品或特色产业与宅基地利用相关联,宅基地可以用作生

---

① 2020 年《农业农村部办公厅关于印发〈农村宅基地制度改革试点工作指引〉的通知》。
② 2021 年《自然资源部、国家发展改革委、农业农村部关于保障和规范农村一二三产业融合发展用地的通知》。
③ 2024 年《住房城乡建设部、应急管理部、自然资源部、农业农村部、市场监管总局关于加强农村房屋建设管理的指导意见》。
④ 2024 年《中共中央关于进一步全面深化改革、推进中国式现代化的决定》。
⑤ 参见《台州市人民政府办公室关于促进闲置农房盘活利用的意见》。

产、仓储、展示和办公等场所,驱动当地经济的发展。如特色农业方式,当地以种植粮食、蔬菜、水果等特色农产品为主要经济来源。闲置宅基地在这一模式中可以改造为农产品展示馆、农产品储藏仓库、农产品加工工厂、农产品销售办公室等商业经营场所。再如特色制造业方式,将宅基地作为特色产品的加工制造场所,并形成品牌效应。以杭州市余杭区紫荆村为例,其被誉为中国竹笛之乡。当地盛产竹子,竹笛的制造与销售成为农民的主要收入来源,而宅基地被改造为集居住、生产、仓储于一体的综合性场所。

其三,服务业模式。该模式将闲置宅基地改造为发展服务业的经营性场所,如将宅基地改造为餐馆、民宿、温泉馆、酒店、酒吧等,为发展旅游业和制造业等提供舒适的居住环境和优质的服务。有的地区为培育市场主体,还创新搭建创客空间服务平台,将宅基地改造为创业培训的场所。如四川省绵阳市秀水镇,将废旧宅基地打造成农业培训中心。

其四,农房出租平台模式。该模式将闲置宅基地和房屋通过互联网平台进行流转交易,通过盘活利用获取租金收益。城市外来务工人员具有大量的居住需求,而城市中心地带的房租超越其经济承受能力,但城市郊区农村闲置的宅基地及地上房屋正好可以满足该类需求。如安徽省庐阳区三十岗乡的"共享农房"方式,通过互联网上的"闲置农房云平台",将散落在乡村各处的闲置农房进行可视化处理,吸引有租赁和投资农房需求的主体进行交易。

以上引入社会资本进行宅基地开发利用的过程中,必须甄别何种商业开发可以利用宅基地,何种商业开发不宜使用宅基地。现行国家政策明确规定,禁止下乡利用宅基地建设别墅大院和私人会馆。[①] 可见,国家禁止宅基地被城镇居民或下乡企业占为私用。城市资本下乡投资宅基地必须基于乡村振兴和激发宅基地财产价值,对宅基地的开发利用可将其用于商业,比如建造美丽房屋,可以用作旅游民宿获取财产收入,但不允许将建造的房屋占为己有供自己私用;比如建造果园,可以将果园打造成对外收取门票的农家乐,

---

[①] 参见2019年《农业农村部关于积极稳妥开展农村闲置宅基地和闲置住宅盘活利用工作的通知》。

但是不可以用作供自家使用的私人果园。总之，外来人员取得宅基地开发资格的目的是利用宅基地增加财产性收入，所投资建成的建筑物是对外开放的，并不被允许内部私用。

综上，上述改革实践与现行法律规定存在一定冲突关系，法律规定的宅基地用途范围小，且管制僵化。《民法典》第362条将其用途限定为"建造住宅及其附属设施"，即宅基地仅限于满足农民居住用途，而能获取较高经济收益的经营性用途、生产性用途等被排除在外。宅基地只能用于居住，自然限制农民开发和利用宅基地将其转变为经营性用途，农民不能将其建造成民宿、餐馆等经营性场所，现行用途管制较为僵化，对宅基地的开发利用未彰显，尚不能发挥宅基地的商业价值和用于经营。囿于现行法对宅基地的用途管制较为僵化，宅基地用途范围狭小，形成了本集体成员不会开发和利用宅基地，外来投资者无法利用宅基地的两难困境。

此外，违反现行宅基地用途管制的法律后果较为严重。现行法律规定宅基地是农民用来建房的，其局限于居住功能，故而，在获取宅基地后只能按照审批的用途与面积建设房屋，不能擅自改变宅基地的用途。在实践中，个别农民在获得宅基地后，违法在宅基地上建设除居住用房以外的建筑，如利用宅基地建起了养殖场、加工厂、民宿、餐馆、商铺等，上述行为皆为违法行为，所建建筑不仅会被限期拆除，而且宅基地还有可能会被收回。擅自改变宅基地用途的，农村集体经济组织报经原批准用地人民政府批准，可以收回宅基地使用权。此外，法律不仅在宅基地用途上做了较大限制，在宅基地面积上也规定严格。一户的宅基地面积是有标准的，且宅基地的面积不能超过地方规定的标准。对于超过标准的部分有可能会被认定为违法建筑，并且予以强制拆除。可见，擅自改变宅基地居住用途或超出核定面积的法律后果较为严重。

(二)宅基地用途管制的缓和

1. 立法上肯定宅基地具有一定的经营性用途

在保障农民基本居住权的前提下引导宅基地从住房保障功能向财产功能转变。立法上应对宅基地可被利用的用途范围予以拓展，明确规定其在一定条件下可用于经营。宅基地经营性用途的拓展符合社会实践需求,国内各试点地区的改革实践中,大量闲置的宅基地及房屋由居住转向经营,甚至有的宅基地及房屋完全用于经营活动而不再居住使用,农民从宅基地上获得了更高的使用价值和交换价值。此外,国家政策也为宅基地的经营性利用提供相关依据。如2021年《自然资源部、国家发展改革委、农业农村部关于保障和规范农村一二三产业融合发展用地的通知》中指出,在不违反国土空间规划基础上,可以对宅基地进行复合利用。[①] 此规定为宅基地用途的拓展提供了相应政策依据。

经营性宅基地使用权的制度构造。其一,立法上明确可以利用宅基地开展经营性活动。其二,宅基地及地上房屋的经营活动应受到一定的合理限制。不同于宅基地转换为集体经营性建设用地,后者的经营性质与范围并未受到法律限制。但是在宅基地及地上房屋上开展经营性活动,不得变相实现私用私占之目的。换言之,禁止宅基地占为私用,如利用农村宅基地建设别墅大院和私人会馆等。其三,设立宅基地使用于经营性活动的程序性控制机制。通过建立"本农民集体内公示—农民集体同意—乡(镇)人民政府备案"的制度程序予以控制。其四,对于利用宅基地进行经营性活动所获取的土地增值收益,农民集体作为所有权人可以获得一定比例的收益,以实现宅基地财产利益的公平共享。

2. 赋予农民对宅基地的复垦权与优先权

从用途管制的角度观之,宅基地不仅可以用于一定经营性活动,在符合标准的情况下亦可用于生产性活动,如宅基地复耕复垦。建立农民复垦权法定化机制,保障农民复垦主体地位。经收回或自愿有偿退出后集体整治的宅基地,农民享有优先复垦为耕地的权利。宅基地复耕复垦,可增加农村粮食储备力。然而,闲置宅基地不一定都可以复垦为耕地,其必须符合一定的复垦标准,如具有复垦为耕地的条件、权属清晰无争议,以及有合法权属证明

[①] 参见曲颂、仲鹭勍、郭君平:《宅基地制度改革的关键问题:实践解析与理论探释》,载《中国农村经济》2022年第12期。

等。复耕复垦作为转变宅基地用途的有效途径,能缓解城镇化与工业化进程中建设用地供给不足和严格耕地保护之间的矛盾,同时增加农民的土地财产性收入。基于此,灵活使用闲置宅基地复垦耕地指标,缓解土地供需矛盾。闲置宅基地复垦耕地指标可用于与其他地区耕地指标换购,也可用于本地区建设用地指标的置换。

3. 设置经营性用途的负面清单

在居住用途之外,上述两项,一则将居住用途向经营性用途拓展,另一则将居住用途转换为生产性用途。可见,进入城乡融合发展时期,农村宅基地和农房的功能已经从单一的居住保障向生产经营转变。在立法上承认宅基地具有复合性用途,以此实现与企业经营相关的配套政策中对宅基地用于经营性场所的同等对待。在此基础之上,政府相关部门应设置宅基地经营性用途的负面清单,明示不得利用宅基地的经营项目;在负面清单之外的经营性事项,均符合缓和性宅基地用途管制要求,法不禁止即可为。

为挖掘宅基地完整的生产、资产和财产功能,应通过建立缓和性的宅基地用途管制,积极促成闲置宅基地的合规流转,为工商资本项目下乡落地提供土地要素保障。缓和性用途管制重视村庄的资源条件和禀赋,为新型产业和社会资本做好用地载体和承接,盘活利用闲置宅基地和住宅发展乡村新产业和新业态,形成有利于乡村地区发展的健全要素市场,促进城乡间土地等要素双向流动,推动实现城乡土地要素市场一体化。

4. 适度放宽宅基地地性转换的标准

为盘活利用闲置宅基地,应建立宅基地地性转换机制,提供宅基地向集体建设用地转换的通道。促使宅基地地性转换的实体标准包括:(1)本农民集体成员的基本居住权益已经得以保障。本农民集体成员具有稳定的住所及一定的生活来源。宅基地是农民最重要的财产,也是其生存的基础,故宅基地地性转换必须以保障农民的基本居住权益为基础。(2)宅基地的地性转换必须符合国土空间规划。国土空间规划处于基础性地位,宅基地用途更迭必须以国土空间规划为前提。(3)宅基地地性的改变必须有利于所在区域的协调发展。无论是宅基地转换为集体建设用地,还是宅基地复耕复垦为农业生产用地,都将对属地的生态环境和经济社会产生较大影响。基于此,可以考虑对此进行评估,将评估结果作为是否进行宅基地用途转换的重要考量因素。

三、宅基地与集体建设用地之间的地性转换

司法实务中,原属于农村集体经济组织所有的集体土地,只有在被依法征收后,才能变为国有土地。未经土地征收程序,仅仅是规划变更,将农民所在村、组的集体土地纳入城镇规划区范围,农民的农村集体经济组织成员身份转变为城市居民,原属农村集体经济组织所有的集体土地,并不能当然地转变为国有土地。未经法定程序,土地权属性质不得随意变更。① 换言之,宅基地可以转变为国有土地,并且具有相应的法定程序与规则。

在国家政策层面,允许将有偿收回的闲置宅基地、废弃的集体公益性建设用地转变为集体经营性建设用地入市。② 同时,闲置宅基地整治出的土地优先满足新增宅基地需求、村庄建设和乡村产业发展。③ 然而,现行法律规定并未建立起宅基地与集体建设用地之间地性转换的通道。④ 目前,城市国有建设用地使用权的转换制度可资参考,公益性建设用地在依法批准后,可转为经营性建设用地,但通过划拨方式取得的公益性建设用地须补交出让金。⑤

(一)地性转换及其功能

所谓地性转换,即改变原规划用途,按照新的用途优化利用的活动。依据现行法律规定,一级地类分为未利用地、耕地和建设用地;地性转换发生在

---

① 参见最高人民法院行政裁定书,(2018)最高法行申 4928 号;最高人民法院行政裁定书,(2017)最高法行申 8929 号。
② 参见 2019 年《中共中央 国务院关于建立健全城乡融合发展体制机制和政策体系的意见》。
③ 参见 2019 年《中央农村工作领导小组办公室 农业农村部关于进一步加强农村宅基地管理的通知》。
④ 参见耿卓、孙聪聪:《乡村振兴用地难的理论表达与法治破解之道》,载《求是学刊》2020 年第 5 期。
⑤ 参见 2019 年《国务院办公厅关于完善建设用地使用权转让、出租、抵押二级市场的指导意见》。

建设用地分类下，属于二级地类内部的地性变更。① 本质上，地性转换乃变更土地利用规划的结果。地类的界定与划分反映了规划行政部门对土地利用的行政预决权，其按照规划设定的用地条件，塑造土地使用人的权利边界。

目前的农村土地利用存在管控过度、地类标准失灵和管制刚性等缺陷。首先，无差别管制忽略了不同地类层级的价值位序，土地一级分类的管制目标旨在保障粮食安全。然而，在二级地类等次级分类之下，现行法并未展示其差序性。基于地类的层级而配置不同强度的管制权，才能体现管制的适度权变。② 其次，现行法上的地类以单一的建设行为为标准，无法呈现集体土地的多功能内涵。宅基地制度设计之初，仅有居住用途。时至今日，宅基地用途体现出复合利用的性质，居住、生产和经营等用途被不断拓展延伸，③多功能的复合利用使得宅基地的身份性和财产性矛盾更为突出。最后，刚性管制滞后于农村产业用地的合理需求。存量的集体建设用地空间分散且规模细碎，无法满足农村乡村振兴的产业用地需要，实有必要通过地性转换进行空间再配置。

就宅基地与集体建设用地二者而言，其相互间转换乃回应社会现实和实践需求。一方面，宅基地存在向集体建设用地转换的需求。如实践中整理闲置的宅基地兴建农民集体物业等。另一方面，人地矛盾尖锐，新增宅基地较少，宅基地基本无地可供，闲置的集体建设用地可以增加宅基地的供应量。如废弃的乡镇企业用地可以转换为宅基地，供农民建房。囿于土地资源的有限性，新增宅基地越发困难，通过地性转换可以适当增加宅基地的供应量，满足部分农民对宅基地使用权的需求。

---

① 关于集体建设用地内部不同土地类型的变更，现行法并无统一的规范用语。有学者称其为"地性转换"，其偏重权能的变更；也有学者称其为"地类转换"，其侧重于集体建设用地的内部分类。目前学界关于地性转换的讨论集中在产权视角下宅基地向集体经营性建设用地的单向转换。

② 参见郭洁：《存量集体建设用地地类转换的法理阐释与规则构建》，载《内蒙古社会科学》2023年第5期。

③ 2020年《自然资源部办公厅关于印发〈国土空间调查、规划、用途管制用地用海分类指南（试行）〉的通知》，明确规定宅基地的两种类型，即用于建造独户住房的土地和用于建造集中住房的土地。宅基地其他用途的建筑面积占总用地面积的比例不得超过15％。但上述比例限制并不能准确反映宅基地复合利用的客观现实。

(二)宅基地与集体建设用地之间地性转换的规则

农民集体享有所有权的土地,可被用于农业生产用地、宅基地、集体公共设施或公益事业的公益性建设用地、集体企业和第三产业等经营性建设用地等。立法上应允许闲置宅基地与集体建设用地之间进行地性转换。① 政府应该为打开二者之间的转换通道提供规则供给,明确转换的实质条件与正当程序。

1. 决定的主体

通过农民集体成员自治赋予农民集体地性变更申请权,经申请后由政府规划等行政主管部门审批同意。② 从启动地性变更的角度而言,决定地性转换的主体为农民集体。作为集体土地所有权的主体,地性转换反映了农民集体对其土地进行开发建设的权利,乃直接行使土地所有权的体现。若宅基地转换为集体建设用地,仅是土地具体利用方式的更迭,并不涉及其他第三人,同时因其影响到集体成员的居住需求,由农民集体决策是否进行地性转换最为适宜。若集体建设用地转化为宅基地,考虑到原集体建设用地存在第三方权利主体,在转换之前理应厘清并解决与第三人之间的遗留问题,主要处理依据为第三人与农民集体之间签订的合同,双方可通过协商解决。③ 在解决与第三人的遗留问题之后,是否地性转换也应由农民集体决定,因为其作为所有权人有权决定土地的具体用途。可见,对地性转换相关事项进行决策的主体为农民集体,若该集体存在集体经济组织,可由其代为行使;若不存在集体经济组织,则由农民集体成员大会或村委会代为行使。

2. 决定的内容

农民集体成员通过农民集体成员大会,可就以下地性转换的事项进行决策:其一,是否地性转换。综合考量土地的位置、用途与现状,本农民集体中

---

① 参见唐健、谭荣:《农村集体建设用地入市路径———基于几个试点地区的观察》,载《中国人民大学学报》2019年第1期。

② 地性变更申请权是指在原有的土地用途已经发生变更或者不适用于原设定目的时,农民集体申请规划行政主管机关重新确定土地用途的权利。

③ 参见耿卓:《集体建设用地向宅基地的地性转换》,载《法学研究》2022年第1期。

尚无宅基地的集体成员人数，以及对地性转换的态度等。其二，地性转换的客体与对象。宅基地可与集体经营性用地、集体公益性用地转换；反之，后二者也可向宅基地转换。考虑地性转换的可能性与可行性，如权属是否清晰、是否存在基本公共设施、是否处于闲置或低效利用状态等。其三，地性转换之后，如若产生土地增值收益，如何进行合理分配等。

3. 居住保障为优先指向

保障农民的基本生存权和居住权，是农村集体土地首要功能。通过地性转换所获得的集体土地，也应以居住保障为优先指向。换言之，无论是经营性集体建设用地，还是公益性建设用地，经地性转换所释放的新增宅基地，应被优先用于保障农民的宅基地资格权，面向无宅基地或少宅基地的农民进行初始分配。农业农村优先发展不仅是对比非农产业，在其内部的各需求层次亦有先后之别，部分农民的居住保障需求优先于其他农民改善居住条件和环境的需求。故而，宅基地与集体建设用地之间的地性转换，优先应满足于宅基地的居住保障需求。

4. 决定的程序

土地性质与用途的变更须经农民集体同意和政府审批。因地性转换涉及农民集体成员、农民集体、第三人和行政主管部门等多方主体，唯有周全的程序性安排，方能保障转换过程的有序实施，并保障集体成员的知情权、申诉权和监督权。一方面，农民集体通过农民集体成员大会表决地性转换的决议，三分之二以上多数表决通过。此方面的程序性规定应符合《农村集体经济组织法》的要求。农民集体自治表决通过之后，应向政府主管部门提交表决决议、地性变更的情况说明、转换用途和对环境影响的评估等。另一方面，政府的规划等行政主管部门，审查农民集体关于地性转换的合规性。行政权力不能超越农民集体的自决权直接调整相关内容，但是可以审查是否符合地性调整的范围、是否产生环境损害、相关利害关系人的参与权与补偿权是否得以保障等。

综上，宅基地与集体建设用地之间的地性转换，符合推动农村土地要素畅通流动和促进市场要素高效配置的要求。2024年7月党的二十届三中全会作出《中共中央关于进一步全面深化改革 推进中国式现代化的决定》，明确提出完善要素市场制度和规则，推动生产要素畅通流动、各类资源高效配置、市场潜力充分释放。构建城乡统一的建设用地市场。通过农村集体土地不同地类之间的地性转换，可以促进农村土地要素之间的自由流动与合理配置，亦能彰显集体土地的财产价值与使用价值。地性转换的实质在于摒弃刚性的规划管制，在宅基地与集体建设用地等不同地类之间建立转换通道与规则，实现农村集体土地要素的有效配置与合理利用，可在一定程度上改变实践中农村建设用地稀缺与低效利用的局面。宅基地转换为集体建设用地，抑或集体建设用地转化为宅基地，二者皆以维护农民集体成员的利益为依归。前者自不待言，集体建设用地的收益本就归全体集体成员所有；后者通过地性转换新增的宅基地，面向本农民集体中不特定的主体，既有益于本集体中的无宅基地农民，也有利于未来可能因无地可供而丧失居住保障的农民。

参考文献

[1]高圣平:《宅基地制度改革的实施效果与顶层设计——基于新一轮宅基地制度改革试点的观察与思考》,载《北京大学学报(哲学社会科学版)》2024年第1期。

[2]李永军:《论居住权在民法典中的体系定位》,载《比较法研究》2024年第1期。

[3]宋志红:《宅基地征收向宅基地收回的"逃逸"及其规制》,载《东方法学》2024年第1期。

[4]谢潇:《继承取得的宅基地使用权及其规则构造——"纯粹用益物权继承取得说"之提倡》,载《法学》2024年第5期。

[5]牛英豪:《农村经济变革下宅基地资格权的法律构造》,载《上海政法学院学报(法治论丛)》2024年第1期。

[6]刘恒科:《宅基地使用权流转的合宪性分析》,载《法治现代化研究》2024年第1期。

[7]贺雪峰:《市场——社会二元体制模型与"三农"政策》,载《开放时代》2024年第3期。

[8]岳永兵:《闲置宅基地形成机理、规模测算与整治前景——基于宅基地闲置类型的讨论》,载《西北农林科技大学学报(社会科学版)》2024年第3期。

[9]杨慧莲、白子剑、郑阳阳、郑风田:《乡村振兴背景下城郊融合村庄宅基地资产化可行路径研究——基于北京市房山区黄山店村案例分析》,载《中国土地科学》2024年第3期。

[10]夏柱智:《农村宅基地有偿使用制度改革的效应和问题:东部 D 镇例证》,载《中国社会科学院大学学报》2024 年第 2 期。

[11]杜宇能、潘勤添、张静如:《城乡融合中宅基地配置的一种新构想:一户一宅一房》,载《农业经济问题》2024 年第 2 期。

[12]吕丝:《农村宅基地"三权分置"权利体系的检视》,载《江汉大学学报(社会科学版)》2024 年第 3 期。

[13]何海清:《制度信任与乡土韧性:农民工返乡建宅行动的呈现与反思》,载《中国农村观察》2024 年第 3 期。

[14]刘松梅:《农村宅基地使用权流转的价值旨归、现实约束与政策探讨》,载《农业经济》2024 年第 6 期。

[15]管洪彦、张蓓:《宅基地分配中"落实集体所有权"的法理证成与制度实现》,载《安徽师范大学学报(社会科学版)》2024 年第 3 期。

[16]陶密:《"三权分置"视角下宅基地有偿使用的法律实现》,载《学习与探索》2024 年第 5 期。

[17]吴昭军:《"三权分置"下宅基地抵押的实践进展与可行路径——以浙江德清、江西永丰为调研样本》,载《安徽师范大学学报(社会科学版)》2024 年第 3 期。

[18]肖顺武、董鹏斌:《闲置宅基地使用权入股的理论证成、实践基础与推进路径》,载《农村经济》2024 年第 1 期。

[19]肖盼晴:《"三权分置"背景下宅基地户内共有权的结构解析与功能实现》,载《南京农业大学学报(社会科学版)》2024 年第 1 期。

[20]牛坤在、许恒周、鲁艺:《宅基地制度改革助推共同富裕的机理与实现路径》,载《农业经济问题》2024 年第 1 期。

[21]杨璐璐:《宅基地"三权分置"改革下的农村住房保障:制度框架与实现路径》,载《山东社会科学》2023 年第 12 期。

[22]孙建伟:《宅基地资格权法定化的法理展开》,载《法学》2023 年第 11 期。

[23]李长健、陈鹏飞:《宅基地资格权的权能定位与制度因应》,载《华南

农业大学学报(社会科学版)》2023年第6期。

[24]申建平:《宅基地"使用权"实践探索的法理检视与实现路径》,载《法学论坛》2023年第6期。

[25]刘振轩:《宅基地使用权抵押的逻辑证成与困境纾解》,载《河南财经政法大学学报》2023年第6期。

[26]田静婷、朱彦:《进城落户农民宅基地退出的路径选择与权益保障——基于陕西省4个村的实证调研》,载《西北大学学报(哲学社会科学版)》2023年第6期。

[27]向超:《"三权分置"下宅基地制度的目标变迁与规制革新》,载《政法论丛》2023年第5期。

[28]袁震:《论宅基地"使用权"分置实现的二元制度构造》,载《民商法论丛》2023年第1期。

[29]钱文荣、赵宗胤:《城乡平衡发展理念下的农村宅基地制度改革研究》,载《农业经济问题》2023年第9期。

[30]于霄:《农村土地流转:政策性概念到规范性概念》,载《法制与社会发展》2023年第5期。

[31]陈昌玲、诸培新、许明军:《治理环境和治理结构如何影响宅基地有偿退出——基于江苏省阜宁县退出农户集中安置模式的案例比较》,载《中国农村经济》2023年第8期。

[32]耿卓、林克添、曹益凤:《宅基地"三权分置"改革的实践检视与立法表达——以佛山市南海区为例》,载《中国不动产法研究》2023年第1期。

[33]夏沁:《农户有偿退出宅基地的私法规范路径——以2015年以来宅基地有偿退出改革试点为对象》,载《南京农业大学学报(社会科学版)》2023年第4期。

[34]杨青贵:《适度放活宅基地使用权的理论逻辑与实现进路》,载《农业经济问题》2023年第7期。

[35]包欢乐:《利益承载:宅基地资格权功能定位与法律实现》,载《江苏社会科学》2023年第4期。

[36]夏沁:《宅基地增值收益分配体系的规范构建》,载《华南农业大学学报(社会科学版)》2023年第4期。

[37]陈小君:《深化农村土地制度联动改革的法治目标》,载《法学家》2023年第3期。

[38]申惠文:《法地理学视域下的农村村民一户一宅制度》,载《法治研究》2023年第4期。

[39]袁文全、牛小玉:《宅基地使用权先买权的制度逻辑与法律适用》,载《东南大学学报(哲学社会科学版)》2023年第3期。

[40]房绍坤:《促进新型农村集体经济发展的法治进路》,载《法学家》2023年第3期。

[41]罗亚文:《集体主导盘活闲置宅基地的实践路径及制度规范》,载《中国土地科学》2023年第5期。

[42]周静:《农村宅基地的闲置与转型方向》,载《中国农业大学学报(社会科学版)》2023年第2期。

[43]林超:《"三权分置"视角下城乡合作建房实践观察与理论模式构建》,载《中国土地科学》2023年第4期。

[44]丁宇峰:《基于公法接口的宅基地使用权构造》,载《河北法学》2023年第5期。

[45]刘俊杰:《宅基地资格权:权属定位、功能作用与实现路径》,载《改革》2023年第6期。

[46]张佑、周俊强:《宅基地使用权抵押的现实困境与破解之维——基于578份裁判文书的分析》,载《河南社会科学》2023年第3期。

[47]夏沁:《论宅基地制度有偿改革的基础权利构造》,载《农业经济问题》2023年第2期。

[48]李谦:《中国农村宅基地增值收益分配:归正与重置》,载《现代经济探讨》2023年第2期。

[49]丁宇峰、付坚强、王宇:《宅基地上房屋买卖的权利构造》,载《南京农业大学学报(社会科学版)》2023年第1期。

［50］杨述兴、刘佳玲：《农村住宅买卖合同的效力——以"房地产权分离原则"和"房地交易一体原则"的区分为研究视角》，载《云南大学学报（社会科学版）》2023年第3期。

［51］郭洁：《存量集体建设用地地类转换的法理阐释与规则构建》，载《内蒙古社会科学》2023年第5期。

［52］綦磊：《宅基地"三权分置"政策的经营型居住权实现路径》，载《江汉论坛》2022年第12期。

［53］陈吉栋：《论处分限制与宅基地三权分置》，载《暨南学报（哲学社会科学版）》2022年第10期。

［54］曹益凤、耿卓：《共同富裕目标下宅基地财产价值显化的制度路径》，载《社会科学动态》2022年第8期。

［55］郎秀云：《"三权分置"制度下农民宅基地财产权益实现的多元路径》，载《学术界》2022年第2期。

［56］陈柏峰：《促进乡村振兴的基层法治框架和维度》，载《法律科学（西北政法大学学报）》2022年第1期。

［57］谢潇：《民法典视阈内宅基地使用权继承规则之构造》，载《法学》2022年第1期。

［58］彭诚信、龚思涵：《宅基地房屋买卖的困境破解：以占有保护为核心》，载《东岳论丛》2022年第10期。

［59］惠建利：《乡村振兴背景下农村闲置宅基地和闲置住宅盘活利用的实践考察及立法回应》，载《北京联合大学学报（人文社会科学版）》2022年第2期。

［60］曲颂、仲鹭勍、郭君平：《宅基地制度改革的关键问题：实践解析与理论探释》，载《中国农村经济》2022年第12期。

［61］李玲玲、贺彦菘：《城乡融合发展中宅基地使用权流转的必要限制与合理扩张》，载《西北农林科技大学学报（社会科学版）》2022年第3期。

［62］周密：《城乡融合背景下宅基地使用权流转机制研究》，载《农业经济》2022年第1期。

[63]张淞纶:《房地分离:宅基地流转之钥——以宅基地使用权继承之困局为切入点》,载《浙江大学学报(人文社会科学版)》2022年第1期。

[64]席志国:《论宅基地"三权"分置的法理基础及权利配置——以乡村矛盾预防与纠纷化解为视角》,载《行政管理改革》2022年第3期。

[65]周静:《农村闲置宅基地盘活利用的意愿、障碍及其改革重点分析》,载《华中农业大学学报(社会科学版)》2022年第6期。

[66]耿卓:《集体建设用地向宅基地的地性转换》,载《法学研究》2022年第1期。

[67]韩松:《论宅基地分配政策和分配制度改革》,载《政法论丛》2021年第1期。

[68]刘恒科:《宅基地"三权分置"的政策意蕴与制度实现》,载《法学家》2021年第5期。

[69]丁关良:《宅基地之新的权利体系构建研究——以宅基地"三权分置"改革为视野》,载《贵州社会科学》2021年第7期。

[70]朱道林、李瑶瑶、张立新:《论土地价格的本质及其来源》,载《中国土地科学》2021年第7期。

[71]高飞:《农村宅基地"三权分置"政策入法的公法基础——以〈土地管理法〉第62条之解读为线索》,载《云南社会科学》2020年第2期。

[72]程雪阳:《重建财产权:我国土地制度改革的基本经验与方向》,载《学术月刊》2020年第4期。

[73]朱冬亮:《农民与土地渐行渐远——土地流转与"三权分置"制度实践》,载《中国社会科学》2020年第7期。

[74]崔建远:《物权编对四种他物权制度的完善和发展》,载《中国法学》2020年第4期。

[75]房绍坤:《民法典用益物权规范的修正与创设》,载《法商研究》2020年第4期。

[76]高圣平:《〈民法典〉与农村土地权利体系:从归属到利用》,载《北京大学学报(哲学社会科学版)》2020年第6期。

［77］李凤章:《宅基地使用权流转应采用"退出—出让"模式》,载《政治与法律》2020 年第 9 期。

［78］贺日开:《宅基地收回权的虚置、异化与合理配置》,载《政法论坛》2020 年第 4 期。

［79］陈小君:《宅基地使用权的制度困局与破解之维》,载《法学研究》2019 年第 3 期。

［80］宋志红:《乡村振兴背景下的宅基地权利制度重构》,载《法学研究》2019 年第 3 期。

［81］耿卓:《宅基地"三权分置"改革的基本遵循及其贯彻》,载《法学杂志》2019 年第 4 期。

［82］李曙光:《农村土地两个三权分置的法律意义》,载《中国法律评论》2019 年第 5 期。

［83］孙宪忠:《推进我国农村土地权利制度改革若干问题的思考》,载《比较法研究》2018 年第 1 期。

［84］谭启平:《"三权分置"的中国民法典确认与表达》,载《北方法学》2018 年第 5 期。

［85］王利明:《我国民法典物权编的修改与完善》,载《清华法学》2018 年第 2 期。

［86］房绍坤主编:《农村集体产权制度改革的实证研究》,中国人民大学出版社 2024 年版。

［87］耿卓等:《面向共同富裕振兴乡村的土地法制改革之路》,法律出版社 2023 年版。

［88］高圣平:《民法典担保制度体系研究》,中国人民大学出版社 2023 年版。

［89］张睿、马慧娟、申宇:《乡村振兴战略下宅基地"三权分置"的权利体系转型研究》,法律出版社 2023 年版。

［90］卢代富主编:《宅基地"三权分置"法治保障研究》,法律出版社 2022 年版。

［91］耿卓主编:《土地法制科学》(第5卷),法律出版社2022年版。

［92］张永辉:《宅基地使用权制度研究——以新型城镇化为视角》,法律出版社2021年版。

［93］刘广明、尤晓娜:《"三权分置"视阈下宅基地使用权流转研究》,法律出版社2021年版。

［94］甘藏春:《土地正义——从传统土地法到现代土地法》,商务印书馆2021年版。

［95］董新辉:《乡村振兴背景下宅基地"三权分置"改革法律问题研究》,法律出版社2021年版。

［96］刘云生主编:《中国不动产法研究:深化宅基地制度改革》(第2辑),社会科学文献出版社2021年版。

［97］吕军书等:《中国农村宅基地退出立法问题研究》,法律出版社2019年版。

［98］刘守英:《中国土地问题调查:土地权利的底层视角》,北京大学出版社2018年版。

［99］宋志红:《中国农村土地制度改革研究——思路、难点与制度建设》,中国人民大学出版社2017年版。

［100］陈小君等:《我国农村集体经济有效实现的法律制度研究(叁卷):理论奠基与制度构建》,法律出版社2016年版。

［101］程雪阳:《地权的秘密:土地改革深度观察》,上海三联书店2015年版。

［102］《法国民法典》,罗结珍译,北京大学出版社2010年版。

［103］《意大利民法典》,陈国柱译,中国人民大学出版社2010年版。

［104］《德国民法典》,陈卫佐译注,法律出版社2006年版。

［105］《魁北克民法典》,孙建江、郭站红、朱亚芬译,中国人民大学出版社2005年版。

［106］《最新日本民法:日本民法典》,渠涛编译,法律出版社2006年版。

［107］《瑞士民法典》,殷生根、王燕译,中国政法大学出版社1999年版。

后　　记

本书为浙江省哲学社会科学规划年度常规项目"'三权分置'视阈下宅基地使用权抵押问题研究"（23NDJC139YB）、浙江省高校重大人文社科攻关计划资助项目"共同富裕目标下农村宅基地的权利运行机制研究"（22102132－Y）和浙江理工大学科研启动经费资助项目"农村宅基地立法问题研究"（22102132－Y）的研究成果，受上述项目资助，本书得以付梓。

近三年来，本人学术旨趣在于农村宅基地法律问题。本书是本人继《农村土地抵押法律问题研究》、《农村土地权利抵押的法律构造》、《构建城乡统一建设用地市场的法律制度研究》和《农村土地融资担保法律问题研究》之后的第五部著作。

党的二十大报告强调：深化农村土地制度改革，赋予农民更加充分的财产权益。《民法典》涉及宅基地的条文仅有4条，且权利运行规则缺失，亟待立法补足。国务院印发的《"十四五"推进农业农村现代化规划》提出建立依法取得、节约利用、权属清晰、权能完整、流转有序、管理规范的农村宅基地制度。但改革成效不足，仍面临主体封闭、低效闲置、权能限制、流转梗阻等痼疾，解决的关键在于如何因应其保障功能弱化而经济价值凸显的现实。宅基地财产化是以经济利用为指向重构宅基地使用权制度，旨在保障"户有所居"的前提下，激发宅基地财产功能，彰显其私益财产属性，显化并有效利用其财产价值。在确权与赋权的基础上，有序实现活权，让农民更多地享受改革红利。建构宅基地财产化的法律机制，设计出还权赋能、运行顺畅、风险能控和权益可得的法律方案。这是共同富裕的新要求，也关涉实现中国式农业农村现代化，具有重要的学术价值和应用价值。

在法律的世界中,我较为钟情法律实务工作,故曾代理民商事诉讼案件近百起,然而越来越多的案件与纠纷的解决,促使我不断地学习和探究新的法学理论,以求在疑难案件中能够开辟出新的解决路径。在理论与实务之间的跳跃之后,近三年来自己全身心投入法学研究,却发现高校的学术科研工作日益内卷化,项目、论文和著作成为普通教师的标配。学术研究是个需要坐得住冷板凳的工作,好在有一定的学术文章发表和相关课题申请成功,可以在一定时期内保持相对的学术独立性与自主性,从事自己感兴趣的研究。一名知识分子,唯有实现一定程度的财务自由,才可能获得一定的思想自由。同时,任何的学术研究皆为社会实践服务,也要防止自我成为过度学术化或精神化的文字奴隶。

　　来杭已经三年,在这段艰难的时光里,感谢我爱人汪小燕女士和吾儿小十一的陪伴,我们一起从丽泽南苑的公租房,到钱塘江畔的保利江语海小区,而今终于搬入自己购置的商品房。我对杭州依然陌生,但是在这座陌生的城市拥有了自己一个家,万家灯火中有一盏为晚归的自己而留的灯。

　　在这三年中亦发生很多人生的变化。2025年元旦我的二伯近九十岁高龄而逝,对于身边至亲的不断离开,是步入中年的我所要面对的人生课题。二伯视我如子,在少年和青年时代塑造我的人生观和价值观,在大学时代更是资助我完成本科与研究生的教育,他是我人生的重要支柱。每次返回云南老家必先去二伯家,而今昆明的万家灯火中,失去了那盏为我而留的明灯。远在滇南建水乡下的父母渐渐苍老,弟弟一家依靠自己手艺辛勤劳作供养子女,堂哥堂姐诸兄姐亦为各自家庭奔劳……滇南小城日益失去往日宁静,成为蜚声中外的网红旅游城市。

　　人生或许是一场不知目的地的长跑,只能看到路边的风景和匆忙的脚步,却不知终归于何处?回望这半生,从祖国边陲的滇南小城,到大雪纷飞的北方保定,再到烈日炎炎的重庆,南北分界的安徽蚌埠,直至千年江南古城杭州……遇到很多人,经历很多事,吃过很多苦,尝过很多喜悦,悟过很多事理……站在悲欢交集处,生命正在进入一个巨大的悬谜。在杭州久了,时常会忆起同城的李叔同,承两世悲欢,历一生修行,终完成浪子到圣僧的蜕变。

人生最大悲伤,莫过于别离,与父母别,与妻儿别,与挚友别。很多时候,你看不见悲伤,但悲伤却藏在无情最深处。只有才子内心通透,看得见自己灵魂。李叔同用一首《送别》,把此种离愁别恨写到了千年绝境:"长亭外,古道边,芳草碧连天。晚风拂柳笛声残,夕阳山外山。天之涯,地之角,知交半零落,一壶浊酒尽余欢,今宵别梦寒……"杭州凌晨,夜色如墨,钱塘江畔微冷,想念天堂的二伯。

附件:《宅基地使用权的权利行使状况调查问卷》

宅基地使用权的权利行使状况
调查问卷

您好,本调查是对"宅基地使用权的权利行使状况"进行的实地调研,以期了解农民行使宅基地使用权的意向和参与度,掌握农村宅基地使用权运行的现状与制度实效。通过深入而全面的调查研究,以期提出解决宅基地使用权权利行使难题的对策建议。

本问卷分为五个部分:第一部分是农户家庭的基本情况;第二部分是宅基地闲置及"一户多宅"情况;第三部分是宅基地使用权运行的现状与制度实效;第四部分是宅基地使用权行使与农民土地权益保护;第五部分是宅基地使用权行使的对策与建议。

本问卷不记录姓名,请根据实际情况如实填写,请将您的答案填入"(　　)",或在"＿＿"填写相关内容,衷心感谢您对学术研究的支持与配合。

一、农户家庭的基本情况

1. 您家宅基地所在位置是:
＿＿＿＿省(区、市),＿＿＿＿县(区),＿＿＿＿乡(镇)＿＿＿＿村

2. 您的政治面貌是(　　)
A. 中共党员　　　　　　　　　B. 共青团员
C. 民主党派　　　　　　　　　D. 其他

3. 您的年龄是（　　）

A. 18—25 岁　　　　　　　　　　B. 26—35 岁

C. 36—45 岁　　　　　　　　　　D. 46—55 岁

E. 56 岁以上

4. 您的性别是（　　）

A. 男性　　　　　　　　　　　　B. 女性

5. 您的教育程度是（　　）

A. 未上过学　　　　　　　　　　B. 小学

C. 中学（初中或高中）　　　　　D. 中专、大专及以上

6. 您主要的职业身份是（　　）

A. 农民　　　　　　　　　　　　B. 在外务工人员

C. 规模经营的种粮大户或家庭农场主　　D. 合作社成员

E. 个体户　　　　　　　　　　　F. 农业公司或企业

7. 您的年均收入是（　　）

A. 3 万（不含 3 万）元以下　　　B. 3 万—5 万（不含 5 万）元

C. 5 万—10 万（不含 10 万）元　 D. 10 万—15 万（不含 15 万）元

E. 15 万—20 万（不含 20 万）元　F. 20 万元及以上

8. 您家宅基地的面积为（　　）

A. 50 平方米以下　　　　　　　　B. 51—100 平方米

C. 101—150 平方米　　　　　　　D. 151—200 平方米

E. 201 平方米以上

二、宅基地闲置及"一户多宅"情况

9. 您是否只有一处宅基地（　　）

A. 是　　　　　　　　　　　　　B. 不是

C. 不清楚

10. 您是否存在闲置的宅基地，如果有，具体是多少处（　　）

A. 无　　　　　　　　　　　　　B. 1 处

C. 2 处　　　　　　　　　　　　D. 3 处及以上

11. 您所在的集体,是否存在闲置宅基地,具体情况如何(　　)

　　A. 无　　　　　　　　　　　B. 少量

　　C. 普遍存在　　　　　　　　D. 大量存在

　　E. 不清楚

12. 您所在的集体,是否存在"一户多宅"现象(　　)

　　A. 无　　　　　　　　　　　B. 少量

　　C. 普遍存在　　　　　　　　D. 大量存在

　　E. 不清楚

13. 对于"一户多宅"的成因,您认为是(　　)

　　A. 向集体申请获批　　　　　B. 向其他集体成员购买

　　C. 受赠　　　　　　　　　　D. 继承

　　E. 违章建造　　　　　　　　F. 不清楚

14. 您的宅基地,主要用于以下活动(　　)

　　A. 居住　　　　　　　　　　B. 出租

　　C. 经营性活动(开客栈、商店等)　　D. 其他活动

15. 您是否存在不符合申请宅基地条件而非法占地建造住宅的情况(　　)

　　A. 存在　　　　　　　　　　B. 不存在

16. 您认为宅基地面积超标现象严重的主要原因在于(　　)

　　A. 农村建房的"房院一体"习惯导致整体超面积占地

　　B. 村民相互攀比的陋习

　　C. 政府部门监管不到位或政策执行不严格

　　D. 其他原因

17. 您村里的多占、超占宅基地现象,是否受到处理(　　)

　　A. 无人处理　　　　　　　　B. 已经受到处理

　　C. 不存在多占和超占现象　　D. 其他原因

18. 您村里的多占、超占宅基地现象,应该如何处理(　　)

　　A. 责令退出多占或超占的宅基地

　　B. 多占或超占成为既定事实,不必退出,但需向农民集体缴纳费用,并接受政府罚款

C. 此种现象较少,不必处理

三、宅基地使用权运行的现状与制度实效

19. 对于宅基地确权政策,您是否知悉(　　)

A. 不了解　　　　　　　　　　B. 了解

20. 对于宅基地"三权分置"政策,您是否了解(　　)

A. 知道　　　　　　　　　　　B. 不知道

21. 您对于宅基地"三权分置"的政策落实,有何期待(　　)

A. 改善乡村居住环境　　　　　B. 有利土地集约利用

C. 方便经营者经营土地　　　　D. 闲置宅基地得以有效利用

E. 提高农户收入

22. 您对于闲置宅基地的流转意向为(　　)

A. 转让　　　　　　　　　　　B. 租赁

C. 抵押　　　　　　　　　　　D. 联合开发宅基地

E. 入股　　　　　　　　　　　F. 退出

G. 其他

23. 如果进行宅基地流转,您愿意选择的流转对象是(　　)

A. 本集体成员　　　　　　　　B. 非本集体成员

24. 如果您存在资金需求而进行宅基地使用权交易,您所期望的交易方式是(　　)

A. 抵押融资　　　　　　　　　B. 长期出租

C. 转让　　　　　　　　　　　D. 其他

25. 对于您流转的宅基地,您所期望的具体位置是(　　)

A. 临街铺面　　　　　　　　　B. 景区

C. 学校周边　　　　　　　　　D. 城市郊区

E. 山区

26. 您认为宅基地流转的手续应包括(　　)

A. 应向农民集体,以及政府相关部门履行报备手续

B. 无须向农民集体,以及政府相关部门履行报备手续

C. 原本需要,但一般都不会去

D. 其他

27. 您是否与他人发生过宅基地交易(　　)

　　A. 发生过交易　　　　　　　　B. 从未进行过交易

28. 您的周边是否存在隐性的宅基地买卖(　　)

　　A. 不存在　　　　　　　　　　B. 个别存在

　　C. 比较多

29. 您的周边是否存在城镇居民购买本村宅基地的情况(　　)

　　A. 不存在　　　　　　　　　　B. 个别存在

　　C. 比较多

30. 您认为农村的住房与同村村民之外的人进行买卖是否有效(　　)

　　A. 有效　　　　　　　　　　　B. 无效

　　C. 不清楚

31. 您所在的集体是否存在转让宅基地后再申请到宅基地的情形(　　)

　　A. 存在　　　　　　　　　　　B. 不存在

　　C. 不清楚

32. 您自身以及周边所发生的宅基地交易,主要通过以下何种途径完成(　　)

　　A. 土地流转中介　　　　　　　B. 需求方上门

　　C. 专门性的农村土地流转平台　D. 自己寻找交易对象

　　E. 其他

33. 对于已经发生的宅基地交易,是否存在下列交易限制条件(　　)

　　A. 不存在交易限制　　　　　　B. 只能与本集体成员交易

　　C. 必须通过农民集体讨论决定　D. 必须经过政府部门审批

　　E. 交易相对人需符合宅基地申请条件　F. 不清楚

34. 对于宅基地的交易价格,您认为正确的是(　　)

　　A. 双方协商确定　　　　　　　B. 评估机构的评估价值

　　C. 农民集体确定　　　　　　　D. 不清楚

35. 您认为宅基地交易的收益应归谁享有(　　)

A. 农户　　　　　　　　　　　　B. 农户和农民集体
C. 农民集体　　　　　　　　　　D. 其他主体

36. 您进行宅基地交易的动因,主要在于(　　)
A. 获取收益　　　　　　　　　　B. 宅基地闲置不利
C. 互换宅基地　　　　　　　　　D. 因集体利益需求而置换交易

37. 您是否申请过"农房抵押贷款"(　　)
A. 是　　　　　　　　　　　　　B. 否

38. 您是否支持宅基地使用权入股(　　)
A. 支持　　　　　　　　　　　　B. 反对

39. 您是否赞同非农民集体成员因继承房屋而享有宅基地使用权(　　)
A. 赞同　　　　　　　　　　　　B. 反对

40. 您是否愿意在给予合理补偿的条件下退出宅基地(　　)
A. 愿意　　　　　　　　　　　　B. 不同意

41. 您认为农民集体是否应尽职履行宅基地收回义务(　　)
A. 履行到位　　　　　　　　　　B. 未履行
C. 非农民集体履行　　　　　　　D. 不清楚

42. 农民集体回收宅基地使用权有无专项资金(　　)
A. 应无偿收回　　　　　　　　　B. 有
C. 无　　　　　　　　　　　　　D. 不清楚

43. 农民集体收回宅基地使用权的价格标准为(　　)
A. 无偿收回　　　　　　　　　　B. 有固定价格标准
C. 无固定价格标准　　　　　　　D. 不清楚

44. 您是否愿意将闲置宅基地有偿退回农民集体(　　)
A. 愿意　　　　　　　　　　　　B. 不愿意

45. 将闲置宅基地有偿退回农民集体后,您愿意选择的保障方式为(　　)
A. 货币　　　　　　　　　　　　B. 住房
C. 养老保险等社会保障　　　　　D. 其他

46. 您所愿意选择的宅基地使用权租期为(　　)
A. 1 年(不含 1 年)以下　　　　　B. 1—3 年(不含 3 年)

C. 3—5 年(不含 5 年) D. 5—10 年(不含 10 年)

E. 10 年及以上

47. 导致宅基地租赁合同纠纷的原因,一般为(　　)

A. 承租方不支付租金

B. 市场价格波动导致毁约

C. 出租方原因提前收回

D. 承租方使用不符合农民集体的要求

E. 农民集体或其成员破坏租赁关系

F. 其他

四、宅基地使用权行使与农民土地权益保护

48. 您家宅基地是否有宅基地使用权证书或不动产权证书(　　)

A. 有 B. 没有

C. 不清楚

49. 您获得宅基地的方式是(　　)

A. 向村委会或有关政府部门申请所得 B. 父辈继承

C. 改造农田 D. 非农建设用地

E. 向村民出租 F. 其他

50. 您认为取得宅基地是否应当有偿使用(　　)

A. 不应当收费 B. 可收取少量手续费

C. 应当收费 D. 不清楚

51. 您认为宅基地使用权是否应当限定使用期限(　　)

A. 应当 B. 不应当

C. 不清楚

52. 您认为宅基地使用权可以在以下哪个范围内流转(　　)

A. 本村范围内的农民集体成员 B. 乡镇范围内的农民集体成员

C. 县域范围内的农民集体成员 D. 农民集体成员

E. 农民集体成员与非农民集体成员

53. 您认为宅基地增值收益应当在哪些主体间分配(　　)

A. 农民 B. 农民集体

C. 政府 D. 其他社会主体

54. 您对目前的农村宅基地规划是否满意( )

A. 满意 B. 不满意

55. 您认为宅基地可否用于经营性活动( )

A. 绝对不能 B. 一定范围内可以

C. 不清楚

56. 您是否支持宅基地与集体建设用地之间互相转化( )

A. 支持 B. 反对

C. 不清楚

57. 您认为下列哪些办法可以让宅基地更有价值( )

A. 村庄规划 B. 建设高层

C. 不受限制的宅基地使用权流转市场 D. 进行商业开发与利用

58. 您认为政府部门是否应当对农民集体成员的宅基地使用情况进行管理( )

A. 应该 B. 不应该

59. 您认为本村的宅基地管理工作开展得如何( )

A. 很好 B. 一般

C. 不好

60. 您所在的村子是否存在宅基地使用权纠纷( )

A. 存在 B. 不存在

C. 不清楚

61. 您认为宅基地使用权纠纷主要由何种原因造成( )

A. 村里可用于建住房的土地太少 B. 乱搭乱建成风,造成邻里矛盾

C. 政府部门监管不到位 D. 其他

62. 您认为农村宅基地使用权纠纷一般如何解决( )

A. 调解 B. 私下协商

C. 司法诉讼 D. 仲裁

E. 其他

63. 常见的宅基地使用权纠纷主要包括哪些类型(　　)

　　A. 权属纠纷

　　B. 农村房屋流转纠纷

　　C. 夫妻离婚或分家析产的宅基地房屋分割纠纷

　　D. "入赘""出嫁"等宅基地使用权纠纷

　　E. 宅基地房屋继承纠纷

　　F. 征收纠纷

　　G. 收回纠纷

　　H. 宅基地行政处罚纠纷

　　I. 其他

64. 您的宅基地使用权遭受侵害,若采取行政的救济方式,您愿意向哪一级行政部门寻求救济(　　)

　　A. 乡镇街道政府　　　　　　B. 区县政府

　　C. 省市等上级部门　　　　　D. 不清楚

65. 您所常见的宅基地行政处罚包括(　　)

　　A. 非法买卖、转让宅基地　　B. 非法占用土地建造住宅

　　C. 非法占用农地改为宅基地建房　　D. 少批多建或少批多占

五、宅基地使用权行使的对策与建议

如果您对宅基地使用权的权利行使问题还有其他宝贵意见和建议,请在下方留言:

_____

_____

_____

_____

_____